吉金文库

发现从前的中国

Ghosts and Religious Life
in Early China

早期中国的鬼

蒲慕州——著　黄咨玄———译

新星出版社　NEW STAR PRESS

图书在版编目（CIP）数据

早期中国的鬼 ／蒲慕州著；黄咨玄译 . -- 北京：新星出版社，2023.5（2024.11 重印）
ISBN 978-7-5133-5210-9
Ⅰ. ①早… Ⅱ. ①蒲… ②黄… Ⅲ. ①鬼-文化史-中国 Ⅳ. ① B933
中国国家版本馆 CIP 数据核字（2023）第 061234 号

吉金文库

早期中国的鬼
蒲慕州 著　黄咨玄 译

责任编辑： 孙立英
责任校对： 刘　义
责任印制： 李珊珊
装帧设计： 冷暖儿

出版发行：新星出版社
出 版 人：马汝军
社　　址：北京市西城区车公庄大街丙3号楼　　100044
网　　址：www.newstarpress.com
电　　话：010-88310888
传　　真：010-65270449
法律顾问：北京市岳成律师事务所

读者服务：010-88310811　　service@newstarpress.com
邮购地址：北京市西城区车公庄大街丙3号楼　　100044

印　　刷：三河市兴达印务有限公司
开　　本：660mm×970mm　　1/16
印　　张：15.75
字　　数：211 千字
版　　次：2023年5月第一版　　2024年11月第六次印刷
书　　号：ISBN 978-7-5133-5210-9
定　　价：68.00 元

版权专有，侵权必究；如有质量问题，请与印刷厂联系调换。

曾侯乙彩棺上的神怪图像（湖北省博物馆编《曾侯乙墓：战国早期的礼乐文明》，文物出版社，2007年，第28页）

辛追墓黑地彩绘棺上的神怪图像（湖南省博物馆官网）

辛追墓黑地彩绘棺上的"怪神鼓瑟"线描图（湖南省博物馆编《长沙马王堆汉墓陈列》，中华书局，2017年，第110页）

方相氏画像砖(《中国画像砖全集·河南汉画像砖》,四川美术出版社,2006年,第59页,图五七局部)

方相氏画像砖(《中国画像砖全集·四川汉画像砖》,四川美术出版社,2006年,第140页,图一八七)

《钟馗嫁妹图卷》中鬼的形象（美国大都会艺术博物馆藏）

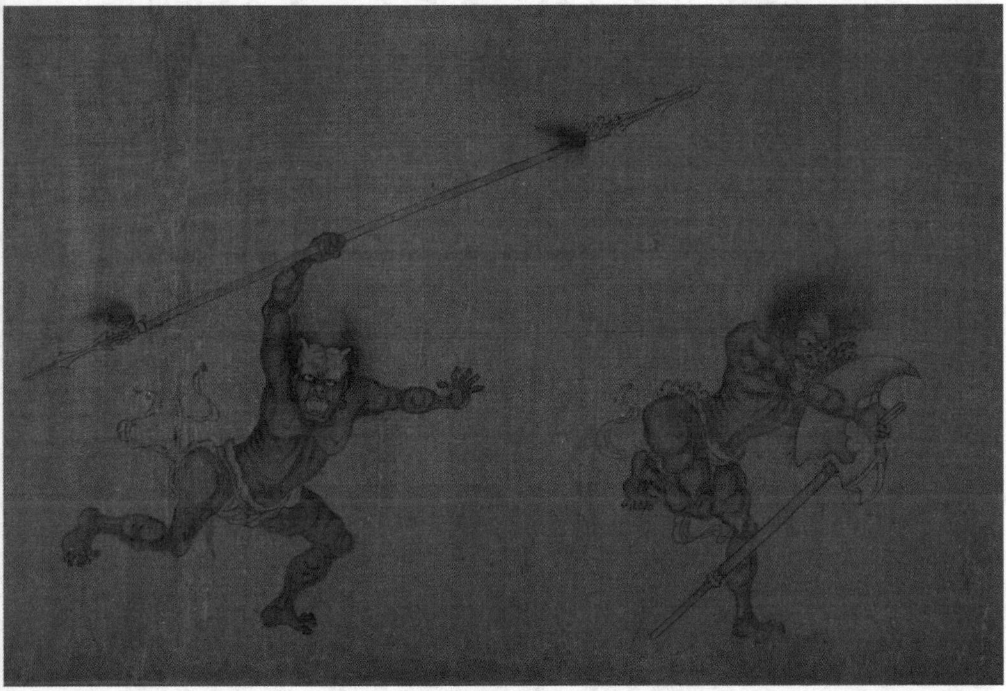

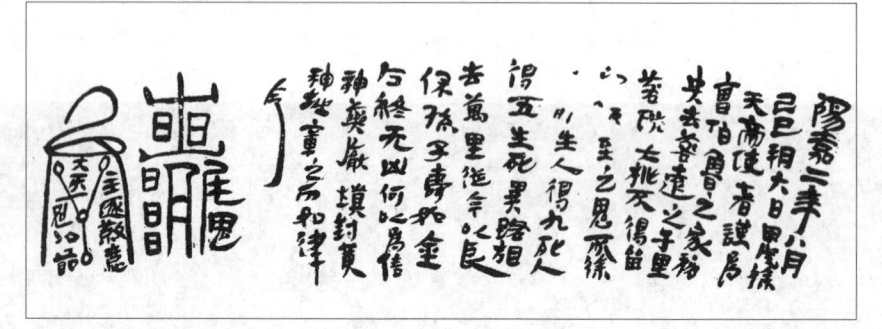

陕西户县朱家堡东汉墓出土朱书陶瓶符箓摹本（张勋燎、白彬：《中国道教考古》第一册，线装书局，2006年，第110页）

陕西咸阳东汉墓出土宋氏朱书陶瓶文字摹本（刘卫鹏：《陕西咸阳毕塬路东汉墓出土宋氏朱书陶瓶》，载《文物》2019年第3期）

序　言

　　令人感到讽刺的是，在与一个对生活充满热情和习惯以严肃智性审视周围事物的人生活多年之后，我反而开始写一些关于鬼的、与死亡相关的，以及一些常常无法用理性和逻辑解释的无形之物的话题。任何人如果愿意花费漫长的时间去描述任何一个文化中鬼的历史，都得有很好的理由，更不用说尝试建立对于古今人类社会中的鬼的通盘理解。至少，鬼的观念现在仍然是活生生的，甚至在世界上一些地方还在蓬勃发展。而与鬼观念相关的文化隐喻则可能更加普遍。因此，我们几乎不能期望人们能就鬼的观念在古代或现代人类社会的影响上达成任何共识。然而，鬼似乎是人类文化和社会的重要组成部分，而且很少有社会能够说真的没有发展出某些关于鬼或是关于人死后依然存在的想法。为了对一个民族或一种文化能有全面的认识，调查他们不仅对生者，还有对死者的看法应该是合乎逻辑的。

　　当然，至于一个人是否或为什么要进行这样的研究，则并不一定是完全理性或客观的。这本书可以说是源于我个人对信仰、信念和宗教现象的极大好奇，而其中鬼的观念占据了一席之地。我们应该如何理解这种现在被称为"宗教"的现象？我们又应该如何解释人类与人外力量（the extra-human forces）之间的拉锯战？——这种拉锯构成了宗教的历史，甚至可以说是历史本身。

作为一名历史学家，我对宗教在人类社会中的历史和社会文化层面留下的影响更感兴趣。虽然我没有在宗教的灵性、哲学或神学等多个方面接受过适当的训练，但对宗教的好奇使我寻求一种不那么传统的方式来研究宗教事物。我不讨论神圣的本质和目的是什么，也不研究神或诸神是否存在，而是将注意力集中在鬼的现象上，而且不仅观察中国社会，也观察其他社会。这是因为，正如我试图在本书中阐明的，鬼的观念在所有人类社会中几乎与（诸）神一样普遍，但这种现象似乎还没有得到足够充分的重视。鬼的观念如何产生？它如何影响每个社会？它又能如何帮助我们进一步了解人类？

所以，这本书是带着比较研究的心态写成的，尽管我的学术训练和本书的有限篇幅都不允许我展开与其他社会的全面比较。不过，我确实尝试在第一章和最后一章中进行了一些初步的比较观察，以便将中国的研究案例置于人类多元社会的适当脉络中。这些观察旨在邀请更多感兴趣的学者加入讨论，而不代表所有可以研究的问题和课题都已经被穷尽。

本书中的大部分材料以前都曾以书籍章节、期刊论文、会议论文或特邀演讲等各种形式呈现；因此，我得到了许多同事和学生的批评和帮助，对此我深表感谢。在这里我要感谢匿名审稿人，他们帮助纠正了许多错误并修正了我对材料的一些理解。尽管缺点在所难免，我希望这本书也许可以作为更深入研究的开端，并推进我们理解人类的总体目标。最后，我想把这本书献给我的人生伴侣秉真，她时刻提醒我距离我所追求的目标尚有多远。

中译本序

本书原以英文写作，书名为 *Ghosts and Religious Life in Early China*，2022年由英国剑桥大学出版社出版。相关出版缘由，在英文版序言中已经说明，在此不再重复。必须补充说明的是，中译本译者黄咨玄博士在翻译过程中发现了许多错误，尤其是注脚中体例不一，现在在中文版中已尽量改正，在此要特别致谢。

有关引用资料方面，由于本书原以英文写作，为方便英文读者，书中有关历史背景之参考资料，多引西文著作，中日文方面的作品，尤其是现代学者之研究成果，相对较少列出在参考文献中。中文原始资料则尽可能引用。如今中译本出版，原始材料均引用原文，不再翻译成白话。原英文版中有关英译之资料亦不再列出。

由于新星出版社的邀约，使本书中译本得以迅速出版，在此也要特别感谢编辑孙立英女士的大力协助。

目　录

第一章　鬼：人性的另一面 …………………………………… 1
　　论鬼 …………………………………………………………… 3
　　鬼的跨文化类型 …………………………………………… 10
　　探索早期中国的鬼 ………………………………………… 16
　　本书章节说明 ……………………………………………… 20

第二章　早期中国鬼的初迹 …………………………………… 25
　　"鬼"的含义与起源 ………………………………………… 29
　　鬼的形象 …………………………………………………… 38
　　鬼与人的关联 ……………………………………………… 44
　　仪轨与驱鬼 ………………………………………………… 48
　　鬼概念的宗教与社会背景 ………………………………… 57

第三章　帝国规制与在地变化 ………………………………… 65
　　秦汉官方宗教的本质 ……………………………………… 70
　　秦汉时期的鬼信仰 ………………………………………… 74
　　傩：驱鬼之术 ……………………………………………… 85
　　鬼与阴间 …………………………………………………… 90
　　鬼形象的变化 ……………………………………………… 95

第四章　启明幽暗的鬼故事 … 103
　　追寻志怪中的鬼 … 105
　　鬼的类型 … 109
　　志怪文学的创作理念 … 118
　　志怪故事的宗教意涵 … 137

第五章　早期道教文化中的鬼 … 143
　　道教信仰中鬼的起源 … 147
　　鬼的形象 … 152
　　驱鬼仪式 … 155
　　新鬼，抑或旧鬼？ … 166

第六章　早期中国佛教对鬼的降伏 … 169
　　早期佛教文本中的"鬼" … 175
　　早期佛教对鬼的降伏 … 182
　　与在地信仰系统的竞争 … 186
　　比较佛教中鬼的起源 … 191

第七章　比较研究视野下的中国鬼现象 … 193

参考文献 … 217

第一章

鬼：人性的另一面

> 诗人、评论家、历史学家、考古学家、艺术家像招魂者一般度过他们的职业生涯，唤醒死者以进入他们的想象和体验，这是人类一种普通但又可能必要的消遣。[1]

1　Vermeule, Emily. 1979. *Aspects of Death in Early Greek Art and Poetry*. Berkeley: University of California Press, p. 4.

论鬼

在现代汉语中,"鬼"的概念或术语经常出现,尽管如今人们可能并不真正相信有鬼。我们经常听到诸如"见鬼"(当不可思议或难以想象的事情发生)、"鬼打架"(无能或不负责任的人闹成一团的混乱局面)、"鬼迷心窍"(一个人的心智被鬼迷惑)或"鬼话连篇"(胡说八道)等说法。所有这些表达都暗示了一种普遍的看法,即"鬼"一词具有负面含义,是邪恶或有害的。它给人们带来混乱、恐惧和焦虑,更不用说鬼魅般幽灵所能造成的真正伤害了。不过也有兼具鬼和神、意思较为中性的用词,它们通常表示一定的敬畏和惊奇。例如"鬼神莫测"(鬼和神都不能预测)、"鬼斧神工"(使用鬼的斧头和神的工艺技术才能完成,意指器物的工艺水平极高)或是"神出鬼没"(如同神一样的出现,鬼一般的消失)。值得注意的是,当"鬼"一词单独出现在文本或对话中时,通常具有否定意义,但当它与"神"一词连同出现,其含义通常是中性的,且实际上可能与神具有相同意义。这与古代文献中"鬼"和"神"这两个词的使用方式有所关联。关于这一点,我们将在第二章详述。

此外,在汉文化世界的许多地方,人们仍然很重视鬼。人们经常会遇到某些鬼附身在施术者身上的宗教仪式,或道士为驱除邪灵而进行的驱鬼仪式。在台湾和许多海外华人社区，人们仍然过中元节和鬼月——所谓鬼月即农历七月，该月饿鬼从地狱（佛教术语）中被释放出来并在世间寻求食物供养。[1] 人们会避免在这个月结婚，建筑工程往往在这个月之前或之后动工。在第二次世界大战后的台湾和香港地区，大量的流行电影利用了人们对鬼故事的好奇，新编或改编传统文化来作为创作题材。清代作家蒲松龄（1640—1715）的《聊斋志异》是现代鬼片的源泉宝库。[2] 然而，在蒲松龄之前，还有其他类似的书写。宋代作家洪迈（1123—1202）给后世留下了一部名为《夷坚志》的故事集，其中就保存了许多鬼故事。[3] 在宋代之前，有大量关于鬼魂怪事的短篇小说，其起源甚至可以追溯到先秦。其中特别值得注意的是来自唐代的传奇和故事[4]，以及"志怪"——意指关于鬼魂的超自然事件的一些故事集，流行于六朝时期，统称志怪。这些故事大多已失传，仅见于后来作品的摘录，特别是有宋代文学百科全书之称的《太平广记》。[5] 我们可以将这个文学传统进一步追溯到汉代甚至更早的时代，但由于我们将在接下来的几页中讨论这一点，在此可以先说的是，鬼观念是现代中国语言和文化活生生的一部分，而有关鬼的说法在中国社会有着悠久的传统。即使在现存最早的文字——商代甲骨文——中，"鬼"因为经常被怀疑给国王

---

[1] 关于追溯这一概念在中国早期发展的研究，请见 Teiser, Stephen F. 1988. *The Ghost Festival in Medieval China*. Princeton, NJ: Princeton University Press.

[2] 蒲松龄：《聊斋志异》。关于《聊斋》鬼故事的英文研究，请见 Zeitlin, Judith. 1993. *Historian of the Strange: Pu Songling and the Chinese Classical Tale*. Stanford, CA: Stanford University Press；2007. *The Phantom Heroine: Ghosts and Gender in Seventeenth-Century Chinese Literature*. Honolulu: University of Hawai'i Press；Kang, Xiaofei. 2006. *The Cult of the Fox: Power, Gender, and Popular Religion in Late Imperial and Modern China*. New York: Columbia University Press.

[3] 洪迈：《夷坚志》。请见李剑国：《宋代志怪传奇叙录》，南开大学出版社，1997年，第335—357页。利用《夷坚志》来研究宋代宗教生活的有 Davis, Edward L. 2001. *Society and the Supernatural in Song China*. Honolulu: University of Hawai'i Press.

[4] 请见李剑国：《唐五代志怪传奇叙录》，南开大学出版社，1993年。

[5] 最具开拓性的研究，请见鲁迅：《古小说钩沉》，唐山出版社（台北），1986年。鲁迅的研究如今得到李剑国的延伸拓展，请见李剑国：《唐前志怪小说史》，南开大学出版社，1984年；《唐前志怪小说辑释》，上海古籍出版社，2011年。

和王室带来疾病，也已经占有突出地位了。

　　追溯鬼现象之所以流行的根源，会发现其与人类生命的永恒谜题相关，那就是不可避免的死亡。当我们的生命越过白昼的边界，进入那个未知的"幽都"——公元前3世纪《楚辞》中给冥界的名字——时，我们将去向何方？又会发生什么？当生命结束是否就是终结，或是还有别的什么？对此，人们从很早就开始有各种各样的猜想。一些古代哲学家，出于他们的理性思维，否认来世的存在。公元前3世纪哲学家庄子的著作中有这样一个故事：当庄子的妻子去世时，一位朋友发现他并不悲伤，反而坐着鼓盆而歌。他的朋友很不以为然，问他为什么表现得如此冷酷无情。庄子提出他著名的宇宙观并解释说，人出生时身体是由"气"凝结而成；而当人死后，这股气会再度散入宇宙。所以生死是宇宙中气的自然运行，没有什么可悲伤的。[1] 古希腊哲学家阿布德拉的德谟克利特（Democritus of Abdera，约前460—前370）也表达了类似的观点，他认为原子（atom）是构成宇宙万物的基本元素，原子的功能与气非常相似。然而庄子和德谟克利特只是两个极端的例子。他们的观点显然无法为东西方的普通人提供令人满意的答案，来回应生命的起源和终点，或者死者是否能够以另一种形式在另一个地方生存等问题。无论如何，早在任何思想家能够提出解释或推测之前，社会中所流行的信仰或积累的智识就已经提供了一些解决方案。对于那些假设除此之外另有生命或世界的信仰系统，它必须假设一个人死后会以某种形式继续存在，无论称之为灵魂、幻影还是鬼。此外，这种形式必须具有人类思维可以想象的某些属性，无论是颜色、形状还是重量。因为，无论好坏，人们假设这个存在会进入那个未知的死后世界。也正是这种存在，无论是否讨人喜欢，有时会回到活人的世界，导致生者与死者之间的所有问题，这也就是本书的主题。

---

[1] 郭庆藩：《庄子集释》，中华书局，1961年，第614—615页。

由墓葬和陪葬物品提供的证据看来，鬼的概念一定始于史前时期。合理的假设是，如果这些陪葬物品是为死者能在阴间使用所准备的，这就意味着提供这些物品的人一定已经假设——无论这个假设多么模糊——死者有使用这些物品的行为和一定能力。但这一假设只有在有书面证据的情况下才能被证实。下面我们将看到，虽然不同社会的人们对鬼的形态和能力，以及鬼与活人关系的假设可能不同，但所有的社会都基本假设鬼具有一定的行动能力，即使它们像荷马史诗中提到的鬼影一样微弱。那么，鬼在人类社会中的意义是什么？我们为什么要研究它们呢？我们将在接下来的章节中逐步展开这些问题，探索答案。

鬼概念的起源虽然在无迹可寻的史前时期，但一旦产生，人们就必须得对鬼的特征、性格、与生人世界的关系等有一套相应的假设，使人们可以与之相通和互动。也就是说，通过想象建构出一个可识别的形象，这种想象最后会在人们心中获得仿若真实的地位，成为一个具象的文化实体。因此，如果将鬼想象成具有与活人一样的某些特征，也就不足为奇了——尽管鬼不一定看起来完全像人。因为，要认识一种存在，如果没有一些能与"活物"产生关联的特征，对人是种认知上的挑战。因此，这种想象出来的存在需要一定的形状、重量或颜色。它还可能具有实体和语言能力，能表达感觉、情感，甚至拥有道德感。此外，超自然力量也是这种想象的常见部分。

要理解这些无法解释或超乎寻常的事物，人们必须从自己的认知经验中收集所有的讯息汇总在一起，来形成对鬼的描述。因此，即使一个人可能没有看过一个六米高的黑色鬼魂凌空飞行的经验，他也可以用自己的认知系统中拥有的所有概念元素——比如六米的高度、黑色、丑陋的脸、飞行——来构建这样一个形象。总而言之，想象出一个鬼涉及人对构成"活物"概念的各种元素的认识。认知系统从经验中收集或检索这些元素，并使用想象力将它们构建或重构出来。也正是因为认知系统的个体差异，才形成相互冲突的想象。人类想象力发挥作用的一个早期例子是公元前 3 世纪《山海经》中提到的众多神灵。在各种"综合体"神灵中，有"鸟身龙头""龙身鸟头""龙身人面""人面马身""人面牛身""羊身人面"。所有这些都是将一些人类和动物形象元素以不同方式混合。[1] 在曾侯乙彩棺（前 433）上发现的一些被认为是保护神的图像就是人身鸟足，[2] 与《山海经》中的描述相吻合。

鉴于上述观察，似乎可以认为，个人和社会经验为死后存在的想象以及这种存在的居所，也就是来世，提供了大部分材料。因此，"鬼"——通常用来表示这种死后存在的词——以及鬼所居住的世界，可以被认为是受到了生者的社会和文化脉络的制约，在这些脉络背景下，死亡和来世的概念得以被构想出来。换句话说，鬼的观念，尽管它的形象五花八门，但可以被视为一种社会想象或文化建构，它作为人性的另一面，补充了生者的世界。

然而这样一种想象，作为文化的产物因而具有文化的特征，其构成不可能恒定不变。[3] 它不可避免地会在整个历史过程中发生变化。即便是在同一种文化和特定的时间范围内，仍然可能存在关于鬼的不同概念。正如凯瑟琳·贝尔（Catherine Bell）在讨论文化资产挪用时所指出的那样，"任何人都可以挪用文化的一部分"[4]。因此，不同的人会挪用集体想象的不同部分，并且创造出五花八门的情景，也就不足为奇了。另一方面，一旦鬼的观念成为一个独立的媒介，就会对宗教信仰、集体想象和各种社会文化现象产生真正的影响。换言之，观念与社会之间存在着互动关系。[5] 如果人们能想象、继承或发明鬼的观念，那么这些观念也能以

---

[1] Poo, Mu-chou. 1998. *In Search of Personal Welfare*. Albany: State University of New York Press, pp. 57–62.

[2] 湖北省博物馆：《曾侯乙墓》第 1 册，文物出版社，1989 年，第 28—45 页。

[3] Berger, Peter L. 1967. *The Sacred Canopy*. New York: Doubleday, p. 8.

[4] Bell, Catherine. 2004. "'The Chinese believe in spirits': Belief and Believing in the Study of Religion." In *Radical Interpretation in Religion*, ed. Nancy K. Frankenberry, 100–116. Cambridge: Cambridge University Press, p. 101.

[5] Geertz, Clifford. 1973. *The Interpretation of Cultures*. New York: Basic Books, pp. 94–98.

不同的方式困扰、惊吓、宽慰、改变，甚至娱乐生人的世界，对整体历史和宗教产生深远的影响。

集体想象究竟如何产生或维持每一种特定的文化现象，是一个尚未被充分探索的研究主题。与集体记忆类似，[1] 集体想象可以被理解为一种社会行为，人们的想象通过这种社会行为在特定的社会文化背景中凝聚或汇合，而这种社会文化背景就像一层滤网，提炼出或多或少一致的共识。[2] 按照这种思路，鬼的观念不可能是某个人或者少数人的创造。鬼的某些特征（例如毫无重量、可怕的外表或超自然能力）之所以成为此类存在体能够被普遍接受的描述，其原因应该是一种集体共识的结果，允许让这类特征成为鬼存在的条件。然而，正如我们将在接下来的章节中讨论的，这种鬼魂的集体形象在代代相传的同时，也随着社会和文化环境的变化而演进。通过文学作品和驱鬼文本中关于鬼的表述，这些想法往往随着时间的推移被使用者加以丰富和转变，比如研究古希腊"精神"（psychē）概念的学者就证明了这一点。[3] 因此，随着鬼观念的不断变化，我们可以发现集体想象也随之相应地变化，并侧面反映了社会价值观和宗教倾向的变化。这是因为鬼的出现通常是有原因的，而这些原因由社会盛行的价值观和情绪所推动和支持。因此，对鬼魂为何以及如何出现的研究，让我们有机会研究集体想象在不同社会中的运作方式，以及鬼这一主题如何能作为观察社会价值观和情绪的有效手段。每个文化系统都产生自己版本的阴间和鬼魂这一事实表明，尽管各种社会都有对死亡和来世做出某些解释的相同需要，但实际结果可能会因文化或在地条件的差异而有所不同。话虽如此，我们并不认为任何一种文化中对过去或现在的鬼只有一种理解，因为就和讨论宗教信仰一样，我们应该

---

1 关于集体记忆，经典的研究是 Halbwachs, Maurice. 1992. *On Collective Memory*. Chicago: University of Chicago Press. 亦可参详 Connerton, Paul. 1989. *How Societies Remember*. Cambridge: Cambridge University Press, pp. 37–83.

2 Poo, Mu-chou. 2009. "The Culture of Ghost in the Six Dynasties." In *Rethinking Ghosts in World Religions*, ed. Mu-chou Poo, 237–267. Leiden: Brill.

3 Bremmer, Jan N. 2002. *The Rise and Fall of the Afterlife*. London: Routledge, pp. 1–4.

谨慎地不要将任何文化中对鬼的信仰看作一个前后连贯的意义系统的体现，没有内部矛盾或偏差。[1]

然而，目前为止我们的讨论都还认为鬼是一种想象中的东西，没有触及鬼的真实性问题。鬼是否存在——一个尚未回答的问题——在这里值得考虑。自从人类社会有历史记载开始，各种形态的鬼就出现了，对各个社会造成不同程度的影响。大多数现代学者倾向于将目击幽灵的记录视为想象力和认知力的组合结果。然而，即使鬼只是人类想象或幻觉的虚构，想象的结果本身仍然是对人类社会造成影响的真实文化实体。再者，即便鬼确实存在，我们仍然必须区分"真正"的目击鬼事件和错误的想象或认知，而鉴于历史记录的性质，这样的区分将构成相当困难的挑战。[2] 也就是说，即使鬼真的存在，鬼的目击报告也像其他"历史事实"一样，可能会通过各种歪曲、篡改和想象的补充才得以记录和传播，使"真实"的记录变得模糊——特别是考虑到鬼这个主题在本质上具有极大的煽动性和争议性，而即使在古代世界也是如此。我们可能根本无法确定关于鬼魂现身的记录是否真实，这一事实提醒我们要留下一些怀疑的空间——这不仅事关这类记录的真实性，而且也事关我们正在寻求理解的是什么样的真相。在本研究中，我们将不得不搁置鬼是否存在这个问题，转而关注允许或孕育出这些历史记录的文化和宗教环境，以及它们对当代社会的意义和启示。最终，我们需要评估鬼——无论是作为现实的存在还是想象的实体——对人类社会的影响，就像我们对历史范畴里的其他研究主题所需要做的一样。这里面既有现实，也有想象出来的现实（imagined reality）。两者都可以对社会和文化产生真正的影响。鬼无法确定的本质似乎恰恰正是探索这些历史记录中所有模棱两可和矛盾冲突特质的很好的理由。

---

1 Bell, Catherine. "'The Chinese believe in spirits': Belief and Believing in the Study of Religion."
2 已经有不少利用超心理学来研究鬼与显灵的著作，其整理性成果可见 Baker, Ian S. 2003. "'Do Ghosts Exist?' A Summary of Parapsychological Research into Apparitional Experiences." In *Early Modern Ghosts*, ed. John Newton, 109–123. Durham, NC: Centre for Seventeenth-Century Studies.

鬼的跨文化类型

为方便起见，上一节将人死后的存在称为"鬼"（英文为"ghost"）。然而，当我们审视各种宗教文化中用来描述人类死后状态的术语时，就会发现英语术语"ghost"的应用存在一定的局限。对于现代英语使用者来说，"ghost"一词通常指的是死人的精神或灵魂；然而，在其他文化中，人死后的存在状态五花八门，因此有许多术语来指称这些存在。因此，有必要从一开始就考虑现代英语中的"ghost"是否适用于我们在其他文化中遇到的各种形式的死后存在。

最早有关死后存在的说法，可能是古代美索不达米亚人所说的伊坦姆（eṭemmu）概念。[1] 根据美索不达米亚神话，伊坦姆源起于众神的身体，居住在人体内，并在死后被释放。因为它原本是神（被定义为永生不灭者）的一部分，就能解释为什么当身体腐烂时它还可以继续存在。这也暗示了人类与神之间的特定联系，而正是这种神圣的元素使人类区别于所有其他生物。伊坦姆独特的神圣特性使美索不达米亚的"鬼"与

---

[1] 综合性的论述可见 Alster, Bendt, ed. 1980. *Death in Mesopotamia*. Copenhagen Studies in Assyriology 8. Copenhagen: Akademisk Forlag; Cooper, Jerrold S.1992. "The Fate of Mankind: Death and Afterlife in Ancient Mesopotamia." In *Death and Afterlife: Perspectives of World Religions*, ed. Hiroshi Obayashi, 19–34. New York: Greenwood Press; 2009. "Wind and Smoke: Giving up the Ghost of Enkidu, Comprehending Enkidu's Ghosts." In *Rethinking Ghosts in World Religions*, ed. Mu-chou Poo, 23–32.

其他文化中鬼只是人死后剩余的部分完全不同。不过，这种神性并没有赋予鬼更高的地位。伊坦姆通常被认为具有人类的外貌，在冥界的黑暗角落过着阴暗的生活，而且这种痛苦永无止境。[1] 这至少能部分反映出美索不达米亚人对生命意义的悲观态度和普遍阴郁的世界观。

对于古埃及的死后存在概念，众所周知存在三种"灵魂"：卡（读音"ka"）、巴（读音"ba"）和阿赫（读音"akh"）。巴，通常是一只在坟墓里和周围盘旋飞舞的长着人头的鸟，代表着在生者和死者世界之间自由移动的能力。在文学作品中，巴有时可以看作是一个人的道德良知。卡，在词源上与"存活"或"生命力"的概念相关，通常以死者整体的生命样貌显示，代表依旧存活的身体并接受供养。但是，似乎只有以朱鹭的形象出现的阿赫才被认为与"鬼"的概念最接近，因为它可以直接与活人互动，并且可以与先祖的灵魂共存。它经常被现代学者翻译成一个相当神秘的术语"变形的精灵"（transfigured spirit）。由此看来，埃及人似乎解构了一个人的基本特征，并将这些特征赋予三种不同的作用或灵性表达。[2] 对人类死后存在的这般丰富想象，警示我们不要想当然地认为我们所探索的是个单一的概念。[3]

对于古代以色列人来说，希伯来语 אוֹב（'ôb，接近中文读音"鸥夫"）狭义地指称祖先的灵魂，因此可以看作是最接近鬼的概念；另一方面，רפאים（rĕpā'îm，接近中文读音"肋法应"）一词特指被永久困在冥界（希

---

[1] Bottéro, Jean. 2001. *Religion in Ancient Mesopotamia*. Chicago: University of Chicago Press, pp. 105–110.

[2] Assmann, Jan. 2005. *Death and Salvation in Ancient Egypt*. Ithaca, NY: Cornell University Press, pp. 87–112. 他的观点是，古埃及人认为死后人的整体存在分解为不同的元素，包括巴、卡、心脏、人的外貌和身体，等等。

[3] 研究古埃及死亡与来世概念的经典著作是 Kees, Hermann. 1926. *Totenglauben und Jenseitsvorstellungen der Alten Ägypter*. Leipzig: J. C. Hinrichs. Zandee, Jan. 1960. *Death as an Enemy* (Leiden: Brill) 的标题引人关注——《与死为敌》。全方位研究古埃及死亡相关现象的著作有 Assmann. *Death and Salvation in Ancient Egypt*. 研究古埃及多种灵魂的近期著作有 Eyre, Christopher J. 2009. "Belief and the Dead in Pharaonic Egypt." In *Rethinking Ghosts in World Religions*, ed. Mu-chou Poo, 33–46.

伯来语 שְׁאוֹל，英译 Sheol）的迦南（Canaanite）领主。[1] 因此，没有一个术语可以概括地表达死者的鬼的概念。然而，当提到鬼魂时，通常描述为它们如同暗影一般，软弱又无力，永远被限制和禁锢在冥界之中。尽管这与美索不达米亚的鬼概念相似，而且由于两者之间的文化联系使它们尤其相似，但古以色列的鬼并不以它们的恶意或复仇行径而闻名，它们从不恐吓或威胁生者。[2]

古希腊人的情况又有些不同。希腊人没有区分死者死后存在的种类，但使用许多词来指称死者的状况，其中包括 εἴδωλον（读音 eidōlon，意为灵魂的样貌）、ψυχή（读音 psychē，意为灵魂或精神）和 φάσμα（读音 phasma，意为灵魂的现身）。这些术语中的每一个都指人的某些方面，但它们的共同特征是缺乏智慧和生命力，亦即所谓的 φρένες（读音 phrenes）。在古典时期，φάσμα 扮演着"恶鬼"的角色，能以某种有形的方式与生者互动。[3] 与埃及的巴、卡和阿赫相比，希腊的 εἴδωλον、ψυχή 和 φάσμα 概念对于彼此的不同之处似乎不是它们对人类生命特征的划分，而在于它们代表同一灵魂的不同状况。

罗马人似乎把不同类别的死者做了一些区分：anima（拉丁文的"灵魂"）、umbra（"阴影"）、manes / lemures（泛称的"鬼"）、laresfamiliares（"祖先的鬼"）和 larvae（"有威胁性的鬼"）。然而，它们彼此究竟有哪里不同是有争议的。[4] 以罗马的 manes 为例，它有"鬼"的含义却与"神"不甚对立，因为 manes 和神之间的区别不是它们的本质，而是它们的力量

---

[1] 请见 Davies, Jon. 1999. *Death, Burial and Rebirth in the Religions of Antiquity*. London: Routledge, pp. 92–93.

[2] 请见 Wan, Sze-kar. 2009. "Where Have All the Ghosts Gone? Evolution of a Concept in Biblical Literature." In *Rethinking Ghosts in World Religions*, ed. Mu-chou Poo, 47–76.

[3] 关于古典时代鬼概念的研究，可见 Bremmer, Jan N. 1983. *The Early Greek Concept of the Soul*. Princeton, NJ: Princeton University Press; Finucane, R. C. 1996. *Ghosts: Appearances of the Dead in Cultural Transformation*. Amherst, NY: Prometheus Books.

[4] 请见 Ogden, Daniel. 2001. *Greek and Roman Necromancy*. Princeton, NJ: Princeton University Press, pp. 219–230.

和影响力。相比之下，希腊的鬼永远无法成为神，因为按照希腊人的定义，神性是不朽的，而鬼——无论是 εἴδωλον、ψυχή 还是 φάσμα，都只是凡人肉胎的残余，亦即死者。[1]

与罗马的 manes 类似，古代中国的"鬼"一词经常被认为是英文"ghost"的对等物，也就是死者的精灵。然而正如以下所论，在中国早期"鬼"一词很明显地也可以指神的精神，或非人类的精怪/恶魔。鬼神之间的差异不在于它们拥有超自然力量的事实，而是它们是否可以展现某些仁善或神奇的事迹促使人们尊重和崇拜它们。那些可以通过做有价值的事来证明自己力量的鬼很有可能被封神（apotheosized），而那些伤害人的仍继续是恶鬼。不过，即使是所谓的怪（妖精）、魅（妖精）、物（动物灵）和精（恶魔）也可能不是完全邪恶的。鬼的概念和那些被称为怪、魅、物、精的东西，虽然相对不同——鬼主要指死者的鬼魂，而怪、魅、物、精主要指非人类主体的精神——但又始终保留着相当程度重叠的模糊性。[2] 更复杂的是，有两个中文词，魂和魄，也可以指死者的精神存在。虽然"魂"仍然是一个有争议的话题，但它似乎是指死者升天的灵魂，而"魄"似乎更像是指留在地下墓穴中死者的物理肉身。详细分析现存材料证据，依照材料出现的时间段和文本脉络来看，魂和魄可以也确实曾被视为同义词。[3] 虽然在这项研究中，我主要关注的是"人鬼"，但有时现存的文本材料则将这种灵性存在指向非人类的起源。尽管如此，我的目标一直是使用现有的材料来描绘普通人生活的宗

---

[1] King, Charles W. 2009. "The Roman Manes: The Dead as Gods." In *Rethinking Ghosts in World Religions*, ed. Mu-chou Poo, 95–114.

[2] 杜正胜：《古代物怪之研究：一种心态史和文化史的探索》，载《大陆杂志》第 104 卷（2001年）第 1—3 期。林富士：《释魅：以先秦至东汉时期的文献资料为主的考察》，收录于蒲慕州编《鬼魅神魔：中国通俗文化侧写》，麦田出版社，2005 年，第 109—134 页。

[3] 相关讨论，请见 Yu, Ying-shih. 1987. "O Soul Come Back! A Study in the Changing Conceptions of the Soul and Afterlife in Pre-Buddhist China." *Harvard Journal of Asiatic Studies* 47.2: 363–395; 蒲慕州：《墓葬与生死》，联经出版事业股份有限公司，1993 年，第 208—212 页；Brashier, K. E.1996. "Han Thanatology and the Division of 'Souls.'" *Early China* 21: 125–158; Lai Guolong. 2015. *Excavating the Afterlife: The Archaeology of Early Chinese Religion*. Seattle: University of Washington Press, pp. 43–46.

教环境。无论一个人遇到的"东西"是"人鬼"还是"狐精",让人更感兴趣的信息是为什么这个"东西"会出现,这个"东西"如何与生人互动,以及生人如何找到处理这种情况的方法,无论这种办法是不是恶意的。

如下文第六章中所说,当佛教传入中国时,使用汉语词汇来翻译各种形式的印度"鬼"和"恶魔"的需求,给试图投身文化交流的佛教僧侣带来了一些挑战和机遇。其中关于灵魂的含义模糊的一个例子是恶魔/鬼"起尸鬼"(वेताल,梵语音译 Vetāla),它栖息在尸体中并与生者交谈,但也被认为是一种神灵。起尸鬼(意为"能唤起尸体的鬼")这个名字的汉译中包含了一个"鬼"字,这表明中国人对起尸鬼"状态"的理解存在一些歧义:它应该是神还是鬼?这仅仅是一个翻译问题,还是传达了 Vetāla 的某些特性?[1] 无论如何,在中文语境中,"鬼"一词确实可以指称神灵,因此将 Vetāla 翻译成起尸鬼可能已经通过使用该词解决了这种歧义。话虽如此,它被称为"鬼"而不是"神"这一事实可能仍旧暗示了对 Vetāla 本质的某种评价。

尽管不同类型的"鬼"存在一些差别——如果我们仍继续使用"鬼"这个词的话——但它们之间的确存在一些重要的相似之处,亦即它们都展示出促使人们想象死者命运以及亡者与生人之间关系的那种社会需求。我们可以很容易地证明,在各种宗教文化中都有一些共同的鬼类型:对人类有害的恶鬼,会帮助它们特别选定之人的善鬼,曾被活人虐待并寻求平反的复仇鬼,自身无能而需要生者帮助的受难鬼,想将特定信息传达给生者的顽皮鬼,等等。这些不同类型的鬼可以看作是活人的各种社会需求的体现,因为大多数时候鬼的行为及其与活人的关系之所以如此,都出于一种宏观背景,即为了解决某些社会价值观及道德伦理之困境。因此,从鬼的类型来看,我们有机会看到一个社会在如何处

---

[1] 请见 Huang, Po-chi. 2009. "The Cult of Vetāla and Tantric Fantasy." In *Rethinking Ghosts in World Religions*, ed. Mu-chou Poo, 211–236.

理生人与死者之间的关系方面有什么需求，而这种需求以某种方式通过鬼的行为或恶行才能满足。透过尝试理解时间上和空间上距离我们都很遥远的古人的情感和需求，我们可以对人性有更多的体会。探索鬼的现象或幻象可以是这种努力的一部分。

探索早期中国的鬼

虽然古代中国的鬼相当昌盛，但对中国古代文化和社会的研究历来集中在哲学、文学、艺术、建筑，或帝国及其统治架构等理性成就。即使在讨论"神灵"方面时，焦点也往往集中在仪式崇拜、祭祀牺牲、仪轨经文和道德或伦理的价值观上。例如，圣贤或圣贤性（sage-hood）是现代学者最喜欢的研究主题之一。[1] 多半时候，有关鬼的故事不过只是好奇的对象而已，不值得认真研究。然而，如前所述，鬼故事在中国文学中的传统由来已久，而在中国历史上，鬼在民间信仰中占有突出地位。的确，近来中国学术界对民间信仰和鬼文化的兴趣有所增加，但这些研究大多主要对神鬼的分门别类感兴趣，而"消除迷信"仍被认为是这类研究的目标。[2] 此外，对早期中国鬼的探索会涉及社会、文化、性别和宗教等各种纷杂的影响力，更是鲜有人尝试。[3] 在西方，康儒博（Robert Campany）对六朝志怪的研究将鬼故事从文学领域向外延伸到寻找文学、

---

[1] 比较近的例子有 Sterckx, Roel. 2011. *Food, Sacrifice, and Sagehood in Early China*. Cambridge: Cambridge University Press.

[2] 其中比较出色者有徐华龙：《中国鬼文化》，上海文艺出版社，1991年；王景琳：《中国鬼神文化溯源》，农村读物出版社，1992年；马书田：《中国鬼神》，团结出版社，2007年。

[3] 我先前在鬼主题上的研究成果大多已融入本书。请详见参考文献。

社会和宗教信仰之间的相互关系。[1] 其他的志怪研究则主要集中在志怪的文学价值上，通常从性别角度出发，强调男性对故事中女鬼性幻想因素的心理解读。[2] 当然，也有不少学者研究唐宋时期的民间宗教，而这些民间信仰中鬼相当重要。[3] 然而，西方学界中一些更主要的研究大多数集中在明清时期的鬼故事上。[4]

鉴于明清鬼故事的研究已有相当成果，又有对早期中国的鬼提出新认识的需要，因而本书选择追溯从远古到公元6世纪隋唐统一国家之前所存在的鬼观念。

就方法论而言，本研究对早期中国的鬼现象采取了跨学科的方法。我将从宗教研究的角度讨论鬼概念在信仰体系中所占的地位。相对于信仰体系的中心思想，鬼的概念有什么意义？鬼在信仰体系中扮演什么角色？从历史研究的角度来看，要讨论的问题则是不同研究资料来源（文献、考古）中鬼概念的发展，以及鬼概念持续变化所带来的社会和文化涵义。从社会理论的角度来看，人们如何想象和对待鬼的方式主要是由滋养出死亡和来世观念的社会和文化背景所构建的。因此，鬼的概念可以被当作一种社会想象来考察。从心理认知的角度来看，我们需要考虑

1　Campany, Robert F. 1991. "Ghosts Matter: The Culture of Ghosts in Six Dynasties Zhiguai." *Chinese Literature: Essays, Articles, Reviews* 13: 15–34; 1995. *Strange Writing: Anomaly Accounts in Early Medieval China*. Albany: State University of New York Press, pp. 199–201.

2　Yu, Anthony C.1987. "Rest, Rest, Perturbed Spirit! Ghosts in Traditional Chinese Prose Fiction." *Harvard Journal of Asiatic Studies* 47.2: 397–434；颜慧琪：《六朝志怪小说异类姻缘故事研究》，台北文津出版社，1994年；梅家玲：《六朝志怪人鬼姻缘故事中的两性关系：以"性别"问题为中心的考察》，收录于洪淑苓等编《古典文学与性别研究》，台北里仁书局，1997年，第95—127页。

3　Chan, Stephen Chingkiu. 1987. "The Return of the Ghostwomen: A Critical Reading of Three Sung Hua-pen stories." *Asian Culture Quarterly*15.3: 47–72; Von Glahn, Richard. 2004. *The Sinister Way: The Demonic and the Divine in Chinese Religious Culture*. Berkeley: University of California Press; Davis, Edward L.2001. *Society and the Supernatural in Song China*. Honolulu: University of Hawai'i Press.

4　例如：Zeitlin, Judith. 1993. *Historian of the Strange: Pu Songling and the Chinese Classical Tale*. Stanford, CA: Stanford University Press; 2007. *The Phantom Heroine: Ghosts and Gender in Seventeenth-Century Chinese Literature*. Honolulu: University of Hawai'i Press; Chan, Leo T. K.1998. *The Discourse on Foxes and Ghosts: Ji Yun and Eighteenth-Century Literati Storytelling*. Honolulu: University of Hawai'i Press; Kang, Xiaofei. 2006. *The Cult of the Fox: Power, Gender, and Popular Religion in Late Imperial and Modern China*.

想象和经验的问题。鬼是想象出来的产物吗？如何解释人们对遇鬼经验的说法？下章将讨论的《荀子》中的一个故事，讲述了一个人将自己的影子想象成一个萦绕不去的鬼魂，这是一个想象力源于经验的例子。[1]

再者，鬼概念的形成不仅仅与想象力有关，因为想象力与经验密切相关。于是问题变成，类似的经历是否会铸成类似的想象力。答案显然不可能浅显单一，因为经验随同特定的社会文化环境以及个人生活故事的脉络一起发生。因此，一般大众如何想象鬼的存在，与社会中的个人会如何体验鬼并对其做出反应，二者不一定相同。然而鉴于人类认知功能大抵雷同，经验基于认知，毫无疑问人类经验具有受制于认知功能的某些特征。

本书试图以中国鬼的案例为研究基础，对人类社会的鬼现象建构比较性的理解。我们将尝试在历史脉络下考察鬼概念对中国社会的影响，因为鬼概念的演化足以表明社会和宗教的心态变化。我还将尝试通过提出一些关键问题来阐明早期中国的鬼概念：人们认为鬼是从哪里来的？它们长什么样？人们如何认知和对待鬼？它们如何影响人们的生活？人们如何想象它们与生人的关系？它们在信仰体系中的作用是什么？它们如何影响文学、艺术，并改变人们的世界观？是什么让鬼变得可怕？是什么让它们充满恶意？还有，是什么让它们也很脆弱？人们从什么时候开始以温和的方式谈论鬼，以及为什么？通过揭示这些问题背后的原因，我们可以更加了解鬼的力量。它们不仅可以对社会和人的心灵产生一定的影响，还可以向我们揭示在特定时代产生这种鬼的社会的特征。因此，我认为鬼的概念不仅是一种文化建构，还是一种建构文化的媒介，而且鬼的概念与文化发展之间存在着互动关系。于是，研究鬼实际上就是从一个特定的角度来研究产生鬼的文化。

本研究的资料包括从最早的商代甲骨文献，到新近出土的战国晚期

1　王先谦：《荀子集解》，台北世界书局，1971 年，第 270 页。请见第二章。

和秦汉时期的文字，以及从早期中国到六朝的相关传世文献。文献来源有《诗经》、《左传》、诸子著作、"四书五经"，以及《史记》、《汉书》、《后汉书》等历史著作，还有六朝时期最显著的佛道典籍和志怪。这些资料为我们提供了早期中国鬼概念发展的基本轮廓。它们提供有关鬼的故事或评论，值得研究调查。另有甲骨占卜记录、陪葬文书、睡虎地秦墓竹简中《日书》的驱鬼文书等非文学类资料。由于研究资料的性质各有不同，因此我们需要谨慎考虑每种类型的文献。关于研究资料的最重要问题是作者身份和创作意图：谁制作了该文献，出于什么目的，为谁制作？考虑完这些基本问题之后，我们就可以进入下一阶段，确定这些文献的意涵：这些文献可以代表什么样的社会阶层、文化背景，或者是与知识分子的关系？它们传递什么样的社会和宗教信息？这些不同文类的文献之间的关系是什么？这些文献的限制是什么？它们不能告诉我们的是什么？我们自己的偏见可能是什么？尽管我们无法与留下记录的人直接对话，就像今天的超心理学现象研究者采访他们的情报提供人一样，但我们仍然需要考虑各种可能影响讯息传递的因素，因为故事的讲述人可能有各种原因使他有讲述鬼故事的动机：想引人注意、获得满足感、找借口、借此建立权威、想确认讲故事者的信仰、说明道德问题、找点乐子，或者是这些理由的任意组合。透过用这些问题来权衡证据，我们也许应该愿意采取一种宽松的立场，而不是坚持只有一种可能的方式来解释这些文献材料。因为关于鬼的问题，很少有人能保持中立。

本书章节说明

在对鬼研究的概念和方法论基础进行了上述思考，并且粗略地介绍了一些古代社会中不同类型的鬼之后，第二章考察了与鬼的起源、性质、功能和形象有关的先秦时期文献，以及其中以祭祀、祈祷或驱鬼的形式所表达的对鬼的反应与适应。基本上是对古代文献的文本研究，涵盖了从商代甲骨文到四书五经，再到睡虎地《日书》、包山楚简等出土文献，初步勾勒出早期中国鬼现象的基本轮廓。本章还将主要透过庄子、荀子、墨子等思想家，讨论鬼在社会中的意义这类论述意识的出现。这些讨论鬼的论述，不应该与普通人观念中的鬼概念混为一谈。然而，为了使哲学或文学表述有效且令人信服，这些思想家的论点或表述必须建立在一个被普遍接受但不必然是独一无二的鬼概念之上。战国后期，如《吕氏春秋》《周礼》等著作中出现了将神鬼观念系统化使其成为更整合连贯结构的思想趋势。这些文献预示了大一统帝国建立之后精神世界核心化的结构。尤其是冥界将成为一个类似于阳间的地方，而且还有可比拟的官僚系统。

第三章考察秦汉时期多种关于鬼的文字和图像表达，探讨了官私领域如何相互作用并影响了鬼及冥界等相关思想的发展。帝制建立后，官方的宗教仪式被赋予了统一——虽然仍在不断发展——的结构，但鬼的观念仍然存在于人们的日常生活中，而且根据当地的传统随之发展。公元前91年汉武帝在位时期的巫蛊事件表明，宫廷和普通民众普遍害怕恶鬼。[1]因此，在京城和全国各地进行的帝国崇拜仪式，被各种鬼信仰的崇拜仪式和习俗所强化甚至盖过风头，从宫廷到社会各阶层都相同地传播了开来。正是在这个时期，我们的研究资料中开始更加形象地表达阴间的概念，为鬼的本质增添了一些有趣的新理解。事实上，把阴间想象为一个地府官僚机构，其发展也对鬼概念的发展产生了深远的影响。这种对灵界、阴间或天界的官僚系统式的想象，在随后的几千年里成为中国人宗教想象的历久不衰的模型。

第四章探讨从汉末到六朝（公元3至6世纪）时期鬼怪文学的兴起。汉末兴起、六朝盛行的一种特殊文学体裁，即所谓志怪，使鬼故事成为当时最核心的文学题材之一。这些故事中的鬼主题经过文学润色和观念提炼，对中国后世宗教和文化中的鬼观念产生了重大影响。因此，本章探索这个鬼的文学世界，研究它们的形象和个性，并试图解释它们无论是恶意还是仁善的行为，以及它们对当时的世界观以及宗教和情感生活可能产生的影响。我还将尝试揭示鬼故事作者的意图：他们是谁，他们的目标受众是谁？此外，通过描述鬼的世界及其与生者的关系，作者也帮助塑造了那个世界和那些关系。鬼故事不仅是娱乐素材，也是批判性地评论人性和当时社会的依据。志怪中的鬼魂被描述成具有各种情感和道德感，这表明对鬼存在的想象很大程度上是对活人的模仿。

由于道教起源于秦汉中国的土壤，研究它如何处理鬼，可以作为一个有用的指标，来说明道教是如何以及在何种意义上成为一种独特的宗教传统。在第五章中，我将重点关注一些早期的道教文献，并将道教关于鬼的性质和起源、鬼的形象和功能以及驱鬼仪式的思想，与道教之前的中国民间信仰的鬼思想进行比较。这种比较可以更清楚地描绘道教和

---

1 蒲慕州：《汉唐的巫蛊与集体心态》，联经出版事业股份有限公司，待出版。

民间信仰之间的异同。事实上，道教宣称世界被各种各样的鬼所侵扰，而道教的使命是遏制和驱逐恶鬼，以造福人民。总之，道教早期文献中的鬼观念与先秦两汉的早期鬼观念有一定的相似性。相似之处在于对驱鬼的需要，鬼出现的原因，以及鬼的形象。但二者也有差异，这表明思想基础和社会环境发生了变化，世界观也发生了变化。道教文献集体地展示出一种世界观，有意识地宣扬在这种世界观中无数的鬼积极地参与到普通人的生活中。在汉朝末期之前，这种充满鬼的浩瀚世界图景从未有过清晰的表述。道士们声称自己有能力控制这个鬼的世界，他们借由使用保有着这个恶鬼世界秘密的道教文本，试图建立起他们作为有效驱鬼者的权威。

第六章讨论早期佛教对鬼的看法和对应之道。佛教传入中国时，并不是进入一个没有信仰的世界。除了试图赢得文人阶层的注意之外，佛教倡导者还需要面对他们打算改变的那些民间信仰。因此，早期的中国佛教文献也大量地提及大众流行的宗教活动，包括崇拜鬼神。所以，对早期佛教文献中的鬼概念和对佛教僧侣活动记载的研究，可以为我们理解佛教部分程度上的"中国化"提供一个具体的焦点。值得注意的是，当佛教和道教势力发挥作用时，二者都试图利用大众流行的鬼认知框架来推进自己的教业。想当然耳，二者都声称能够为人们处理鬼的问题。然而，在没有真正脱离传统框架但又承认鬼存在的情况下，自先秦时代流传下来的鬼观念从未被取代，并且为后世与佛道二教纠缠不清的民间信仰发展打开了无限的可能性。

最后，由于鬼的现象普遍存在，对早期中国鬼的探索可以构成进一步与世界其他地方的鬼进行比较研究的基础。中国、埃及、美索不达米亚和希腊、罗马的鬼之间的异同将是第七章的讨论主题。因为只有通过比较，即使是有限的比较，我们才能领会每种文化的个体特征。如果早期中国的鬼故事可以作为鬼以自己的力量创造了属于自己的文化的有效例子，而且其主题是人鬼关系的变化，那么在其他文化中是否可以找到类似或不同的情况？关于人类社会宗教信仰的普遍性和特殊性，这些发现可以告诉我们些什么？所有这些都可以在比较研究的基础上有益地进行。

由于鬼构成了人性的另一面，鬼的本质是多面向的。对于鬼作为人性的一部分，我们可以而且也应该有多种方法来理解它的意义。我们不应该对鬼的起源、性质、功能和文化意义仅仅给出单一的解释。本研究中所使用的材料反映了人们在不同时代、不同地点、不同生活情境中的恐惧和希望。因此，虽然本研究中的章节是按时间顺序排列的，但我们并不认为对鬼越渐复杂的想象存在单一线性的发展，尽管我们掌握的研究资料可能表明在某些时期对鬼的各种特征及其与人类的关系的想象似乎有一些突出的特征。我们在研究材料中所看到的应该更好地理解为，在特定时间和空间下，对鬼的想象的不同表现。

另一方面，我们也不放弃将鬼概念作为一种文化建构和历史产物来加以研究的机会。如果我们同意文化会随着时间的推移而发生变迁，并同意每一次明确的文化发展都会带来新的观念和新的文化现象，那么对鬼魂观念变化的考察，或许可以为我们窥探那个时期的历史特性提供一些特殊的窗口。

正如佛家所说，一沙一世界。对鬼观念在历史上的所有影响进行研究，可以揭示出在一般谈论艺术、文学、哲学，甚至科学的文化史中一个鲜为人知、不为人所诉说的世界。我们应尝试进入"幽都"——先秦时期的中国所赋予阴间的名字之一，并揭示这个鬼的世界。通过对早期中国鬼的意义提供一个全新的认识，我们对中国社会和心理状态的特征理解可能会变得更加细致入微。至于鬼，虽然隐于幽都之中，但最终还是要走入阳光之下，向我们揭露生者希望和焦虑的暗黑角落。我们希望这项研究不仅有助于理解一般的宗教信仰，而且能从人们生活中较少探索的方面来了解他们的经历。

第二章
早期中国鬼的初迹

> "鬼神之为德,其盛矣乎!视之而弗见,听之而弗闻,体物而不可遗。"[1]

---

[1] 《礼记注疏》卷五二,页十二,收录于阮元校刻《十三经注疏》,台北艺文印书馆,1976年。本书凡引用"十三经",均为此版本,以下不再一一标注出版信息。

公元前 4 世纪的一位画家曾被要求替齐国国王作画。齐王问:"画孰最难者?"画家回答:"犬马最难。"国王又问:"孰易者?"他回答:"鬼魅最易。"故事的作者解释说,这是因为狗和马为人们所熟知,每天都可以看到,因此人们很容易发现画家画中的任何缺陷;另一方面,由于从来没有人真的看过鬼,任何最古怪的画法都不令人奇怪,因此要画它们很容易。[1] 这段文献的作者是韩非(?—前233),他是中国历史上对法律和治国之道发展影响最为深远的法家思想的创始人。这个故事的初衷,考虑到韩非的动机和叙述的背景,是为了阐述一个概念,即人在有一定规矩系统的限制下做事,要比在没有任何规矩系统的限制下更难。由此可见法律的重要性。然而作者以画鬼的例子来说明他的观点,却无意中告诉我们,鬼或许被普遍认为是一种无形的东西,靠人类的想象难以捕捉。的确,曾经有人听到孔子自己说:

> 鬼神之为德,其盛矣乎!视之而弗见,听之而弗闻,体物而不可遗。使天下之人,齐明盛服,以承祭祀。洋洋乎如在其上,如在其左右。《诗》曰:"神之格思,不可度思,矧可射思。"夫微之显,诚之不可掩,如此夫。[2]

---

[1] 王先慎:《韩非子集解》卷十一,中华书局,1954 年,第 202 页。相同的概念可见于《淮南子》卷十三,页六 a:"今夫图工而好画鬼魅,而憎图狗马者,何也?鬼魅不世出,而狗马可日见也。"
[2] 《礼记注疏》卷五二,页十二。

这段话出自《礼记》，这是一部儒家教义和轶事的文集，可能是在公元前 3 世纪收录和编辑的。[1] 我们很难知道儒学的追随者在多大程度上会认同这种观点，但由于它被记录在盛誉卓越的经典中，并被视为孔子的说法，这句话往往给人的印象是孔子（或他的弟子）视鬼神为无形之物。孔子在《论语》中曾说"敬鬼神而远之"。[2] 这种说法的道理似乎是，作为一个人文主义者，孔子鼓励他的学生应该根据世俗精神，更多关注在生人的事务上面，而不是听从萨满之类从事宗教传播的人所说的神谕鬼示。然而这句话以及上面引用的《礼记》中的段落，都清楚地表明孔子并没有否认鬼神的力量和能耐。我们还应该认识到，孔子及其追随者在当时社会上只是极少数的知识分子。在前帝国时期的中国，从公元前 10 到 3 世纪，大多数人对鬼是什么模样应该都有一些想法，尽管他们可能彼此不同意。然而，如果要追溯鬼的概念的起源和发展，我们有必要回顾最早的文献。

1　Loewe, Michael, ed. 1993. *Early Chinese Texts: A Bibliographical Guide.* Berkeley: University of California Press.

2　《论语注疏》卷六，页八 a。

"鬼"的含义与起源

正如前一章所讨论的，在汉语语境中鬼的概念通常以"鬼"一字来表示。然而，鬼这个字，就像英文的"ghost"一样，有不止一层含义。因此，严格来说，鬼=ghost这样的对等式并非没有问题，我们将在后面继续讨论。

现代汉字的鬼是商代（约前1600—前1100）的甲骨文鬼（罗）的直系后裔。对这个字的原始意义的解释众说纷纭，有的将其视为死亡面具，有的将其视为萨满面具，有的认为源自意味恐惧的"畏"字，或是认为与"归"字有关，因为人死归于地下。《礼记》也说："众生必死，死必归土，此之谓鬼。"[1] 但这种说法是不确定的。[2] 东汉学者许慎（约30—124）在其巨著《说文解字》中解释了鬼字的由来："鬼者归也。"这个相当简短的解释基本上与《礼记》一致，并假设鬼字的含义与人死后回归地下的想法有关。然而，这种联系仅是基于"鬼"和"归"两个字的语音相似，而没有对鬼这个字本身进行解释。可以确定的是，在古

---

1 《礼记注疏》卷四七，页十四。
2 池田末利：《中国古代宗教史研究》，东京东海大学出版会，1981年，第155—198页；沈兼士："鬼"字原始意义之试探》，收录于《沈兼士学术论文集》，中华书局，1986年；国光红：《鬼和鬼脸儿——释鬼、囟、巫、亚》，载《山东师范大学学报（社会科学版）》1993年第1期。亦见 Lai Guolong. 2015. *Excavating the Afterlife*, pp. 36–37.

代使用甲骨文占卜的时候，人们就已经有了某种可以对人类造成伤害的神灵的概念，并用甲骨文𢇛表达出来，后来被证明就是鬼这个字。例如，商王梦中出现鬼："贞，亚（人名）多鬼梦。"[1] "卜，贞多鬼梦。"[2] 虽然不清楚这些梦是否是恶梦，但其他鬼的出现表明了它的恶意："贞，祟鬼于凶。"[3] 或者鬼可能与疾病有关。[4] 因此，这些例子中鬼字出现的上下文似乎都表明鬼被理解为一种能造成伤害或疾病的恶灵。

此外，鬼也是一个外族部落"鬼方"（字面意思是"鬼域"）名字的一部分，这个名字在甲骨文中多次出现，是商王所进攻的地方。[5] 可以合理地推测，这个词用在异族身上带有一定的贬义，类似于后来的蛮、夷、戎、狄（即位居四方的野蛮人）。[6]

至于随后的周朝（约前1046—前256），当时的文献呈现出的情况有些复杂。在这个时期的青铜铭文中，鬼这个字的出现似乎没有"鬼"（死者的精神）的意思，而大多都被用在甲骨文中已经出现的复合词"鬼方"里面。然而，鬼作为一个字符，常被结合到其他字中，表明它已经获得了独特的含义，可以作为形成某个字或概念的一个"表意符号"或"部首"。这些以鬼为"部首"的文字表明，鬼的符号形象代表一个种类的恶灵，这与商代早期的用法并无区别。[7]

在现存最早的周代典籍之一《诗经》中，鬼这个词只出现过两次，其中一个又是作为"鬼方"一词的一部分，[8] 另一个则有邪灵或鬼的意味：

1　姚孝遂主编《殷墟甲骨刻辞类纂》No. 17448，中华书局，1989年，第125页。

2　姚孝遂主编《殷墟甲骨刻辞类纂》No. 17450，第125页。

3　姚孝遂主编《殷墟甲骨刻辞类纂》屯4338，第126页。

4　姚孝遂主编《殷墟甲骨刻辞类纂》No. 14277，第125页。

5　姚孝遂主编《殷墟甲骨刻辞类纂》No. 8591—8593，第126页。

6　Poo, Mu-chou. 2005. *Enemies of Civilization: Attitudes toward Foreigners in Ancient Mesopotamia, Egypt, and China*. Albany: State University of New York Press, chapter 3.

7　周法高主编《金文诂林》第11册，香港中文大学出版社，1968年，第5661—5686页。

8　《毛诗正义》卷十八之一，页五。

出此三物，

以诅尔斯。

为鬼为蜮，

则不可得。[1]

这里的鬼与蜮被一起提到。蜮是一种水中的邪灵，被认为能够给人带来伤害。这也与甲骨文和青铜铭文中鬼的含义相吻合。在《诗经》的其他段落中，神一词经常被用于表示祖先[2]或神灵的精神，是一种荣誉且崇敬的用法。[3] 因此，中文中的"神"一词在英文中可以理解为"神"或"精神/灵魂"。

由于神和鬼都表示灵性的存在，因此两者似乎很自然地会有一些重叠的地方。事实上，在许多先秦文献中，鬼的概念可以应用于多种的灵性存在。例如，在大约公元前4世纪编纂的第一部大型编年史《左传》中，鬼字有两种含义。第一，当与神组成复合词时，如鬼神，它可以与神同义，指神灵。[4] 在《易经》[5]、《尚书》[6]或道家哲学著作《庄子》[7]等早期文献中也发现鬼字同样的用法。此外，一些例子表明神、鬼神和鬼这三个词是可以互换的，这表明鬼的概念经常被用来指代神灵。[8]

其次，《左传》中也有许多鬼的例子，但明确是指死者的灵魂，没有神性。[9]《论语》中也有类似的情况。《论语》中少数提及鬼和神灵的例子说明鬼可以指某人祖先，[10] 而鬼神作为一个复合词既可以指一般的神灵

---

1 《毛诗正义》卷十二之三，页十七至十八。
2 《毛诗正义》卷十三之二，页七。
3 《毛诗正义》卷十七之四，页三。
4 《左传正义》卷三，页七；卷四，页二四；卷六，页十八。
5 《周易正义》卷二，页三三。
6 《尚书正义》卷八，页十四；卷十三，页八。
7 郭庆藩：《庄子集释》，第150页。
8 《左传正义》卷十二，页二三；卷三八，页十二；卷四九，页十二；卷五四，页四。
9 《左传正义》卷十八，页十三。
10 《论语注疏》卷二，页十。

（包括祖灵和神），[1] 也可以与鬼同义。[2] 这种含义的转变表明，鬼的本义是一个通用词语，泛指人类、神祇甚至动物的精神或灵魂。在甲骨文和青铜铭文以及《诗经》中，鬼一词似乎仅指具有恶意的人之鬼，这一事实可以理解为广义的鬼的概念中的狭义解释。

这种鬼与神的混用显示，后来作为死者精神的鬼和作为神祇精神的神二者之间的区别还没有明确。这就是为什么鬼的概念不能被视为现代英语中"ghost"的绝对对等词的另一个原因。在这里，现代中国西南地区民族学材料中的鬼魂概念可以提供一个有意义的比较。值得注意的是，在许多少数民族中鬼的概念——无论好坏——都很普遍，但神的概念则相对模糊。在某些情况看来，良善的鬼似乎后来可以成为神，而不友善的鬼就成为伤害人的"鬼"。[3] 早期中国也有类似的案例。

《礼记》中有一个关于鬼起源的明确陈述，似乎将鬼的概念限制在人类死者身上："大凡生于天地之间者，皆曰命，其万物死皆曰折，人死曰鬼。"[4] 在《周礼》中，鬼概念也明确与"天神"的神概念区分开来，称之为"人鬼"——人所变成的鬼。[5] 然而，这并不排除其他种类的灵性存在仍然可以被称为鬼的可能性。

战国时代宣扬兼爱的哲学家墨子用一种常识性的眼光来看待鬼神的存在。墨子坚信，如果人们亲身看到或听到过鬼，那么鬼一定是存在的。他举了一个例子来支持这一观点：

> 若以众之所同见，与众之所同闻，则若昔者杜伯是也。周宣王

---

1 《论语注疏》卷六，页八。

2 《论语注疏》卷十一，页四。

3 徐华龙：《中国鬼文化》，第5—7页。更多细节请见 Harrell, C. Stevan. 1974. "When a Ghost Becomes a God." In *Religion and Ritual in Chinese Society*, ed. Arthur P. Wolf, 193–206. Stanford, CA: Stanford University Press；和志武、钱安靖、蔡家麒合编《中国原始宗教资料丛编》，上海人民出版社，1993年。

4 《礼记注疏》卷四六，页六。

5 《周礼注疏》卷十八，页一。

杀其臣杜伯而不辜,杜伯曰:"吾君杀我而不辜,若以死者为无知则止矣;若死而有知,不出三年,必使吾君知之。"其三年,周宣王合诸侯而田于圃,田车数百乘,从数千,人满野。日中,杜伯乘白马素车,朱衣冠,执朱弓,挟朱矢,追周宣王,射之车上,中心折脊,殪车中,伏弢而死。当是之时,周人从者莫不见,远者莫不闻,著在周之《春秋》。为君者以教其臣,为父者以警其子,曰:"戒之慎之!凡杀不辜者,其得不祥,鬼神之诛,若此之憯遫也!"以若书之说观之,则鬼神之有,岂可疑哉![1]

很显然,墨子的用意是借故事来证明鬼神为不义之事报仇的威力,从而引起老百姓的恐惧,宣扬道德观,以维持社会秩序。墨子又说:"古之今之为鬼,非他也,有天鬼,亦有山水鬼神者,亦有人死而为鬼者。"[2] 墨子在这里用鬼来指代天、地、人的灵性存在。[3] 对他而言,鬼和鬼神实为同义词。这可能是鬼一词泛指"精灵"的古代用法。

在本章开头提及的法家哲学家韩非的著作《韩非子》中,也明确表达了恶鬼的概念,但鬼和神仍然是可以互换的概念,[4] 而鬼神一词大多数时候被用作"精神"的同义词。[5] 这里需要特别指出的是,这些古代文献主要反映的是精英阶层的传统思想,其作者会将旧观念与新观念混合起来,造成表达含义上的微妙转折,甚至特意引用古风。不管如何,如果墨子和韩非的故事对于他们的目标读者/受众来说不够可信,那么他们的论点就不带有任何的说服力。这些读者/受众当然是社会中的少数,但他们对鬼的看法和普通人对鬼的看法很可能没有太大差别。

---

[1] 孙诒让:《墨子间诂》卷八,台北中华书局,1971年,第153页。这则故事同见于《国语》卷一,页十一。
[2] 孙诒让:《墨子间诂》卷八,第153页。
[3] 墨子数次使用"天鬼"一词,见《墨子间诂》,第29页、第50页、第124页。
[4] 王先慎:《韩非子集解》,第104页。
[5] 王先慎:《韩非子集解》,第42—43页、第89页。

当然，如果我们想找到一个足以代表更广泛社会阶层观点的切入点，我们应该看看来自非社会精英阶层的材料。由于近几十年的考古发现，我们现在有了一些文献证据可能可以反映出一些具有更广泛基础的观点。考古发掘出的新文献中最重要的一种就是 1975 年出土于湖北云梦睡虎地秦墓的《日书》，年代可追溯到公元前 3 世纪晚期。它写在竹简上，基本上是一份类似后代农民历或者黄历的文献，指导人们选择合适的日子来进行各种日常活动，如远行、建房、婚嫁、耕种、商贸交流等。[1] 然而，在包含这些指导方法的多个章节中，有一个章节名为"诘"，字面意思是"询问"，但其内容表明它可以被理解为是一种"驱鬼文书"。[2] 它不是为了选择吉日，而是记载了一系列的驱鬼方法，用来驱除人们在日常生活中遇到的各种鬼怪和邪灵。有趣的是，该文列出了几十种"鬼"的名称，其中鬼一词不分青红皂白地泛指人类、动物的精神，甚至是树木或岩石、风和火等非生物的东西。举几个例子，有"丘鬼"（土丘上的鬼）、"哀鬼"（悲伤的鬼）、"哀乳之鬼"（婴儿鬼）、"棘鬼"（荆棘丛里的鬼）、"不辜鬼"（无辜的鬼）、"暴鬼"（暴力的鬼）、"饿鬼"（饥饿的鬼），等等。[3] 鬼一词的这种使用指明，在更广泛民众的观念中——因为《日书》可以说是战国末期中下层社会文化环境下的产物[4]——鬼可以用来指代有着各种来源出处的有害灵体。对于《日书》的使用者而言，这些灵体是人类还是非人类变来的似乎并不是他们真正关心的问题。重要的是能够识别这些恶灵的名字。因为，无论是对人还是

---

[1] Poo, Mu-chou. *In Search of Personal Welfare*, chapter 4; Harper, Donald, and Marc Kalinowski, eds. 2017. *Books of Fate and Popular Culture in Early China: The Daybook Manuscripts of the Warring States, Qin, and Han*. Leiden: Brill.

[2] Harper, Donald. 1985. "A Chinese Demonography of the Third Century B.C." *Harvard Journal of Asiatic Studies* 45: 459–498. 关于该文献的英译，请见 Harper, Donald. 1996. "Spellbinding." In *Religion of China in Practice*, ed. Donald S. Lopez, Jr., 241–250. Princeton, NJ: Princeton University Press.

[3] 睡虎地秦墓竹简整理小组：《睡虎地秦墓竹简》，文物出版社，1990 年，第 212—216 页。关于鬼名的表列，见 Harper and Kalinowski, eds. *Books of Fate and Popular Culture in Early China*, p. 245.

[4] Poo, Mu-chou. *In Search of Personal Welfare*, pp. 84–92.

对灵体，知道名字就意味着能够控制对方的实体，这在许多其他文明的早期社会也是一样。有意思的是，在驱鬼文书中一些鬼的名字里居然有神字——比如神狗，可能是"灵狗"的意思，或者神虫，可能是"灵虫"的意思。[1]从上下文中可以清楚地看出，这些都是恶鬼。因此，在它们的名字中使用神这个形容词不应被理解为是神圣的意思，而是这些恶魔所拥有的超自然力量。

另一个重要的证据是 1986 年在甘肃天水放马滩秦墓出土的一份公元前 3 世纪的文献中记载的著名复活故事，提供了意想不到的对鬼特征的描述。[2]故事讲述了一个名叫丹的人——是一个名叫犀武的官员的仆人——因为在打斗中无意打伤了一个人而自杀。在下葬之前，他的尸首在市场上曝露了三天——显然是对他所被认为犯下的罪行的一种惩罚。不知为何，在他死后三年，他的前主人犀武重开此案，认定丹罪不该死。于是犀武将此事上报给司命史——掌管人们生死名册的官员。司命史，其名公孙强，让白狐将丹从墓中挖出。丹站在墓顶三天，然后和司命史一起去了柏丘（柏树之丘）的北部地区。四年后，他已经能听到狗和鸡的叫声，能像常人一般进食，但他的四肢仍很虚弱。这个非同寻常的故事为我们提供了战国末期的社会、法制、丧葬风俗，以及当时政府体系下层人物的生动想象力和极为罕见的文学表达手法。我们的注意力将集中在死亡和冥间的概念上。

据该文记载，当死去的丹再次复活，他已经不具备生者的正常身体感官和功能，不得不逐渐地复活。然而，死者并非没有自己的感官知觉。正如丹在他复活后所说的那样，死者（或鬼）不喜欢穿太多衣服，

---

1 睡虎地秦墓竹简整理小组：《睡虎地秦墓竹简》，第 212—213 页。
2 李学勤：《放马滩简中的志怪故事》，载《文物》1990 年第 4 期；Harper, Donald. 1994. "Resurrection in Warring States Popular Religion." *Taoist Resources* 5.2: 13–28; 甘肃省文物考古研究所：《天水放马滩秦简》，中华书局，2009 年；姜守诚：《放马滩秦简〈志怪故事〉中的宗教信仰》，载《世界宗教研究》2013 年第 5 期；邬文玲：《读放马滩秦简〈志怪故事〉札记》，载《国学学刊》2015 年第 4 期。

它们喜欢白色茅草,那是一种具有魔力的药用植物。更甚者,鬼会嫌弃那些来墓前假意要做祭祀供养的人们,因为他们的真正目的是来吃这些贡品。鬼还希望它们的墓地能被仔细地打扫。人们不应该将羹汤倒在祭品上,因为鬼不会吃这样的食物。文字描写的景象非常生动,具有想象力。这些小细节以一种讽刺的方式揭示了很多当时的社会现实,并且以一种非常有趣的方式对一则著名的故事做了补充——故事中的齐国人每天去墓地吃食物祭品的残羹剩饭,却告诉妻妾他受邀与达官贵人共赴晚宴。[1] 这个故事是由孟子(约前372—前289)讲述的,他是当时社会风俗的敏锐观察者和批评者。

有趣的是,复活的过程似乎是感官的逐渐恢复,这可能与人死时的情况正好相反,因为人死时身体的感官会逐渐丧失。然而,尚不清楚当死者复活时,死者的鬼是否或在什么时间点上"回到"身体中。故事没有详细说明生与死的"交界线",因为我们不知道鬼如何、何时或是否回到身体或与身体合一。文献只说到,丹从墓中被掘出时,在墓顶上站了三天,然后跟着司命史北上。事实上,我们甚至不确定死者的鬼是否曾经离开过它的肉体。而说到鬼不爱多穿衣服,不爱吃浸泡过的食物,按理看鬼还是有一定的生理机能或活动能力,但这又与肉体无关,因为肉体躺在墓里一动不动。

主人犀武能接触到司命史,而且可以令死者复活,这件事也非同凡响,因为司命应该是一位神官,并不在人间。司命史与司命的关系为何?我们虽不清楚,但一定有联络关系,以致他可以令死者复活。司命的形象曾出现在《楚辞》中,这是一部曾经在楚国范围内各种宗教仪式上演奏的仪式歌曲的汇编,诗人在其中描绘了一位"大司命"和一位"少司命"。这两位显然都是天神。在《周礼》中,大宗伯——仪式的最高主持人——的职责之一就是向司命敬献牺牲,从而证实了司命即

---

[1]《孟子·离娄下》第三十三章。

是天神。有趣的是，这个故事似乎暗示了人间、天界和冥府可以相互沟通，因为坟墓中的死者可以看到或知道人们在坟墓前为死者带来了什么贡品。从文学的角度来看，这个故事透露了一种在六朝时期盛行的文学主题，也就是生者和死者的世界经常相互交织纠缠。而且，我们其实也不需要以现代的逻辑思维来审视故事的情节，比如鬼是否与身体分离，身体是否一直在坟墓中，或者鬼是否从未离开身体等这类说法。在这类故事中，我们不应该期望能找到关于鬼本质的学术性说法。相反，这个故事向我们揭示了当时人对于鬼、对于替那些冤死的人寻求正义的可能性、对于冥界生活的想象，以及对人鬼关系的讥讽的一些看法。

上述对早期中国鬼含义的讨论是根据传世文献和新出土的文献，说明在战国晚期或公元前3世纪，鬼一词可以指代不同来源的灵性存在：有些是人死造成，有些是其他生物或非生物的东西，有些甚至是"神"。这些鬼中有些出于各种原因而对人类不友善。总体而言，无论是精英还是普通民众，都普遍认为人死后通常会成为鬼，无论是否邪恶。正如我们将在下面进一步讨论的，当一个鬼得到适当的葬礼和祭祀，它就成为它后代的祖先，理论上就能安息。而那些没有得到适当的葬礼和祭祀，或者早亡和横死的人，则反过来会变成"厉"（恶鬼），并有可能回到人间纠缠或伤害人们。此外，纵观历史，鬼神一词一直被用作"灵"的总称。在后世文献中"物"和"怪"二词经常被用来表示非人类的精灵。此外，这些非人类的精灵经常以人类的样貌出现。这大概会导致对"人鬼"和"非人鬼/物怪"之间的区别的一些混淆，因为它们看起来都像人类。前文讨论过秦代的驱鬼文书中，有一段关于神虫的文章："鬼恒从男女，见它人而去，是神虫伪为人，以良剑刺其颈，则不来矣。"[1] 因此，在人们的想象中，人鬼或非人的物怪，无论是否具有人或其他的样貌，似乎都没有固定的模式。这就引出了鬼和灵的形象问题。

---

[1] 睡虎地秦墓竹简整理小组：《睡虎地秦墓竹简》，第213页。

鬼的形象

鬼看起来长什么样子？这个看似简单的问题却引发了无尽的想象和争论。古代中国的文献证据其实只代表了当时实际存在于人们脑海中的一小部分。尽管如此，通过检查这些不够完整的样本，我们仍然可以大致了解全貌。这个问题还牵涉到作为集体想象的鬼概念是如何形成的，以及认知、经验和想象之间的作用关系。

前面提到的复仇鬼杜伯的故事中，我们得知杜伯的鬼魂来报仇时，它在大白天出现，乘着战车，射出一箭然后杀死了国王。这个故事中鬼的形象与死者本人一模一样。鬼的举动也如同一个愤怒、寻仇的活人。因此，判断这个人物是否是鬼的唯一标准是，大家都理解或认同故事中的这个人已经死亡。类似的，《吕氏春秋》中的一个故事中提到了一个顽皮鬼，它能够伪装成村民的儿子和兄弟，并捉弄他们。没有任何一个村民能仅凭它的外表就知道这个鬼是不是"活人"：

> 梁北有黎丘部，有奇鬼焉，喜效人之子侄昆弟之状。邑丈人有之市而醉归者，黎丘之鬼效其子之状，扶而道苦之。丈人归，酒醒而诮其子，曰："吾为汝父也，岂谓不慈哉！我醉，汝道苦我，何故？"其子泣而触地曰："孽矣！无此事也。昔也往责于东邑人，可问也。"

其父信之，曰："嘻！是必夫奇鬼也，我固尝闻之矣！"明日端复饮于市，欲遇而刺杀之。明旦之市而醉，其真子恐其父之不能反也，遂逝迎之。丈人望其真子，拔剑而刺之。丈人智惑于似其子者，而杀其真子。夫惑于似士者，而失于真士，此黎丘丈人之智也。[1]

虽然这个故事看起来有点滑稽，显示了老人的愚蠢，但它至少证实了我们的观察，即在民间社会中鬼外貌形似活人的想法并不少见。而《吕氏春秋》的作者则借此将其作为观察人事时应多慎重的例子。这是精英分子利用原本在社会上已流传的故事并借机来宣扬教化的另一个例子。

《日书》的驱鬼文书中也提到了一个习惯与女子同居的鬼，并称自己为"上帝子"（天神的儿子）。[2] 这个鬼应该也是以人的形态出现的。所有这些例子都表明了当时的一种信念，即没有足以有效区分人鬼和一般生者的特定生理特征。倘若没有《日书》等册籍的指导，人们不可能知道这个东西事实上就是个鬼。那么，人们以后是否能确认他们究竟有没有看到鬼，也就说不准了。

有的鬼确实有着一些不寻常的外貌特征，比如晋王梦中出现的鬼有一头蓬松散落到地上的乱发。[3]《韩非子》中一个关于通奸者的有趣故事告诉我们，一个（男）鬼可能看起来像一个头发蓬乱的裸体男人：[4]

> 燕人李季好远出，其妻私有通于士，季突至，士在内中，妻患之。其室妇曰："令公子裸而解发，直出门，吾属佯不见也。"于是公子从其计，疾走出门。季曰："是何人也？"家室皆曰："无有。"

---

1 许维遹：《吕氏春秋集释》卷二二，中国书店，1985年，第8—9页。同一则故事也见于干宝的《搜神记》（汪绍楹校注，台北里仁书局，1982年，第198页）。
2 睡虎地秦墓竹简整理小组：《睡虎地秦墓竹简》，第215页。
3 《左传正义》卷二六，页二九。讨论见下。
4 王先慎：《韩非子集解》，第182—183页；亦见 Poo, Mu-chou. *In Search of Personal Welfare*, p. 58.

季曰:"吾见鬼乎?"妇人曰:"然。""为之奈何?"曰:"取五姓之矢浴之。"季曰:"诺。"乃浴以矢。[一曰浴以兰汤。]

这个故事暗示了鬼是人的一种灵性存在的想法,而且裸体鬼的形象与上面提到天水放马滩秦简中的复活故事也产生了共鸣,因为该故事中也说死者不喜欢穿衣服。然而,对鬼的这个想法似乎并没有在古代中国或其他任何地方的集体想象中广为流传。大多数关于鬼的描述都显示它们穿着合适的衣服——例如杜伯穿着红色的长袍和帽子——这表明了关于鬼的概念的一个基本问题:为了能识别鬼,它必须有合适的衣服才可能以正常且常见的方式被识别出来。一个赤裸的鬼可能就等于不知其名的鬼。

然而,上述例子中的鬼好歹仍然是人类的样貌,其他故事则指出死人的鬼魂有可能变成动物的形状,[1] 或反之亦然。就像在古美索不达米亚或古希腊社会中阴影一般的鬼(见第七章),在中国古代也有类似的概念,好比这个神经多疑的人的故事:

夏首之南有人焉,曰涓蜀梁。其为人也,愚而善畏。明月而宵行,俯见其影,以为伏鬼也;仰视其发,以为立魅也。背而走,比至其家,失气而死。[2]

可怜的涓蜀梁的故事暗示了一个被阴影般无形的鬼所困扰的世界,我们将在第七章讨论美索不达米亚和希腊的一些鬼魂,和这里的鬼十分相似。当然,当荀子讲述这个故事时,他关心的并不是鬼的外表,而只是利用这个故事来强调保持理智和理性的重要性。在秦代《日书》的驱鬼篇中,鬼被描述为具有各种不同的模样,有的像人,有的像生物,还

---

[1] 《左传正义》卷八,页十七。
[2] 王先谦:《荀子集解》,第 270 页。

有的像非生物的东西。我们大可将驱鬼文书当作繁荣的幽灵社会中的一份鬼类目录。

驱鬼文书中的文字进一步明确指出，它有权威来确定是哪些鬼导致人们体验到某些奇怪的现象、疾病或其他灾难。有时即使没有看到鬼，某些奇怪或灾难性的事件也可以被确定是鬼的作为；因此，需要举行仪式来根除它们：

> 一室中卧者眯也，不可以居，是□鬼居之，取桃柀（梧）椴（段）四隅中央，以牡棘刀刊其宫墙，呼之曰："复疾趣出，今日不出，以牡刀皮而衣。"则毋（无）央（殃）矣。[1]

因此，人们的经验必须得到某个权威（在这种情况下即是《日书》）的认可，才能被承认或想象为与鬼的行为有关。换句话说，经验、想象和文化裁定（cultural sanction）相互之间存在关联。人们往往不能仅凭鬼的身体状态就知道这是鬼，除非鬼被赋予某些属性，例如蓬乱的头发和赤身裸体，或者其他明显的邪恶行为。但如果是看不见的鬼，人们还得靠想象力和权威解释才能确认自己的经历。

看来若要能辨认出鬼，诸如怕黑等心理因素，以及怪声、身体不适或疾病等生理体验，全都必须得到解释。而类似《日书》的驱鬼指导手册，或《汉书·艺文志》中提到的驱鬼文献则可以给出这些诠释（见第三章）。

事实证明，先秦时期与鬼有关的形象和叙述大多是负面的。《庄子》中有齐桓公与沼泽鬼的故事。齐桓公在沼泽地打猎时，看见了一个鬼，回来后就病倒了。因此，人们认为桓公受到了鬼的伤害。有个叫皇子的人去见桓公并告诉他，他不是被鬼所伤害，而是因为桓公体内的"气"

---

[1] 睡虎地秦墓竹简整理小组：《睡虎地秦墓竹简》，第214页。

不平衡。尽管如此，桓公还是提问鬼是否真的存在。皇子于是给了肯定的回答，接着描述了居住在各地的各种鬼。栖于沼泽中的鬼，名为委蛇，"其大如毂，其长如辕，紫衣而朱冠。……恶闻雷车之声，则捧其首而立。见之者殆乎霸"。桓王听完笑道："此寡人之所见者也。"接着他整了整衣襟与帽子，与皇子并坐。不到一天，他的病就痊愈了。[1]

这故事本身当然是对齐桓公虚荣和懦弱的讽刺，但也体现了说故事的皇子的智慧，他应该有成为雏形心理治疗师的资格，因为他通过操弄齐桓公的骄傲和恐惧，将见鬼的凶兆变成吉相。然而，这则故事的背景是基于一个普遍的观念，即鬼魂可能具有奇怪和可怕的特征。此外，委蛇的故事很可能不是作者的发明，而是基于当时的信仰，因为类似的精怪也见于可能编纂于战国末期或汉初的《山海经》，那是一部关于世界地理信息的汇总大全，其中包括对地方信仰的描述。[2]

让人感到奇怪的是，在目睹了所有这些对鬼形象的描述之后，如今却很少有真正的古代鬼画可供我们观看。如第一章所述，有一些奇怪的"神"或"怪"的案例在随葬品中被发现，包括曾侯乙墓漆棺上的神怪和马王堆一号墓辛追夫人的彩绘棺材。但这些形象基本上是善良的保护灵，而不是所谓死者灵魂的"鬼"。似乎直到唐初才有一些画家以专门画宗教人物、神灵和鬼而闻名。众所周知，唐代著名画家吴道子（约680—759）曾画过"地狱"（佛教阴间）的场景，描绘了受苦的鬼以达到说教目的。张彦远（约815—907）在《历代名画记》中提到了吴道子的成就，以及一些佛教寺庙保存了吴道子等画家所绘制的"神鬼"。[3] 但这些画作都没有留下。在中国美术史上，或许正是因为鬼所伴随的那些阴邪或不祥的联想，"鬼"似乎并不是人们平时想画的题材。清代画家罗聘（1733—1799），以其作为社会讽刺的系列鬼画而闻名，显然是一

---

1 郭庆藩：《庄子集释》，第 650—654 页。
2 Poo, Mu-chou. *In Search of Personal Welfare*, p. 98.
3 张彦远：《历代名画记》，人民美术出版社，2004 年，第 31—33 页。

个规则外的特例。

  总而言之,辨认出鬼并确定其名称和行为,是与鬼打交道的重要第一步。虽然普通人可以借助《日书》之类的手册来识别鬼,但实际情况可能要复杂得多,使得某些权威,即那些具有识别鬼的专业知识的人,必须参与其中。因此,与专门负责崇拜神灵事务的权威宗教人士类似,识别鬼魂的业务也产生了一些专家,他们掌握了见鬼事务的解释权。他们是鬼被确认之后鬼与人之间的调解人。正如我们稍后将看到的,这些人最终由巫师、道士和佛教僧侣组成。

鬼与人的关联

上述讨论表明，人们普遍认为鬼一词基本上是指死去人类的灵魂，尽管其他非人类的灵魂也可以称为鬼。因此理论上而言，每个人死后都会成为鬼，加入到祖先的行列。然而并不是所有的死者都会和其他祖先在一起，而是会回来打扰生者。为什么这些鬼会出现，或者是什么导致它们出现？一种普遍的看法是，死于暴力、非自然死亡或早亡的人会变成厉鬼，出现在他们的亲属或朋友面前要求适当的祭祀和安葬，或者出现在他们的敌人面前，为他们曾遭受到的"冤屈"（无论他们是否应该受到这样的对待）报仇雪恨。

《左传》中有一个著名的故事，讲述了伯有成为厉鬼。他是一个腐败的郑国贵族，死于内乱。他变成的鬼后来被人们看到，据称他对敌人下的一些诅咒似乎也已经实现。后来，能干的大臣子产想出了个给伯有之子封官的主意，让伯有的鬼魂能得到满足，因为他的子孙现在可以用官位的荣誉来好好祭祀他了。子产的解释是："鬼有所归，乃不为厉，吾为之归也。"后来子产被问及此事——"伯有犹能为鬼乎？"——子产这般回复：

能。人生始化曰魄，既生魄，阳曰魂，用物精多，则魂魄强，是以有精爽，至于神明，匹夫匹妇强死，其魂魄犹能冯依于人，以为淫厉。况良霄（亦即伯有——引者注），我先君穆公之胄，子良之孙，子耳之子，敝邑之卿，从政三世矣……而强死，能为鬼，不亦宜乎。[1]

这里有一个观念，即死于暴力（强死）的人可能会成为复仇的厉鬼。大多数学者引用这段话来讨论魂和魄的本质，即魂是灵魂的阳部分，会飞上天，而魄是灵魂留在坟墓里的阴部分。[2] 然而，这个故事中有一点在过往的讨论中并没有受到太多关注，那就是"伯有犹能为鬼乎？"的问题。这个问题被提问的前提似乎表明伯有已经得到了妥善安葬，他不应该再回来害人。子产的回答指出，虽然他被安葬了，但因为伯有死于强死，他的鬼魂回来报仇是理所当然的。所以"伯有犹能为鬼乎？"这个问题的意义应该被理解为"伯有犹能为厉鬼乎？"也就是说，为鬼这个词应该理解为"制造幽灵般的恶意"。在之前的故事里为伯有的子嗣设立官职后，他的鬼魂应该将不再出现，尽管这与我们这里所讨论的有些矛盾，但这段话恰恰暗示每个人，无论是平民还是贵族，在他们强死后都可能成为厉鬼。值得一提的是，这个故事中对于鬼复仇的态度，相当"中立"；也就是说，任何人的鬼魂都可以为自己报仇雪恨，不管这个人在生者眼中是不是个行义之人。因此，即使是道德欠缺的人（如伯有）的鬼魂，仍然可以回来纠缠生人，并声张他拥有适当的丧葬祭奠的"权利"。

这里有个有趣的问题是，当一个人还在世的时候，魂和魄就已经在人体内生长。《韩非子》中的一段话也暗示了它们与鬼的不同之处："鬼

---

[1] 《左传正义》卷四四，页十三至十四。
[2] Yu, Ying-shih. "O Soul Come Back! A Study in the Changing Conceptions of the Soul and Afterlife in Pre-Buddhist China."; Brashier. "Han Thanatology and the Division of 'Souls.'"; Poo, Mu-chou. *In Search of Personal Welfare*, pp. 62–66.

不祟人则魂魄不去。"[1] 这段文字似乎暗示了一个人在死之前，他的身体里已有魂和魄；而据子产的话来说，当一个人强死时，魂和魄可能会变成恶鬼。也就是说，魂和魄在人死后可以与人分离，成为鬼。从词源上看，魂和魄这两个字都是用鬼部首造的，这表明了它们与鬼在语义上密切相关；因此，它们之间的区别存在一定的模糊性。另外值得我们注意的是，长期以来学术传统都太过强调这段关于魂和魄本质和差异的文献的重要性。我们应该承认，这段话只是小邦郑国能臣和精明的政治家子产在漫长职业生涯中的一个插曲。不管子产是不是真的说过，这些话都不应被当成是关于魂和魄本质的权威性、哲学性深思熟虑的论据，仿佛子产的话足以代表整个春秋时代魂和魄的意义。到了汉代，魂和魄的区别，如果有的话，已经消失了，而鬼和魂逐渐成为同义词。[2]

让我们回到厉鬼的起源。根据《左传》中的另一个故事，厉鬼的报仇似乎也不仅仅为自己，还为他的亲族所遭受的不公：

> 晋侯梦大厉，被发及地，搏膺而踊曰："杀余孙，不义！余得请于帝（即上帝——引者注）矣！"坏大门及寝门而入。公惧，入于室。又坏户。公觉，召桑田巫。巫言如梦，公曰："何如？"曰："不食新矣。"[3]

在这些案例中，很明显，鬼与人之间的互动，是建立在强死或过早死亡的困境中寻求解决之道的主题之上的。也就是说，鬼正因为有未竟之事需要处理，才回来找自己的亲人或者仇人解决。因此，这种关系可以说是片面的：鬼需要与生者接触以满足它们的需要。事实上，这种想

---

1 王先慎：《韩非子集解》，第 104 页。
2 相关讨论，请见 Yu, Ying-shih. "O Soul Come Back! A Study in the Changing Conceptions of the Soul and Afterlife in Pre-Buddhist China."；蒲慕州：《墓葬与生死》，第 216—217 页；Brashier. "Han Thanatology and the Division of 'Souls.'"
3 《左传正义》卷二六，页二九。

法在许多文化中都很常见，[1] 它反映了生者的集体焦虑，寻求解决社群内的冲突，并希望确保世代的和平继承以维持社会的稳定，因为意外死亡或强死会导致社会结构的破裂，让从摇篮到坟墓的生命历程不能平稳过渡。一般人在死后都会有适当合宜的丧葬过程，被平静地搁下，加入先祖行列，然后被遗忘。另一方面，不幸的死者和他们的鬼魂触及了生者良心的不安。直到这些死者的苦状得到纠正，或者通过报复对他们的不公正对待，或者通过补上适当的葬礼和供养，他们的鬼魂才会回归应去的地方，不再打扰生者。

然而，我们不应将这种解释扩大到所有关于鬼的叙述上，因为有些鬼，例如《吕氏春秋》中描述的顽皮鬼，其名声显然不来自复仇。在中世纪早期（公元4至6世纪）的志怪文学中，确实有鬼要求适当葬礼或重葬，或为它们所遭受错事而报仇的例子。然而，也有一些友善或基本无害的鬼。这些例子固然来自对鬼行为或许有着更人性化描述的文学作品，这些人性化描述或许是为了创造戏剧效果，但它们也可能反映出社会上广为流传的思想，甚至对后世鬼的流行想象产生了一定的影响。我们将在第四章探讨这些故事。

上述对鬼与人关系的考察，是建立在对鬼及其活动的直接描述的基础上，但对这个议题还有另一种研究途径，即通过理解生者与死者关系如何被定义和表达，来考察各种宗教仪式。因此，下面我们将讨论早期中国的宗教和驱鬼仪式，并试图提供一些关于鬼人关系的证据。

1　Schmitt, Jean-Claude. 1998. *Ghosts in the Middle Ages: The Living and the Dead in Medieval Society*. Chicago: University of Chicago Press, pp. 5–7.

仪轨与驱鬼

墓葬仪式

葬礼基本上是一种调解死者个人、家族和社群的宗教和社会活动。在早期中国，这明显是一个包含着各种社会政治因素的事件：家庭的在世成员与死者之间的关系需要以适当的仪节用品来显示，而死者及其家人在社会等级中的地位需要通过适当的葬礼来展现。此外，死者在冥界的需要得通过提供陪葬品来保障，而通过所有这些的安排，也可以展现死者家族的财富。除了准备坟墓和各种陪葬品外，还需要确保特定仪式被举行，特定保护咒语被宣读、写下并埋葬在坟墓中。我们不得不假定，所有这些都是对死者福祉以及人鬼和谐关系的集体考虑的结果。

商代墓葬的发掘表明，有相当的丧葬仪式以人畜牺牲的祭祀形式存在，而这与鬼和冥界的概念密切相关。在墓坑底部，狗等动物被埋在所谓的"腰坑"中。在棺椁和随葬盒具安放后，如果是皇家陵墓，则进行人祭，将人牲的头和无首尸体埋在坡道的台阶上。[1] 然而，个别仪式的确切过程尚不清楚。毋庸置疑，人牲祭祀的习俗虽然残酷，但这说明早期人们相信冥界的存在，人牲的鬼魂被认为会为死去的统治者服务。西周

---

1 Chang, Kwang-chih. 1980. *Shang Civilization*. New Haven, CT: Yale University Press, pp. 110–124; 黄展岳：《中国古代的人牲人殉》，文物出版社，1990年。

时期青铜器上的一段铭文提到该器皿的已故主人应该跟随他的主人周王一起去往"地下",这可能是最早的文字证据。[1]

《诗经》记载了一些关于西周时期丧葬仪式和鬼观念的零碎资料。里面提到,当一个男人去世时,家族会选择一名年幼的孩子——通常是死者的孙子——装扮成死者,代表死者接受食物和祭祀。这种为死者制作一个活人像的制"尸"习俗,可能早在商代就已经存在。[2]《仪礼》中有一类记载了士大夫葬礼仪式的文献汇编,也就是《士丧礼》。大多数这些仪式都是设计用来区分各种社会关系,并为从死亡时刻、安葬到随后仪式献祭整个过程的举止规范提供指导。其中一个例子的文段涉及鬼的概念:

> 死于适室,幠用敛衾。复者一人以爵弁服,簪裳于衣,左何之,扱领于带;升自前东荣、中屋,北面招以衣,曰:"皋某复!"三,降衣于前。受用箧,升自阼阶,以衣尸。复者降自后西荣。[3]

这种招魂的仪式显然是战国时期盛行的一种习俗。著名的《楚辞》是一种起源于楚地区(今湖北和湖南两省)的文学体裁,由诗人屈原(前340—前278)所著,其中有一章名曰《招魂》,就是对招魂仪式的文学演绎。诗人告诫死者的灵魂不要前往未知的世界:既不去苍天之上,黄土之下,也不去四方,因为生者的世界是唯一安全的栖身之所。[4]显然,这种仪式背后的想法是死者的灵魂应该与身体一起埋葬在坟墓中。换句话说,这是一种旨在使死者复活的法术仪式。因此,这与丹的

---

1 张政烺:《哀成叔鼎释文》,载《古文字研究》第5辑,中华书局,1981年,第27—33页。
2 胡新生:《周代祭祀中的立尸礼及其宗教意义》,载《世界宗教研究》1990年第4期;方述鑫:《殷墟卜辞中所见的"尸"》,载《考古与文物》2000年第5期;葛英会:《说祭祀立尸卜辞》,载《殷都学刊》2000年第1期;Lai Guolong. *Excavating the Afterlife*, pp. 115–121.
3 《仪礼注疏》卷三五,页一至四。
4 Yu, Ying-shih. "O Soul Come Back! A Study in the Changing Conceptions of the Soul and Afterlife in Pre-Buddhist China."

复活故事中所包含的想法有一定的相似性。丹的灵魂和身体一起住在坟墓里，这让他有复活的可能。

这种仪式和上面提过尸的运用表明，在人死后鬼与家人之间的关系上，两者有截然不同的态度——需要注意的是，这里讨论的内容不包括家庭的女性成员。在祭祀仪式中用来代表死者的尸，似乎暗示了希望死者能够复活并享受供品。然而，我们不清楚当时是否真的有这种愿望，希望死者的灵魂能以某种方式附身在孙子身上，然后享受供品。或者，也可能恰恰是人们知道这个愿望不可能真的发生，那么孙子被选中来扮演死者，就是一种宣称死者的灵魂不会再回来了的仪式。因此，对尸的含义和功能可能有截然相反的两种解释。另一方面，招魂仪式说明了死者的灵魂会以某种方式飞向四面八方；于是，司祭会主动尝试将死者的魂招回到衣服里，然后通过给死者披上衣服，把死者的灵魂还给身体。

无论《礼记》中所描述或规定的仪式是否真的在历史上曾按部就班地实践过，我们都可以假定它们在一定程度上代表了统治精英普遍认同的社会习俗以及他们对鬼的观念。然而，同样明显的是《礼记》并不是一份田野报告，其内容是经过多次编辑、根据意识形态进行修饰，并且在时代洗刷之下历经劫难才得以流传的结果。而当我们对照实际的行为时，对《礼记》中描述"规范"的偏离似乎是常态。这不仅涉及棺椁和陪葬品的安排，还包含与葬礼相关的仪式。例如，即使在如今中国的某些地方，招魂仪式仍然是一种流行的民间习俗。与《士丧礼》中的描述不同，在当代台湾招魂仪式通常是为意外死亡而举行，例如交通事故之后，家人需要将死者的灵魂从事故发生的地方召回，并使用一面招魂旗帜，将灵魂引导回他们的家中，来举行适当的葬礼。刚刚死去的人的灵魂被称为魂而不是鬼，这之间有种刻意的微妙区别来表明后人与死者之间的关系更为密切，因为鬼带有更多陌生甚至潜在的恶意。另一方面，与传世的经典文献不同，考古发掘中发现的仪式文本可能为我们提供了一种对当地的葬礼仪式和鬼观念的直接描述。[1]

丧葬仪式通常是为那些死于自然原因的人举行的；至于那些英年早逝的人，例如马革裹尸的，就需要不同的仪式。这种仪式的一个例子来自湖北省九店村一座墓葬出土的一份公元前4世纪晚期的文献。这段文字似乎是百姓写给当地武夷神的祈祷文范本，武夷被认为是上帝（天神）委派来管理战死之人的鬼魂，并使它们能回家接受家人提供的食物祭品。这篇有点晦涩的文字如下：

[皋]！敢告□繢之子武夷："尔居复山之基，不周之野，帝谓尔无事，命尔司兵死者。今日某将欲食，某敢以其妻□妻汝聂币芳粮，以量犊某于武夷之所。君昔受某聂币芳粮，思某来归食故。"[2]

这段文字相当难懂；然而，大概意义或多或少是确定的。作为对武夷神的祈求，该段文字的作用，是确保战场上阵亡将士的鬼魂能安全返回家园。因此从某种意义上说，这也是对战死者的某种招魂仪式。有这样的范本就意味着社会普遍接受类似的信仰，正如《左传》所说："鬼有所归，乃不为厉。"《楚辞》和《礼记》中所描述的招魂仪式只不过是实现这一目标的方法之一。

日常生活中的驱鬼仪式

葬礼虽然旨在照顾死者的鬼魂，让他们有一个安息的地方，但葬礼

---

1 一项对中国现代丧葬习俗的研究表明，尽管各地存在差异，但总体上却存在统一的丧葬仪式，这便是古老文化同质化的结果。见 Watson, James L.1988. "The Structure of Chinese Funerary Rites: Elementary Forms, Ritual Sequence, and the Primacy of Performance." In *Death Ritual in Late Imperial and Modern China*, ed. James L.Watson and EvelynRawski, 3–19. Berkeley: University of California Press.

2 湖北省文物考古研究所：《江陵九店东周墓》，科学出版社，1995年，图版113；湖北省文物考古研究所、北京大学中文系：《九店楚简》，中华书局，2000年，第13页、第50页；夏德安著，陈松长译《战国时代兵死者的祷辞》，载《简帛研究译丛》1998年第2辑，第30—42页；周凤五：《九店楚简告武夷重探》，载《历史语言研究所集刊》第72本第4分，2001年，第943—945页。

也可以看作是一种能平息怨鬼所引起的敌意的预防措施。然而，在一个充斥着由恶灵所造成无数潜在灾难的世界中，这显然是远远不够的。人们需要进行各种日常仪式来防止可能受到厉鬼的伤害。这些仪式和驱鬼方法展示了人们的日常生活如何与鬼和人外世界（extra-human）密切相关。

前面提到的睡虎地《日书》中保存了一些驱鬼的说明，可以让我们对人们日常生活中举行的驱鬼仪式有所了解。[1] 该文原题《诘》（"询问"之意），开头是对这类仪式咒语和做法宗旨的一般介绍：

> 诘咎：鬼害民罔（妄）行，为民不羊（祥）。告如诘之，道令民毋丽凶央（殃）。鬼之所恶：彼窟（屈）卧箕坐，连行奇（踦）立。[2]

伴随着这个介绍，文献陆陆续续提供了数十条驱逐各种鬼和恶魔的仪式说明。以下列出几个例子便足以说明这类仪式的一般性质：

> 人毋（无）故鬼攻之不已，是是刺鬼。以桃为弓，牡棘为矢，羽之鸡羽，见而射之，则已矣。
>
> 人毋（无）故鬼昔（藉）其宫，是是丘鬼。取故丘之土，以为伪人犬，置墙上，五步一人一犬，畏其宫，鬼来阳（扬）灰敷（击）箕以梟之，则止。
>
> 鬼恒为人恶薔（梦），覺（觉）而弗占，是图夫，为桑丈（杖）奇（倚）户内，复（覆）䡊户外，不来矣。[3]

---

[1] Harper. "A Chinese Demonography of the Third Century B.C."; Kalinowski, Marc. 1986. "Les traités de Shuihudi et l'hémérologie chinoise à la fin des Royaumes combattants." *T'oung Pao* 72:174–228；蒲慕州：《墓葬与生死》；刘乐贤：《睡虎地秦简日书研究》，台北文津出版社，1994年。

[2] 睡虎地秦墓竹简整理小组：《睡虎地秦墓竹简》，第212页。

[3] 睡虎地秦墓竹简整理小组：《睡虎地秦墓竹简》，第212—213页。

一般来说，文本首先描述了闹鬼的情况，确定麻烦的根源，然后描述驱逐厉鬼或恶魔所必须采取的做法。这些做法通常包括使用特定对象或摆出特定身体动作，包括引言中描述的姿势，例如斜倚、像簸箕一样的坐姿，或单脚站立，偶尔还有咒语辅助。这就是为什么这类文献经常被称为"驱鬼文书"的原因。

值得注意的是，《日书》在驱逐恶魔和邪灵的列表中，没有神祇或神灵被召唤来提供帮助。一份关于这类仪式中驱鬼方法的研究表明，人们所依靠的这些具有驱鬼力量的对象可以分为几类：（1）枣木、桃木、桑木、羊毛草、芦苇、竹子等植物制成的物品；（2）狐狸尾巴或猫尾在内的动物器官；（3）有难闻异味的物品，如狗、猪的粪便；（4）沙、灰、黄土、白石、水、火等无生命物质；以及最后是（5）如箭、鼓、铃、剑和鞋子等人造物。通常需要采取的行动很简单，但有时文字只说出"寻找它并摆脱它"，而没有具体说明摆脱鬼或恶魔的确切方法。还有一些例子，驱鬼仪式仅由动作组成，例如"解开头发并冲过去"，而不借用任何工具或对象。

人们为什么会认为这些物件或行为能有效驱除鬼和邪灵，其原因尚未完全明确。某些物品，如桃木或桑树，早在过去就已经被讨论过。例如，清代学者俞正燮（1775—1840）曾大量收集关于桃木和桃符神力的民间信仰资料。[1] 最近的学术研究强调味美的桃子是一种珍贵而有营养的水果，重视它的药用效果，以及它在古代神话中的地位。[2] 另一方面，桑树在古代中国是生育的象征，因此具有一定的奇效。

《韩非子》中著名的李季妻子不轨的故事，以及后来的唐代敦煌文献《白泽精怪图》，都说明了可以用动物粪便来吓退鬼与恶魔。[3] 这种风俗似乎源于人们对脏污和被污染物品的厌恶。这种厌恶随后被赋予在鬼

---

1 俞正燮：《癸巳类稿》，上海商务印书馆，1957 年，第 359—361 页。
2 罗漫：《桃、桃花与中国文化》，载《中国社会科学》1989 年第 4 期。
3 黄永武编《敦煌宝藏》第 123 册，台北新文丰出版公司，1981—1986 年。

身上，并假设它们也害怕这种脏污。这种观点可以在前面提到的复活故事中找到佐证。根据这个故事中主人公的证词，在死者的世界里，鬼不喜欢他们的墓地被人呕吐或被其他不洁之物污染。[1]

像簸箕一样的坐姿被视为一种带攻击性或不雅的姿势，这有可能是一种性暗示。针对这一思想的古典出处是孔子斥责原壤箕坐的故事。[2] 因此，使用这样的坐姿来抵御邪灵可能是一个合理的发展，因为它假设鬼对这种行为的情绪反应与人类相似。至于其他姿势，它们的共同特征——就像箕坐一样——就在于它们不遵守规则，与正常的日常身体姿势对着来。从这个角度来看，用禹步[3]来行走可以看作是另一种不符合常规的身体姿势或动作，因此被当作具有巨大的驱鬼力。

驱鬼的对象是各种鬼怪。驱鬼文书中使用的术语包括鬼、妖或神（如神狗）。如前所述，神一词更多指的是鬼或恶魔的超自然力量，而不是被视为"神明"本身。而且，各种动物和昆虫，甚至是雷、云、火、风等自然现象也可以认为是凶恶而需要驱除。这些灾难的世俗本质被认为是源于鬼与恶魔的恶行，并且进一步地说明了驱鬼文书使用者的日常生活与该文书中包含的各种驱鬼仪式之间有着密切的联系。当未知的疾病或自然灾害发生时，正如文书中所建议的那样，人们会在自身以外寻找原因。换句话说，个人的道德被认为与生活中遇上的所有这些困难毫无关系。

驱鬼文书中对于驱鬼描述的另一个特点是，在执行仪式时不需要像巫这样的仪式专家。从理论上讲，任何可以获得《日书》并且能够阅读或被告知要做什么的人，都可以按照指示执行驱鬼仪式。可以说，这就

---

1 李学勤：《放马滩简中的志怪故事》；Harper. "Resurrection in Warring States Popular Religion." 关于污染概念的理论性探讨，请见 Douglas, Mary. 1966. *Purity and Danger: An Analysis of the Concepts of Pollution and Taboo*. London: Routledge.

2 《论语注疏》卷十四，页十八。有关讨论请见李济：《跪坐、蹲踞与箕踞：殷墟石刻研究之一》，载《历史语言研究所集刊》第 24 本，1953 年。

3 睡虎地秦墓竹简整理小组：《睡虎地秦墓竹简》，第 240 页；Schipper, Kristofer. 1993. *The Taoist Body*. Berkeley: University of California Press, p. 85, pp. 173–174.

是一本"自助式"的驱鬼手册。这背后的心理因素相当耐人寻味。如果仪式本身——包括使用特定对象和做出特定身体动作——是强大而有效的，而仪式操作者只是一个中性代理人，没有任何专家"资格"，不能像巫一样将神圣或强大的物件和行为聚集在一起，那么仪式行为与操作者之间应该没有直接关系。换句话说，驱鬼仪式被理解为一种纯技术的行为，就像使用药物来治疗疾病一样。事实上，在汉初发现的医学文献中，如马王堆帛书《五十二病方》中，驱鬼术、咒语与草本药方并列。例如，治疗疣的仪式如下：

> 以月晦日日下餔时，取垒（块）大如鸡卵者，男子七，女子二七。先【以】垒（块）置室后，令南北【列】□，以晦往之垒（块）所，禹步三，道南方始，取垒（块）言曰："今日月晦，靡（磨）尤（疣）北。"垒（块）一靡（磨）一，二【七】。已靡（磨），置垒（块）其处，去勿顾。[1]

该指示与驱鬼文书中的指示相似。任何能够遵循文献中所给出指示的人，都可以是执行者。所采取的仪式行为被视为一种处方，就像可以治疗疾病的药方一样。总而言之，驱鬼文书一类仪式手册的存在已经清楚地表明，社会上对于应对众多仍在人世间纠缠的鬼，存在着一种急迫而又普遍的需求。鬼似乎类似一般害虫存在于社会中，可以通过一些简单（且便宜）的方法来驱除。驱鬼文书中的驱鬼仪式总体上简便，不需要大量的准备和昂贵的设备，也不需要仪式专家来执行，无疑表明了这些方法的使用者来自社会阶层的底部。

这种心态反映出的宇宙观非常耐人寻味。如果所有驱鬼的元素都已经存在于世间，似乎人们也就不需要任何神灵的帮助来驱鬼了，而且

---

[1] Harper, Donald. 1998. *Early Chinese Medical Literature: The Mawangdui Medical Manuscripts*. London: Kegan Paul, pp. 244–245.

《日书》中也确实没有这类请求神灵相助的文字。它进一步显示对世界的一种物质主义式的理解，因为鬼与灵是根据物质性类型的存在而构想出来的，所以它们也可以通过物质主义式的或有形可知的方法来消除。当然，《日书》中所显示的这种心态可能只代表特定社会群体在某些特殊情况下的表现。然而，这种对世界的非道德性理解，认为生者与死者之间的关系由适当的埋葬和牺牲等相互义务来定义，也就意味着生者与死者之间的关系没有太多模糊的边界。

另一方面，我们也知道，一般而言，对于鬼的管辖治理自有司命，或者武夷等神明，负责将战死者的鬼魂找回来，并遣返回它们生前之所在地。因此，鬼世界的图景有点像人间的世界：在地方层面，人们倾向于自己解决日常需求，而在国家或政府层面，官员需要控制人口并考虑统计数字。至于冥界官僚系统化的问题，我们在下一章再谈。

Ghosts and Religious Life
in Early China

吉金文库

发现从前的中国

001《清代地方政府》

瞿同祖 著　（2022年3月）

了解地方政府运作和基层治理逻辑

认识清帝国结构性集体腐败的根源

豆瓣评分9.5，豆瓣2022年度再版佳作

002《宋代士人阶层的女性》

铁爱花 著　（2022年12月）

她们被规训，她们被形塑

但她们的生活不止于此

003《秦汉名物丛考（增订版）》

王子今 著　（2023年1月）

衣食·行居·器物·动植

秦汉社会生活小百科，读懂史籍的名物词典

004《早期中国的鬼》

蒲慕州 著　（2023年5月）

如果没有鬼，世界就不完整

进入幽都，了解人性的另一面

005《明清社会性爱风气》

吴存存 著　（预计2023年6月）

纵欲与禁欲，光怪与陆离

鬼概念的宗教与社会背景

商周时期的宗教信仰依据其特征可以概括为同一组信仰，包括对上帝、天的信仰，其中包含各种自然神——山川河流，以及各种自然现象——还有祖灵，以及各种来历的邪灵。这些神灵组成一个松散的系统，以天上的上帝为一切的最终仲裁者，并且各种灵之间存在一定的等级顺序。其中，厉鬼虽然位居灵界下层，却无疑造成世人最大的焦虑。非自然死亡或是被剥夺适当葬礼的人会成为厉鬼并回到人间，这种想法可以被视为满足照顾祖灵这种公共需求的一个愿望。只有当死者得到适当的葬礼和定期的祭祀，他们的灵才能得到安宁，并确保祖先们被适当对待，也就不会回来困扰人们。至于那些死于暴力或冤死的人，他们的鬼魂回来复仇似乎往往不可避免。

在某种程度上，我们引用的文献所代表的社会和知识背景定义或制约了我们对某一种鬼的论述之所以出现之原因的理解。在精英阶层的文献中，有关鬼的说法大多都是处于为了传播某些道德价值观的语境中。也就是说，在各种世界观或哲学体系的背景下，无论是儒家、道家、墨家还是法家，鬼的概念都被用作一种道德化或理论化的工具。《庄子》中一则关于路边骷髅鬼的故事就是一个很好的例子：

庄子之楚，见空髑髅，髐然有形。撽以马捶，因而问之，曰："夫子贪生失理，而为此乎？将子有亡国之事、斧钺之诛，而为此乎？将子有不善之行，愧遗父母妻子之丑，而为此乎？将子有冻馁之患，而为此乎？将子之春秋故及此乎？"于是语卒，援髑髅，枕而卧。夜半，髑髅见梦曰："子之谈者似辩士，视子所言，皆生人之累也，死则无此矣。子欲闻死之说乎？"庄子曰："然。"髑髅曰："死，无君于上，无臣于下；亦无四时之事，从然以天地为春秋，虽南面王乐，不能过也。"庄子不信，曰："吾使司命复生子形，为子骨肉肌肤，反子父母妻子闾里知识，子欲之乎？"髑髅深矉蹙頞曰："吾安能弃南面王乐而复为人间之劳乎！"[1]

《庄子》的作者显然是用鬼的概念来作为宣扬自己想法的一种方便的文学工具，意在说明生命中最重要的是摆脱世间俗务束缚的自由。但讽刺的是，这种自由只有鬼才可以享受。这个故事还表明，鬼会出现在梦中的想法是当时社会上的普遍认知。

于是，透过谈论和书写鬼事，人们创造了一个心理世界，一个虚构却具有某些实用功能的信念世界。这其中显然就有道德教化的作用，例如孔子说的"非其鬼而祭之，谄也"[2]或"务民之义，敬鬼神而远之，可谓知矣"[3]。此外，鬼故事可以为信仰体系中的某些人增加威望：先祖、驱鬼人，以及那些能与鬼打交道的人。《墨子》甚至在《明鬼》一章中直言，信鬼可以作为一种政治工具，使人们因为恐惧鬼而保持一定的克制，从而建设一个更好的社会：

今天下之王公大人士君子，中实将欲求兴天下之利，除天下之

---

[1] 郭庆藩：《庄子集释》，第617—619页。
[2] 《论语注疏》卷二，页十。
[3] 《论语注疏》卷六，页八。

害，当若鬼神之有也，将不可不尊明也，圣王之道也。[1]

这种哲学或文学论述中关于鬼的论述，当然不应与社会上普通人心中的鬼概念相混淆。然而，为了使哲学或文学论述有效而且令人信服，不可否认的，作者的论点或陈述必须建立在一个被普遍接受（但不一定是唯一）的鬼概念上。因此，虽然庄子可能借用鬼故事来表达他个人独特的哲学观点，但我们仍然可以假设这个故事的基本概念，即鬼出现在梦中，在当时社会中一定是很普遍的。

另一方面，这些更贴近人民日常生活的文学类型，如《日书》的驱鬼文书，可能更能揭示大众心态反映出的现实。虽然《日书》只能追溯到公元前3世纪中叶，但里面的文献门类丰富，能满足各种日常需要，这一事实表明，如今我们看到的《日书》已经是长期发展的产物。更何况，睡虎地秦墓主喜拥有两个版本的《日书》，看来也不是什么独一无二、特别的东西。由于这两个版本并不完全相同，而且似乎不是彼此复制而来，因此两者都必定基于另一份或多份相似的文本。因此，倘若有不同的版本被大量复制并分布在各地，似乎是很合乎逻辑的。事实上，到目前为止，考古学家已经发现了大约二十个版本的《日书》，所有版本的日期都介于公元前3世纪到公元2世纪之间，并传播至整个秦汉帝国。[2] 例如，在睡虎地以西两千公里的甘肃省就发现了与睡虎地秦墓版本非常接近的《日书》。如此相似的文本几乎同时出现在这片广袤土地的两端，这一事实足以表明当时的华夏大地上很可能有一个以《日书》为代表的共同宗教观和世界观。这一事实还表明，在从战国时期到帝国统一的过渡过程中，除了政治和军事措施，还有某种共同的文化认同与之平行存在，构成国家一统的基础。

分析《日书》中有关日常行事凶吉的篇章，可以看出《日书》的主

---

[1] 孙诒让：《墨子间诂》，第154页。
[2] 黄儒宣：《日书图像研究》，中西书局，2013年。

要使用者极可能是农民、士兵、工匠和政府低层官员，这说明了《日书》可能反映了社会中下阶层的一般心态。[1]当然，所谓的"使用"《日书》，不是字面意义上"阅读"的意思，而是按照能阅读的人所传达的说明指示来进行操作。《日书》的实际阅读可能是一些有特殊资格的人和文化人的责任，他们充当了《日书》中所介绍知识的传播者。考虑到公元前3世纪左右这时期的识字率，社会上很可能只有少数人会读写，而这些人大多是政府雇员。睡虎地墓主人喜本就是这样的县级政府职员。他的工作之一可能是教当地人如何开展日常业务。因此，他所拥有的《日书》很可能是为了应付人们想要为各类事务咨询吉日的参考工具。众所周知，秦始皇最为后世批评的措施之一就是焚烧《诗》、《书》、各种哲学著作等经典书籍，以及除秦以外的各国历史，仅仅保留了一些与医学、占卜和农业有关的实用手册。[2]《日书》在当时应该被视为不必受政府查禁的那类实用文书之一。

然而，政府官员可能并不是唯一可以取得和使用《日书》的人。战国时期有些专业的日占师也可能给出驱鬼的指示说明。[3]总而言之，我们在《日书》的驱鬼文书中或精英阶层的文书中见到的各种鬼，都有一个共同的特征：除了与天神上帝和一些例如司命等的中级神有松散的联系，它们似乎不属于任何有组织的信仰体系。在驱鬼文书的一个例子中，其中一个鬼被称为"上帝子"，这表明存在着天神及其家人的概念。至于另一种说法，"上神"，从脉络可以看出它并不是真正的高大神灵，而是一个可以被灯芯草杀死的相当"低等"的鬼：

1　Poo, Mu-chou. 1993. "Popular Religion in Pre-Imperial China: Observations on the Almanacs of Shui-hu-ti." *T'oung Pao* 79: 225–248. 关于此时期的识字率问题，请见 Harper and Kalinowski, eds. *Books of Fate and Popular Culture in Early China*, pp. 97–110.
2　司马迁：《史记》卷六，中华书局，1962年，第255页。
3　《史记》卷一二七，第3215—3222页；Poo, Mu-chou. *In Search of Personal Welfare*, pp. 85–86；Kalinowski. "Les traités de Shuihudi et l'hémérologie chinoise à la fin des Royaumes combattants."

鬼恒胃人:"鼠(予)我而女。"不可辞。是上神下取妻,敫(系)以苇,则死矣。弗御,五来,女子死矣。[1]

显然,这里的"神"指的不是什么神圣或仁慈的东西,而它可以被杀死的这个事实暴露了一种观念,即在大众心态中,鬼就像野兽一样可以被杀死。这就触及了一个关于鬼的本质的有趣概念,那就是:鬼并不是永远存在于精神世界,而是生活在人间,与人互动,可以被杀死也可以被赶走。事实上,驱鬼文书中的鬼包括人类死者和非人类。于是,我们看到了一个想象出来的世界,里面居住着各种来源的灵精,它们都可以被称为"鬼",有时甚至是"神",但它们的力量都很有限。而且,这个鬼与灵的世界实际上与人间相互渗透,地方性的神和鬼一起构成了人类的社会结构。由此可见,对武夷神的祈求,基本上是为了处理安置他管辖地区的战死者。对于任何有过治民经验的人来说,鬼世界如果是没有组织、一盘散沙,一定是令人望而生畏的。这种考虑似乎在战国晚期就成形了,当时开始出现一种思想趋势,将神鬼世界系统化,成为更加严密的结构。《礼记》和《吕氏春秋》中的"月令"就是一个明显的例子,它将天帝和神祇安排到十二个月中,成为一个循环的宇宙结构。[2]《周礼》在构建完整的官方宗教体系方面也表现出巨大的努力。[3]就连《墨子》的作者也尝试系统化,断言世间有三类鬼。这些都预见或反映了大一统帝国建立后精神世界的结构。尤其是死者的世界,将成为一个类似于活人世界的地方,并且具有类似的官僚系统。[4]

回到天水放马滩秦墓出土文献中的复活故事,这是一个关于鬼的流行概念的明显例子。然而,这个故事最引人注目的不是死者可以复活,

---

[1] 睡虎地秦墓竹简整理小组:《睡虎地秦墓竹简》,第215页。
[2] 《礼记注疏》卷六;许维遹:《吕氏春秋集释》,卷一至十二。
[3] 《周礼注疏》卷十八,页一至六。
[4] Poo, Mu-chou. *In Search of Personal Welfare*, pp. 103–121, 157–177.

而是故事描述了死者/鬼的感受，它们如何地不喜欢穿衣服，厌恶不洁的祭品，厌恶浸泡过肉汤的食物。这可能是第一个带着更多同情心去描绘鬼本质的例子，这样的表达方式在后来六朝鬼故事中得到了延续和阐述。我们在此可以感觉到一种情绪的变化：鬼曾经是人们试图避开的可怖东西，因为鬼的形象只会让人感觉恐惧和排斥。然而，鬼逐渐地被"人化"（humanized）了，它们的感受和需求得到更多的关注，而不一定只是那些会引起排斥或恐惧的恶行。例如，关于丹的鬼故事没有任何可怕的场景。当然，这种情绪的出现并不意味着它正在变得流行，或者在这个时候占据了整个图景的显著之处。它还需要一些时间才能发芽生长，而且事实上直到东汉晚期，它才在我们现有的研究资料中再次变得明显，例如我们将在第四章讨论的《风俗通义》。

有趣的是，在谈话脉络中能更随意谈到鬼的情况下，我们可以发现使用鬼一词来指称事物奇妙、古怪、狡猾甚至巧妙的普遍态度变得很流行。例如，在《战国策》（约公元前3世纪晚期）中，记载著名战略家苏秦和李兑的机锋对话，李兑说："先生以鬼之言见我则可，若以人之事，兑尽知之矣。"苏秦回应："臣固以鬼之言见君，非以人之言也。"[1]他接着讲了一个寓言故事，关于土偶和木偶之间的对话。这里"鬼之言"是一个想当然耳、字面意义上的说法，表明这是人们日常谈话中的常用词。这无疑表明了一个广泛共同的观点，即鬼的概念代表了某些不切实际的、奇异的或非凡的品质。在相同的语言环境下，使用"鬼且不知（两国冲突的结果）"[2]这一表达方式表明了一个可能的假设，认为鬼对未来事件的了解比人类多，并且它们不知何故拥有某种预知未来的能力。我们想起了希腊罗马世界的通灵术（necromancy）习俗，它假设鬼魂拥有某种预言能力。[3]值得注意的是，从现代汉语的语言学角度来看，

---

[1] 《战国策集注汇考》卷十八，诸祖耿编撰，江苏古籍出版社，1985年。相同的表达亦可见于该书卷十。

[2] 《战国策集注汇考》卷八。

[3] Ogden. *Greek and Roman Necromancy*.

《战国策》中的这些表达方式听起来非常现代,甚至在现代汉语感叹词中,如"鬼才知道"(即"除了鬼谁都不知道")或"鬼话"(即"胡说八道"),都是《战国策》作者很容易识别的日常对话中常见用法。另一方面,鬼也可作形容词,表示狡猾的特质,如《韩非子》所说:"故明主之行制也天,其用人也鬼。天则不非,鬼则不困。"[1]

综上所述,从商代开始,随着文字的发明和鬼字的出现,鬼的概念已见于文献。鬼的属性不断扩展,通常与人们生活中的一些不良因素相关联,以至于人们对此感到害怕或讨厌,就好比疾病或其他灾难,都可以解释为是鬼引起的。鬼的概念,因此成了世上和社会集体意识所面对的各种令人不快、险恶、可怕或邪恶的事物的集合。但其实这可能是人们对人性本身的评价,因为作为人的灵魂,鬼本质上就是人。至于那些非人类灵魂的鬼,它主要是拟人化想象的结果。此外,对鬼的概念至少可以有两个层次的理解。由精英阶层撰写或为精英阶层撰写的文本,有时会带着怀疑的态度谈论鬼,例如孔子;有时则会将之作为哲学或道德话语的方便工具,例如庄子和墨子,甚至《左传》的作者。代表更广泛民众日常关注的文本,例如《日书》,承认鬼真实存在,需要加以重视。人们一致认为,当鬼被其子孙好好安葬和祭祀时,它就不会再回来打扰人们,也不会变成厉鬼。因此,人们普遍希望他们的祖先能够满意于后人的照顾,并留在祖先灵魂所在的地方。然而,关于鬼报仇的故事和梦,既出现在精英阶层的文学,也出现在日常使用的文本——例如驱鬼文书这类的驱鬼手册,从而形成了鬼人关系的一种共识。从商代到战国这一时期的文献中,仍不太清楚的是鬼的归宿。虽然坟墓显然是死者进入那个未知领域的第一站,但于那些对鬼这个话题有意见要表达的知识分子而言,他们既不曾认真地询问过,也没有系统性地回答过,人死后到底会如何,死者最终会去哪里。如我们所见,招魂的仪式假设死

---

[1] 王先慎:《韩非子集解》,第48页。

者的灵魂/鬼可以自由地旅行。对这一时期墓葬演变的研究表明，墓葬的结构曾发生变化，尽管过程是渐进的，这个变化反映出人们对墓葬意义——不仅是对生者的意义，也是对死者的意义——的理解发生了变化。这种变化，从广义上讲，是认为坟墓从藏尸之所，转变为死者可以在此生活的地方，这预示着一种将坟墓当作生活区的更具体的想象。[1] 现在的问题是，如果个人坟墓被视为死者的居所，正如丹复活的故事所表明的那样，而集体坟墓形成了死者的社区，那么伴随在死者社区之后的下一个层次是什么？死后世界大致上看起来是什么样子？在随后的汉朝，当有更多证据逐渐浮现时，这些问题就会得到解答。

1　Lai Guolong. *Excavating the Afterlife* 提供了一种观点，将坟墓仅仅视为灵魂前往冥界的一个中转站。

第三章

帝国规制与在地变化

"生人属西长安，死人属东太山。"[1]

---

[1] 日人中村不折藏灵帝熹平四年（175）墨书瓶文。见张勋燎、白彬：《中国道教考古》第一册，线装书局，2006年，第163页。

要探究鬼在人们日常生活中的虚幻现象和模糊不清的概念，方法之一就是去研究古人如何描述死后世界，因为鬼被认为是阴间的居民。然而，为了了解这个在书面文献中没有被很好地表达出来的世界，我们必须绕道而行，研究如墓葬、陪葬品和丧葬仪式等葬礼习俗。我们已经讨论了招魂仪式，它帮我们建立了一些关于鬼的想法。再者，对墓葬风格和陪葬品演变的考古研究表明，自战国开始，在墓葬的安置上模仿生人世界的趋势越来越明显。例如，墓葬风格从竖穴木椁墓到水平砖墓的变化，显示人们想象中的死者住宅其实是复制了生者的住宅。而墓中出现越来越多的日常用品，无论是否是明器，也都暗示了人们是如何想象鬼在阴间可能需要的物资。[1] 所有这些都根据一个假设，即鬼可能需要这些便利设施，才能过上舒适的下辈子。由于这种丧葬风俗的变化趋势是一个从战国晚期到西汉的渐进过程，我们有理由相信，流行的鬼和冥界观念——尽管依旧是那么的模糊——也随着这种变化而演变。也就是说，从先秦到东汉，人们普遍相信鬼的存在，认为鬼在阴间有一定的生活需要。然而除了这个普遍的信念之外，关于鬼的性质和能力，以及对付它们的方法，可能存在着各种不同的观点。如果我们仔细观察从战国后期到汉代的过渡时期关于人外力量信仰的证据，无论是鬼、灵、神、魔，可以说人们普遍接受和参与各种形式的宗教活动，都涉及与这些人外力

---

[1] 甚至还有更早的墓葬形式都被认为是死者住所的象征，例如有多重隔间的商王大墓。我在这里的看法指的是一个更具体的大趋势。详细的探讨请见蒲慕州《墓葬与生死》第七章；Poo, Mu-chou. *In Search of Personal Welfare*, chapter 7.

量的交流和安抚。京城和各地方城市均有官方的宗教仪式和祭祀，由政府管理维护；还有一些地方性质的活动构成了人们日常生活的一部分，例如崇拜某些地方神灵或与各种神鬼来往。后者可以追溯到遥远过去的原始宗教信仰，可以说是人们成长的文化环境的一部分。这些活动主要为了解决人们日常生活中的各种难题和疑虑，无论是生育、婚嫁、疾病、死亡等大问题，还是计划旅行、盖房、做新衣或是挖井等小问题。人们普遍倾向于相信这些活动都由某些人外力量控制或支配。他们还倾向于相信这些力量中的一些是友善的，而另一些则是恶毒的。友善的力量通常被认为是神，而不友善的则被认为是恶鬼和恶灵。但现在我们应该已经很清楚，神这个词并不一定带有友善或仁慈的内涵。于是对于老百姓来说，我们应该问的关于鬼神的问题不是它们是否存在，而是它们是否友善，以及如何识别它们并以有效和适当的方式与它们打交道。当然，总有一些怀疑鬼神存在的知识分子，但他们的声音恰好证明他们是少数例外，特别能反过来说明他们所处社会的普遍心态。在传统社会中，很少有人能避免与各种形式和能力的鬼和灵打交道。人们因此发展了一些宗教仪式、祭祀和驱鬼方法来满足这一需求。[1]

随着秦朝建立了大一统帝国，各种措施被应用来促进统治机构的有序运作。对于经济交易、通讯或交通等治理方面，秦政府付出了巨大努力，如建立统一货币、通用文字和标准化的交通系统。对于统治的上层建筑，如中央各部门的设立，废除分封制，以及颁布联系中央到地方的集权分级管理体制，或是强制推行排除哲学类文书的教育系统，其主要原因是确保集中管制能够有效地管理广袤的国土。[2] 但仍有一些领域政

---

[1] 关于汉代"宗教信仰"本质的一个比较创新而值得参考的讨论，请见 Marsili, Filippo. 2018. *Heaven Is Empty: A Cross-Cultural Approach to "Religion" and Empire in Ancient China*. Albany: State University of New York Press.

[2] Loewe, Michael, and D.Twitchett, eds. 1986. *Cambridge History of China*, vol. 1: *The Ch'in and Han Empires, 221 B.C.–A.D. 220*. Cambridge: Cambridge University Press; Poo, Mu-chou. 2018. *Daily Life in Ancient China*. Cambridge: Cambridge University Press, chapter 2.

府难以制定有效的管控体系,尤其是那些涉及生活方式和日常信仰的领域。在睡虎地秦墓中发现的《日书》已经证明,政府试图在人们的日常生活中施加影响。我们还可以提供《史记》中的一则轶事作为例子:在汉朝建立七十年后的武帝时期,专家之间因为择日方法相互冲突而导致出现竞争。在一场显然涉及占卜师经济利益的争议之后,皇帝决定支持五行占卜师。[1] 这个故事告诉我们两件事:(1)择日的做法在当时社会上很普遍——甚至皇帝也向这种道术寻求建议;(2)地方性的差异强烈而且活跃。宣布以五行学说为国家主导的占卜方法,当然是汉代五行学说兴起的象征,也可能代表官方试图系统化或规范化不同的占卜方法。

然而,如果我们看《史记》那段文字中提到的数种占卜方法,我们会注意到它们大多数都可以在《日书》中找到,包括使用五行学说、风水理论和月历选日等多种方法。由此看来秦政府已经开始将不同的占卜传统系统化,但即便秦帝国灭亡并被汉朝继承很久之后,这个目标也没有完全达到。中央统一化与地方性差异之间的这种紧张或拉锯战,也见于后来汉政府管理鬼神相关的机构或宗教仪式活动的政策中。

---

[1] 《史记》卷一二七,第 3222 页。

秦汉官方宗教的本质

最重要的官方宗教活动，至少在司马迁看来，是在泰山（太山）举行的祭天地仪式。他在《史记》的《封禅书》开篇评论如下：

> 自古受命帝王，曷尝不封禅？盖有无其应而用事者矣，未有睹符瑞见而不臻乎泰山者也。[1]

这段话指明，在他看来，国家认可的宗教活动与政治权威的建立之间，有着密不可分的关系。而且，权威是由上天赐予吉兆的方式背书认可的。[2] 从司马迁的描述来看，秦汉政府在构建官方宗教仪式体系方面是一致的，旨在确保国家的强盛和皇帝个人的福祉。这种官方宗教仪式包括对天神和自然力量的崇拜。[3] 我们固然不能说在司马迁的时候，官方宗教活动的思想和制度就已经有了一套官方宣导的学说，但《礼记》中的

---

[1] 《史记》卷二八，第1355页。

[2] 关于封禅仪式演化的讨论，请见 Wechsler, H. J.1985. *Offering of Jade and Silk: Ritual and Symbol in the Legitimation of the T'ang Dynasty*. New Haven, CT: Yale University Press, pp. 170–194; Marsili. *Heaven Is Empty*.

[3] 请见 Poo, Mu-chou. *In Search of Personal Welfare*, chapter 5; Poo, Mu-chou. 2014. "Religion and Religious Life of the Qin." In *Birth of an Empire: The State of Qin Revisited*, ed. Yuri Pines et al., 187–205. Berkeley: University of California Press.

一段话似乎可以作为官方宗教仪式的通则：

> 有天下者，祭百神；诸侯，在其地则祭之，亡其地则不祭。[1]

总之，统治机构中的每个成员都按照自己的政治地位，按照等级秩序履行自己应尽的宗教职责。然而这种看似有序的制度却不能说是完全合理的设计，因为皇帝和朝廷上一些有影响力官员的个人利益和偏好往往可以而且确实对官方宗教仪式进行调整和改革。改革或调整的理由因情况而异。因此，在某个时候是"官祠"，即得到政府承认和财政支持的祠祀，在情况改变后也可能成为"淫祠"，即非法崇拜。可以肯定的是，大多数变化都与地方阶层所建立起来的那些宗教仪式有关。这并不排除这样一个事实，即使是在国都举行的那些宗教仪式活动，也经常面临改革和重组。[2]

从司马迁所描述的自秦始皇到汉武帝时代，在泰山的封禅活动是如何夹在士大夫与方士——那些声称掌握了各种占卜术甚至是神通，意欲争夺皇帝注意力和资源的专家——之间的各种宫廷斗争中进行，我们可以看出一种对各种宗教活动背后原理的怀疑态度。司马迁自己所说的"盖有无其应而用事者矣"，实际上有效地削弱了所谓天命至高无上的重要性。[3]《封禅书》的整体语气虽然直截了当，以泰山祭天为中心罗列了各种宗教仪式活动的历史，但却暗中嘲讽、挖苦秦始皇和汉武帝在位期间祈天降福和求仙的各种追求的徒劳无功。这样的观察可以从以下事实归纳出来：司马迁从不证实各种所谓吉兆的功效，却毫不犹豫地记载了那些

---

[1] 《礼记注疏》卷四六，页四 b。相似的说法亦可见于《史记》卷二八，第 1357 页；班固：《汉书》卷二五上，中华书局，1962 年，第 1193—1194 页。

[2] Poo, Mu-chou. *In Search of Personal Welfare*, pp. 114–117; Bujard, Marianne. 2009. "State and Local Cults in Han Religion." In *Early Chinese Religion, Part One: Shang through Han (1250 BC–220 AD)*, ed. John Lagerwey and Marc Kalinowski, 777–811. Leiden: Brill.

[3] Marsili. *Heaven Is Empty.*

无效的宗教仪式活动和对皇帝投其所好、阿谀奉承的江湖骗子。他写下的从秦朝到汉初建立官方宗教仪式的编年记述清楚地表明，这基本上是一个没有严密体系的过程。从《史记》和《汉书》中的证据可以清楚地看出，皇帝及其顾问在建立和废除各种宗教仪式方面发挥了重要作用。[1] 每个皇帝都可以根据他从他的顾问——包括在朝文人官员和方士——那里得到的说法来增加或取消任何数量的宗教仪式。[2] 建立宗教仪式的理由很简单：确保国家和平昌盛、统治者长寿和皇室合法性。任何声称能够满足这些功能的宗教仪式都可能有机会获得皇室的支持。另一方面，那些被怀疑无效或不规范的宗教仪式则有必要废除。因此，官方的宗教仪式除了符合敬畏天地万物的基本原则外，并不能真正被认为是建立在一个连贯、稳定而又清晰的理论基础之上，更不用说一整套能自圆其说的系统化神学。

从管理的角度看，汉政府采取了逐步控制全国众多宗教仪式的政策。首先，从汉高祖开始，以巫为代表的各种地方宗教仪式被带往首都长安。[3] 因此，首都借由展示各种地方宗教仪式来作为一统国家的象征，虽然这也并不完整。[4] 当然，这并不代表地方性的宗教仪式在原本根据地就完全消失。其次，通过支持特定宗教仪式，在汉高祖（前202—前195在位）和汉文帝（前180—前157在位）的统治下，政府试图控制地方性的宗教活动，这是将国土整合为一个大一统国家的总体计划的一部分。汉武帝（前141—前87在位）即位后，更多的宗教仪式被添加入官方的名单。其三，政府通过认可"官祠"来区分"淫祠"，试图强化一套与官方意识形态相一致的价值体系，即天人感应宇宙框架下的儒家

---

1 更多相关讨论请见 Poo, Mu-chou. *In Search of Personal Welfare*, chapter 5.
2 相关的经典研究见顾颉刚《秦汉的方士与儒生》（上海人民出版社，1957年）；亦可见De-Woskin, Kenneth. 1983. *Doctors, Diviners and Magicians of Ancient China: Biographies of Fang-shih*. New York: Columbia University Press; Bujard. "State and Local Cults in Han Religion."
3 《史记》卷二八，第1378页。
4 Poo, Mu-chou. *In Search of Personal Welfare*, pp. 117–119.

社会伦理,尽管儒家意识形态的主导地位晚至东汉时期才发展起来。[1]

可以肯定的是,所有这些努力所创造出来的帝国秩序,只不过是地方性差异继续发展和调适的大背景。而对鬼的信仰和崇拜,是足以反映中央秩序与地方性差异之间相互关系的元素之一。

---

1 关于儒家经典的通泛性介绍,请见 Nylan, Michael. 2001. *The Five "Confucian" Classics*. New Haven, CT: Yale University Press. 至于"儒家"教化,请见 Loewe, Michael. 2012. "Confucian Values and Practices in Han China." *T'oung Pao* 98, Fasc. 1/3 (2012): 1–30.

秦汉时期的鬼信仰

如上所述，汉朝官方宗教仪式的目标之一是确保皇帝的个人福祉。然而，如果没有各种可能已被纳入官方宗教仪式的鬼与灵的额外帮助，这个目标是不可能实现的。也就是说，即使是在官方宗教仪式已经建立之后，朝廷里为应付皇帝及其随从更多的私人需要，也还同时祭祀鬼与灵。秦始皇因为热衷于寻找不老仙丹和东海仙岛而为世人所熟知。深得秦始皇信任的方士卢生主张，若要让仙人降临，就需要驱除恶鬼。[1]因此，方士们转身一变成为驱鬼专家。结果，对鬼的信仰与寻求永生变得密不可分。不用说，秦始皇最终没有求得任何仙丹妙药。

求仙的念头一直传到汉代，据传汉文帝有段时间被一位名叫新垣平的方士迷住了，这位方士自称能观察神界，预知未来。新垣平最终被证明是一个骗子，并被皇帝正式处决。尽管有这些不成功的先例，汉武帝还是以沉迷法术和相信鬼的存在而闻名。例如，在汉武帝最宠幸妃子之一的王夫人死后，皇帝请方士少翁召唤王夫人的鬼魂，并确信他在夜里帐幕上看到的远远的人影确实是她的鬼魂。[2]在征服南越国后，武帝据报得知南越人信鬼，而且他们的拜鬼仪式很有成效。东方小国东瓯的前任

---

[1] 《史记》卷六，第257页；亦见卷十二，第458页。
[2] 《史记》卷二八，第1387页；《汉书》卷二五，第1219—1220页。

国王,据说因为拜鬼而活到了一百六十岁。汉武帝立即命越巫在都城设立南越式的宗教仪式。[1]

正如第二章所讨论的,鬼神作为一个复合词,通常用来指代一般的灵,而鬼和神这两个词可以互换使用。于是长陵的一个女鬼,原来是一个死于难产的普通妇人,附在她的嫂子身上,或许是展示了一些神迹,因为其强大的力量而被汉代百姓尊为"神君"。据说,汉武帝的外祖母平原君也拜她,所以这也就是她的子孙,包括汉武帝本人,都成了赫赫有名的大人物的原因。汉武帝登基后,将丰厚的礼物赠予这位"神君"的神龛,而且据说人们可以听到她的声音,但却不能亲眼看到她。[2] 我们在上一章遇到的周宣王时将军杜伯的鬼魂复仇故事,显然在历史上非常有名,杜伯在汉代甚至有了属于他的祠祀。《史记》称它的宗教信仰为"杜主,故周之右将军,其在秦中,最小鬼之神者"[3]。这里用神来形容鬼的超自然法力。有趣的是,"最小鬼"被视为一个神,或者有神通。鬼神一词的这种使用方式证实了我们在第二章中所观察到的前帝国情况,即鬼和神被认为属于同一类别的存在。在罗马人的鬼(manes)信仰中也可以观察到类似的情况,我们将在第七章讨论。不同之处在于,鬼通常指某个人的鬼魂,而神指的是更高层次的灵,类似那些大自然力量或天文现象。而当某些鬼因其特殊的力量和能力而被提升到更高的地位时,模棱两可的情况当然会出现。上面提到的长陵"神君"就是一个例子。因此,当一个鬼被某些人崇拜为神时,其他人可能仍然只将其视为鬼。

《史记》中的《秦本纪》,有一则趣闻:

> 戎王使由余于秦。由余,其先晋人也,亡入戎,能晋言。闻缪

---

1 《史记》卷二八,第 1399—1400 页;亦见王子今:《两汉的越巫》,载《南都学坛》第 25 卷第 1 期,2005 年,第 1—5 页。

2 《史记》卷二八,第 1384 页。

3 《史记》卷二八,第 1375 页。

公贤，故使由余观秦。秦缪公示以宫室、积聚。由余曰："使鬼为之，则劳神矣。使人为之，亦苦民矣。"[1]

在这样的因果关系下提起鬼，说明令鬼办人事的思想是普遍的想法。由余的话显然并不是意味着人真的可以命令鬼来为人效力。但是，这种想当然耳的表达方式，说明这个想法在他那个时代——或者准确地说，在司马迁的那个时代——的语言中并没有什么不寻常的地方。司马迁在《史记》中记载了另一个故事。[2]当汉武帝的舅舅田蚡病重时，被人看到精神饱受折磨且痛苦地嚎叫。有人怀疑他被鬼缠住了。一个能看见鬼魂的巫者被召来，他说确实看到有两个人的鬼魂就在他床边，想要杀死他。这两个人是魏其和灌夫，两个因朝廷政治权力斗争而被田蚡早些时候处决的高官。田蚡最终死了。现在可以在这里做出一些观察。首先，故事的出现很可能是为了对田蚡这个人物做出间接的道德判断，因为司马迁将他描绘成一个狡猾且善于操弄权谋的人，应该为杀死魏其和灌夫这两位殚精竭虑服务朝廷的好官而负责。我们有理由认为，无论这个鬼故事是不是真的，司马迁将这次鬼袭击的事件写入田蚡的传记中，就是为了证明他的罪有应得。其次，为了让故事更有说服力，司马迁应该不会不使用当时人们普遍心态中会觉得至少有些可信度的元素。按照这个逻辑，冤鬼报仇正是人们普遍心态中能够接受的想法，就好像由余所说的那样，鬼可以为人驱使而工作。田蚡与鬼的故事显然是家喻户晓，甚至比司马迁晚几乎两百年的王充（约27—97）也在他谈论鬼的论述中引用了这则故事。[3]

在他的统治即将结束时，汉武帝沉迷于信仰鬼神，最终导致了一场几乎推翻整个王朝的灾难性事件。公元前92年，当武帝出京城前往皇

---

[1] 《史记》卷五，第192页。

[2] 《史记》卷一〇七，第2854—2855页；《汉书》卷五二，第2393页。

[3] 刘盼遂：《论衡集解》，台北世界书局，1990年，第448页起。

家行宫甘泉宫时，长安发生了一起巫术事件。这基本上是卫太子与宫廷其他派系之间争夺皇帝恩宠的一串连续权力斗争的结果。这一事件的起因是皇上宠臣江充发起对皇太子的控诉，指控他施展巫术和召唤鬼来伤害皇帝。由于江充曾经得罪太子，生怕太子报复。他利用早先发生在长安的有关巫术谣言的机会，设计在皇宫内挖掘出木偶人，来作为谋害皇帝的巫术证据。皇太子措手不及，也无法及时与当时不在都城的皇帝沟通，为了自保，遂将江充处死，仓促举兵与禁卫军发生冲突。这场事件以皇太子自杀和数千人死亡而告终。尽管武帝的个人信仰和衰弱的精神状态可能是事件的直接原因，但正如后世常评论的那样，[1] 当时整个社会弥漫着信仰鬼、巫术和驱鬼的氛围，很大程度上促成了这类事件的爆发。[2]

据说汉成帝（前33—前7在位）晚年沉迷于崇拜鬼神，不过我们应该理解为他崇拜各种的灵。[3] 王莽（9—23在位）结束汉朝并迎来了短暂的新朝，而他也惧怕死亡，并推动了无数崇拜鬼神的宗教仪式。[4] 东汉时期，每年年底都会在首都举行一年一度的驱除邪鬼的仪式，又叫大傩（稍后详述），这足以说明人们在生命中和生活环境中存在着一种对鬼的普遍恐惧。[5]

上述例子表明，对鬼的信仰在很大程度上是当政朝堂生活的一个组成部分。然而，这不能被视为仅是反映了执政阶层的文化，因为有证据表明，特定宗教仪式的思想往往是从社会底层向上传递到朝廷的。长陵

1　陈寿：《三国志》卷二五，中华书局，1970年，第716页。
2　详见 Loewe, Michael. 1974. *Crisis and Conflict in Han China*. London: George Allen & Unwin, pp. 37–90；蒲慕州：《巫蛊之祸的政治意义》，载《历史语言研究所集刊》第57本第3分，1987年，第511—538页；Cai Liang. 2013. *Witchcraft and the Rise of the Confucian State*. Albany: State University of New York Press；蒲慕州：《汉唐的巫蛊与集体心态》，台北联经出版事业股份有限公司，待出版。
3　《汉书》卷二五下，第1260页。
4　《汉书》卷二五下，第1270页。
5　Bodde, Derk. 1975. *Festivals in Classical China*. Princeton, NJ: Princeton University Press, pp. 165–188; Poo, Mu-chou. *In Search of Personal Welfare*, p. 132.

的"神君"就是这样一个例子；而受雇于朝廷的越巫是另外一个例子。这种鬼文化认识到，某些鬼可以通过造成痛苦或疾病，或是提供长寿的秘密来影响一个人。此外，这种影响基本上仅限于个人层面，因为确保国家福祉的责任更多是国家宗教仪式所崇拜的那些高等神祇。

检视对人外力量的信仰的证据之后，我们可以看出，在普通人的日常生活中，很大一部分都和与鬼打交道有密切的关系。西汉时期写成的《盐铁论》指出了当时巫术盛行的问题："是以街巷有巫，闾里有祝。"[1]即便作者可能夸大其词，也没有相反的证据可以反驳巫师（巫）和咒语者（祝）的广泛活动，因为他们无疑专门从事与疾病、死亡、婚嫁、分娩等领域以及各种日常活动中的鬼与灵打交道。[2]在武帝末年的巫蛊事件中，如上所述，"夜祠，视鬼"的指控与巫蛊活动有关。当然，我们没有确切的方法来估量社会中鬼信仰的实际流行程度，正如我们同样也没有确定的方法来估计巫在国内的传播程度，[3]不过这不一定会阻碍我们对汉代的宗教生活状况有一个大致的了解。根据现有的文献证据，特别是《汉书·地理志》的全国十三个地理区域中，在秦、汉、齐、楚、吴和越等多个前帝国地区，都发现有明显的巫者活动。其余七区，除孔子故乡鲁地外，也有巫者活动的痕迹，它们其中不少都可溯源自前帝国时期。[4]由于巫者存在的前提是社会有驱逐恶灵和祭祀鬼神的需要，我们有理由假设这些有关巫者的证据坐实了我们的推测，即人们普遍认为鬼是社会现实的一部分。

同时，我们也可以通过审视一些对社会的批评来深入了解社会现实。东汉学者王充是民间信仰和宗教仪式的狂热反对者，他的《论衡》

---

[1] 桓宽著，王利器校注《盐铁论校注》，中华书局，1992年，第352页。
[2] 关于日常宗教活动的讨论，请见 Poo, Mu-chou. *In Search of Personal Welfare*, chapter 6.
[3] 请见林富士：《汉代的巫者》，台北稻乡出版社，1999年；Lin Fu-shih. 2009. "The Image and Status of Shamans in Ancient China." In *Early Chinese Religion, Part One: Shang through Han (1250 BC–220 AD)*.
[4] 林富士：《汉代的巫者》，第170—171页。

中的文章证实了在他的时代鬼信仰是非常普遍的现象。从他对当时习俗和观念的记述来看，鬼基本上被认为是只会带来痛苦和恐惧的邪恶东西。[1] 王充试图通过他的常识和物质主义式的方法——例如他的气观念——来反驳这些对鬼的信仰。例如，"人，物也；物，亦物也。物死不为鬼，人死何故独能为鬼？"[2] 王充的说法当然也不是没有漏洞，因为人们实际上相信有动物的鬼魂存在。尽管如此，他对生命持有物质主义式的观点，认为使人（或动物）"活着"的是"精气"：

> 人之所以生者，精气也。死而精气灭。能为精气者，血脉也。人死血脉竭，竭而精气灭，灭而形体朽，朽而成灰土。何用为鬼！[3]

王充在《订鬼》一章中批判了当时许多关于鬼存在的观点，进一步阐述了他关于鬼现象的论点。在这里我们只引用该章的部分文字，便足以表明他的立场：

> 凡天地之间有鬼，非人死精神为之也，皆人思念存想之所致也。致之何由？由于疾病。人病则忧惧。忧惧见鬼出。凡人不病则不畏惧。故得病寝衽，畏惧鬼至。畏惧则存想，存想则目虚见。[4]
>
> ....
>
> 故凡世间所谓妖祥、所谓鬼神者，皆太阳之气为之也。太阳之气，天气也。天能生人之体，故能象人之容。[5]

因此王充提出了两个基本观点：（1）鬼是心生幻象；（2）鬼是太阳

---

[1] 刘盼遂：《论衡集解》，第 448—456 页，第 465—472 页。
[2] 刘盼遂：《论衡集解》，第 414 页。
[3] 同上。
[4] 同上。
[5] 同上。

的气变化为人形的缘故。前者是心理学的解释，后者是物质主义式的解释。虽然我们不必争论这个看似自相矛盾的立场，但仍然值得注意的是，他非常努力尝试消除鬼存在的想法。此外，他反对鬼存在的论证方法是基于一种逻辑，即检验所谓的鬼事件的普遍适用性。如果个别情况不能在逻辑上适用于一般情况，则它不可信。如果鬼报仇是因为他没有被适当地埋葬而出现，那么那些没有被安葬的人按道理应该都变成寻仇的鬼，骚扰整个世界。然而显然事实并非如此。如果伯有的鬼因为冤死而出现，那么所有被刺杀的统治者应该都变成鬼来报仇，但他们没有。[1]

显然，王充是少数人，他的声音更多的只是反证了鬼信仰的普遍，而不是任何能够显著改变这种情况的言论。因为一般民众的心理与王充的推理正好相反。问题的核心当然是"鬼"概念的存在深深植根于集体心灵，因此否定它存在的理性论据，如王充和历史上许多其他知识分子所尝试的，并无助于遏制人们对鬼复仇的普遍信仰。汉武帝时期著名的巫蛊之祸证明了普遍害怕鬼的这股力量，成为宫廷血腥斗争和派系倾轧的催化剂。《后汉书》中方士和其他人的传记中也不乏各类故事和轶事，里面常常记载了以驱鬼术来驱赶恶鬼。[2]

例如，一个名叫费长房的人曾经从一位神仙那里得到一根竹杖和一张符箓；前者可以作为交通工具，载着他立即到达任何地方——类似于女巫的扫帚，而后者可以用来控制鬼和灵。费长房因此"遂能医疗众病，鞭笞百鬼，及驱使社公"。[3] 另一个名叫曲圣卿的人，以"丹书符劾，厌杀鬼神而使命之"而著称。[4] 使用符箓的想法表明人们相信书面文字的功效等同于魔法咒语。此外，这种对书面文件的依赖似乎与汉代日

---

[1] 刘盼遂：《论衡集解》，第 428 页。
[2] 《后汉书》卷八二下，第 2744 页、第 2746 页、第 2749 页。亦见 DeWoskin. *Doctors, Diviners and Magicians of Ancient China*.
[3] 《后汉书》卷八二下，第 2744 页。
[4] 《后汉书》卷八二下，第 2749 页。其他与驱鬼有关的故事请见《后汉书》卷四一，第 1441 页；卷五〇，第 1676 页；卷五七，第 1841 页。

益官僚化有关，因为政府的命令往往通过要求严格服从的书面信息来传递。近几十年的东汉墓葬考古发现许多驱逐恶鬼的符箓和符咒。它们用的词汇与后来道教典籍所收集的文本有明显相似之处，这使得一些学者认为，在东汉末年公认的道教建立之前，可能存在一种早期道教组织，我们将在第五章对此进行分析。[1]一个关于符咒和符箓的例子可以为我们提供这些文本的精要之处。[2]在这个例子中，符咒是用散文形式写成的，而符箓是用图形和字符的组合写成的，只有具有一定内行知识者才能破译。很显然，写下这道符咒和符箓的人，属于战国后期就已经出现的方士一类。他们没有一个组织性的宗教教派，方士可以被视为东汉末期有组织的道教教派出现之前的某种"自封的道士"。

尽管汉代的官吏/文人在遏制民间宗教仪式方面经常站在政府一边，但他们与地方宗教仪式的关系看起来却是有些暧昧。一方面，废除不属于政府管辖范围的"淫祠"是帝国的政策。正如许多故事所提到的，汉朝官员经常与当地的宗教仪式进行斗争，并试图废除"迷信"。但另一方面，从实际情况来看，官员们并不完全反对地方宗教仪式。[3]重要的是，我们要认识到，禁止一个地方宗教仪式可能会给负责该宗教仪式的人带来巨大的经济损失，也给普通信徒带来巨大的心理损失。的确，当我们谈论某些宗教仪式的建立或废除，所涉及的问题可能不仅止于这些宗教仪式是否被政府视为迷信而已，还有当地仪式负责人对资源引进和控制的问题。由于缺乏证据，宗教仪式崇拜的经济面不容易讨论，但我们应该清楚意识到这是了解宗教机构运作的一个重要方面。[4]没有国家的批准，一个宗教仪式就必须能自给自足，承担一定程度的经济活动。因此，官

1　请见张勋燎、白彬：《中国道教考古》第一册。
2　张勋燎、白彬：《中国道教考古》第一册，第110页。其翻译与讨论，请见 Poo, Mu-chou. *In Search of Personal Welfare*, pp. 182–183.
3　Poo, Mu-chou. *In Search of Personal Welfare*, chapter 8.
4　有关早期中国宗教仪式和牲礼经济的讨论，请参阅 Sterckx. *Food, Sacrifice, and Sagehood in Early China*. 对于熟悉现代中国流行文化的学者来说，台湾妈祖庙等一些大众寺庙具备巨大经济能量是常识。

员的行为可能与这类经济问题有关,而无关于崇拜的性质;"淫祠"是不是"道德上有问题"不一定是主要的关注点。这种情况在一则故事中可以得到反映,故事里的一个鬼向废除了它的崇拜仪式的官员抱怨说它的收入来源减少,导致"绝我辈血食",而关于这个故事,我们将在下一章讨论。

关于官方整治或消除地方性宗教仪式,《后汉书》中保存的一个有趣的故事,体现了官吏与方士之间的冲突:

> 刘根者,颍川人也,隐居嵩山中。诸好事者自远而至,就根学道。太守史祈以根为妖妄,乃收执诣郡。数之曰:"汝有何术,而诬惑百姓?若果有神,可显一验事。不尔,立死矣。"根曰:"实无它异,颇能令人见鬼耳。"祈曰:"促召之,使太守目睹,尔乃为明。"根于是左顾而啸。有顷,祈之亡父祖近亲数十人,皆反缚在前,向根叩头曰:"小儿无状,分当万坐。"顾而叱祈曰:"汝为子孙,不能有益先人,而反累辱亡灵!可叩头为吾陈谢。"祈惊惧悲哀,顿首流血,请自甘罪坐。根嘿而不应。忽然俱去,不知在所。[1]

故事本身同情方士刘根,而太守被形容为行为过于狂妄,不相信方士之术。诸如此类的故事被收录在《后汉书》中,实表明这些方士的举动至少在大众心态中是给予正面评价的。鉴于《后汉书》的作者范晔(398—445)生于南朝,而当时鬼故事开始被大量记载,故将此类故事列入史书可以看作是对他那个时代总体氛围的一种反映。

对《后汉书》中方士地理渊源的考察告诉我们,他们来自汉地各处,西至巴、蜀,东至琅琊,北至上党,东南达会稽、丹阳。这些能与鬼打交道、能进行各种驱鬼的特异人才分布如此之广,再次印证了鬼信

---

[1]《后汉书》卷八二下,第 2746 页。

仰和驱鬼的需要在全国是个普遍现象。

丧葬习俗从另一个角度揭示了对鬼的信仰。我们在《日书》中提到驱鬼文书是对于鬼和灵流行信仰的见证。另外值得注意的是，对鬼袭击的关注充斥在整部《日书》之中。[1] 这种在坟墓中随葬诸如《日书》之类的文书的习俗表明，人们在生活中对劾鬼有用的东西也被认为对阴间的死者有益。《汉书·艺文志》中提到了皇家图书馆收藏有许多驱鬼文本，也间接证实了《日书》的存在和广泛流传。[2] 此外，葬礼期间必须完成驱鬼仪式。这不仅在《仪礼》和《左传》等经典中有所提及，[3] 而且在考古发现中也得到了证实。在东汉墓葬中发现的一份仪式文本包含了以下这段对抗恶鬼的符咒：

> 乙巳日死者，鬼名为天光，天帝神师，已知汝名。疾去三千里。汝不即去，南山给□，令来食汝。急如律令。[4]

这段文字表明，人们相信有天帝和仙班组成的神界官僚机构。与人世间的朝廷类似，掌权者可以颁布法令，将不受欢迎的成员，即鬼魂，驱逐到遥远的地方。但是请注意，上引文献中提到的鬼实际上是死者本人，而咒文的内容是为了让死者远离生人。因此，这段文字也至少从某种角度见证了生者与死者之间的关系，用孔子的名言"敬鬼神而远之"来形容再恰当不过。再例如，在湖南省出土的一组公元79年的木简，提供了有关联系死亡和埋葬的仪式的丰富信息。[5] 这些文献以合同的形式

1　睡虎地秦墓竹简整理小组：《睡虎地秦墓竹简》，第193页、第245页、第249页、第254页。
2　《汉书》卷三十，第1772页。
3　《仪礼注疏》卷三七，页八；《左传正义》卷三九，页三。
4　江苏省文物管理委员会：《江苏高邮邵家沟汉代遗址的清理》，载《考古》1960年第10期。
5　陈松长：《香港中文大学文物馆藏简牍》，香港中文大学出版社，2001年；Harper, Donald. 2004. "Contracts with the Spirit World in Han Common Religion: The Xuning Prayer and Sacrifice Documents of A.D. 79." *Cahiers d'Extrême-Asie* 14: 227–67；下仓涉：《东汉建初四年"序宁简"考释》，收录于邢义田、刘增贵合编《古代庶民社会》，台北"中央"研究院，2013年，第361—390页。

写成,详细说明当一个人即将死去之时,家庭成员会聘请一位巫师,来为那个人祈祷并提供酒肉祭品。在那人死后,家人会再次向各种神灵祈祷,包括灶君、司命和一些地方神祇,也是由当地的巫者来祭祀神。拜完之后,将祭拜和供品的内容写在木简或竹简上,供死者作为与天公的契约,以证明祭拜和供品确实已经以死者的名义执行过了。这位天公确切是谁仍然不知,但他一定是掌管死者的重要神祇之一。事实上,这个词在当代台湾仍在使用,相当于旧词上帝。当然,这是来世官僚体系化的另一种形式,因为人世间的官方文书在死者的世界中被仿造。尤其有趣的是,这里的死者,或灵魂/鬼,在死亡的时刻,可以同时升上天界又下到黄泉。这些仪式都没有记录在诸如《仪礼》等经典中。

到目前为止,我们所看到的鬼通常都对人怀有敌意,而人们对它们的态度不是和解就是敌对。对于向往富贵长寿的人来说,与鬼打交道不可避免:任何人对理想人生或来生的愿望,都离不开和鬼或灵把账算清楚。人的愿望只有在鬼被安抚之后才能实现。因此,不论在国家级仪式中对伟大的天地力量展现出多少的崇敬,当人们必须解决眼前的问题时,这些伟大的力量都被置于日常生活的脉络之外。记载于《史记·封禅书》或《汉书·郊祀志》的官方信仰仪式和帝国礼制,虽然在都城及全国各地实践,同时也被同样从宫廷传播到农村的由各种宗教仪式和习俗所代表的鬼信仰加以补充,甚至被盖过风头而黯然失色。以下要讨论的就是一个很好地展示了朝廷和在地社会之间共享同一种仪式活动的例子。

傩：驱鬼之术

傩一词是指一种古老的驱鬼仪式，社会各个阶层都采用，并以各种形式流传下来直到如今，尤其是在今天的中国西南地区几个省份。[1]有人认为，这种对抗恶鬼的驱鬼术（简称傩）早在商代就已经出现了。甲骨文中所出现的一个词"方相"，就是后世所知的傩仪式中的核心驱鬼师。[2]在东周时期，它会在乡村阶层表演，据说孔子曾经参与过村里的傩仪式。[3]在《礼记》《周礼》《吕氏春秋》《后汉书》中发现的材料都能证明，傩是一种为了驱除人间恶鬼的官方仪式。它通常按照季节来举行仪式，由政府发起，并由统治者和官员共同参与。据《吕氏春秋》中所保存的《礼记·月令》所载：

季春之月，……国人傩，九门磔禳，以毕春气。

仲秋之月，……乃命宰祝，巡行牺牲，……天子乃傩，御佐疾，以通秋气。

---

1 曲六乙、钱茀：《中国傩文化通论》，台北学生书局，2003年。
2 郭沫若：《卜辞通纂》No. 498，收录于《郭沫若全集》，科学出版社，1983年；钱茀：《商宄探微》，载《民族艺术》1994年第2期；曲六乙、钱茀：《中国傩文化通论》，第389—393页。
3 《论语注疏》卷十，页九。

> 季冬之月，……命有司大傩，旁磔，出土牛，以送寒气。[1]

似乎在《月令》的上下文中，傩一词是指一种用于驱除各种恶鬼的特殊季节性驱鬼仪式。《月令》中并没有具体说明傩仪式要驱除的恶鬼名称。我们也不能从文本中看出仪式的实际程序。《周礼》倒是对主要的驱鬼人方相氏有如下描述：

> 方相氏：掌蒙熊皮，黄金四目，玄衣朱裳，执戈扬盾，帅百隶而时难（傩），以索室驱疫。大丧，先柩；及墓，入圹，以戈击四隅，驱方良。[2]

方良是某种恶灵，被认为能够对墓中的人鬼造成伤害。因此，方相氏作为驱鬼人，除了以傩驱鬼之外，还可以在各种场合进行驱散恶鬼、恶灵的仪式。事实上，他的形象是刻意制造成让人恐怖和敬畏的，这表明人们认为鬼也会有同样的感觉，因此能被驱逐。

只有在《后汉书》中，我们才能找到更多关于傩仪式过程的讯息。《礼仪志》中有常被引用的一段话，对傩仪式的准备和过程进行了较为详细的描述，还收录了仪式中宣读的一段文字：

> 先腊一日，大傩，谓之逐疫。其仪：选中黄门子弟年十岁以上，十二以下，百二十人为侲子。皆赤帻皂制，执大鼗。方相氏黄金四目，蒙熊皮，玄衣朱裳，执戈扬盾。十二兽有衣毛角，中黄门行之，冗从仆射将之，以逐恶鬼于禁中。
>
> 夜漏上水，朝臣会，侍中、尚书、御史、谒者、虎贲、羽林郎将执事，皆赤帻陛卫。乘舆御前殿。黄门令奏曰："侲子备，请逐疫。"

---

[1] 许维遹：《吕氏春秋集释》，卷二，卷八，卷十一。
[2] 《周礼注疏》卷三一，页十二。

于是中黄门倡，侲子和，曰："甲作食殃！胇胃食虎！雄伯食魅！腾简食不祥！揽诸食咎！伯奇食梦！强梁、祖明共食磔死寄生！委随食观！错断食巨！穷奇、腾根共食蛊！凡使十二神追恶凶。赫女（汝）躯，拉女（汝）干，节解女（汝）肉，抽女（汝）肺肠。女（汝）不急去，后者为粮！"

就在这时候，驱鬼人（方相氏）和十二只动物又舞又叫，在宫中四处走动。他们拿着火把绕了三圈，用火把把瘟疫从端门送出去。端门外，骑兵接过火炬经司马阙门出宫，接着五营卫队的骑兵轮流接火炬，直到最后将火炬投入洛水。然后：

百官官府各以木面兽能为傩人师讫。设桃梗、郁櫑、苇茭毕。执事陛者罢。苇戟、桃杖以赐公、卿、将军、特侯、诸侯云。[1]

我们引用这段记载是为了表明这个仪式在汉朝一定是最重要的仪式，因为仪式的整个过程被记录得很详细。这个仪式的目的相当明确：驱除隐藏在人间各个角落的邪气。与睡虎地《日书》驱鬼文书中不需要神或灵来执行仪式的那些更简单的驱鬼方法不同，大傩仪式使用十二个动物灵（由男孩象征性演出）来驱除恶鬼。这个仪式显然或多或少是作为庆祝一年将尽的一种公共活动，因此它包含了一些神灵吃鬼的戏剧性元素。兽神里吃梦的伯奇，可能就是睡虎地《日书》关于梦一章中提到的神灵，只不过名字叫钦奇。[2] 所以我们有理由相信，这十二种动物灵皆源于民间信仰，正如大傩仪式中所提到的苇戟和桃杖的驱鬼效力也是源于民间一样。

在驱鬼过程中使用火炬足以让我们确信，火被认为是吉祥的，而且

---

[1] 《后汉书》，第 3127—3128 页。
[2] 睡虎地秦墓竹简整理小组：《睡虎地秦墓竹简》，第 210 页。

能有效驱逐邪灵。然而耐人寻味的是，恶鬼最终没有被消灭而是被驱逐。当鬼被驱赶，文中的说法是方相氏和十二动物灵"送疫出端门"。因此，虽然咒语中发出了毁灭性的威胁，但这种驱鬼仪式似乎并不是要消灭瘟疫恶鬼，而只是将它们赶出人间。这隐含着恶鬼明年还可以回来的意味，因此必须再进行下一次的驱鬼。因此，这种驱鬼行为背后的宇宙观非常有趣：这些恶鬼虽然对人类充满恶意和危险，但却是宇宙秩序的一部分。它们可以被暂时地驱逐出人间，但似乎没有办法一劳永逸地消灭它们。因此，年复一年，季复一季，驱逐它们的需求反复存在。鬼能被驱赶而不能被消灭，这可以从睡虎地《日书》驱鬼文书和前述东汉墓葬文献中的驱鬼咒语中得到证实，其中恶鬼被命令"疾去三千里。汝不即去，南山给□，令来食汝"。这与大傩驱鬼时所说的类似："女（汝）不急去，后者为粮。"

《后汉书》记载的傩虽然属于国家级祭祀仪式，因为它的目的是将鬼赶出皇宫，而且有很多官员参加这场仪式，但县郡和乡村也举行相同的驱鬼仪式，这些仪式直到如今仍然能看得到。[1] 所有这些仪式的共同点是咒语的宣读和特定仪式行为。换言之，驱鬼仪式中的基本要素都是共同的。

汉和帝在位期间（公元94年）曾经下诏，将每年六月的伏日定为全国性假日，因为按照古代的说法，伏日是万鬼出没的日子。[2] 因此，一整天，人们都被命令关上大门，不事任何生产。可以说，这个伏日就是后来七月中旬庆祝的中元节的早期版本。[3]

以上这些与鬼信仰有关的各类活动的讨论，都是为了凸显社会的特质。对于大多数平民来说，他们没有不相信鬼与灵存在的选择。正是为了官僚系统的需要，知识分子/官员试图建立一些秩序，通过这些控制

---

[1] 曲六乙、钱茀：《中国傩文化通论》，第159—199页。

[2] 《后汉书》卷一七九："己酉，初令伏闭尽日。"《汉官旧仪》中也记载："伏日万鬼行，故尽日闭，不干它事。"

[3] 详见 Bodde. *Festivals in Classical China*, pp. 317–325.

来确保税收和徭役能够顺利进行,并且确保对鬼神的崇拜不会影响政府的职责。这就是为什么我们看到汉朝官员/文人往往言行不一致,他们既可以公开禁止"迷信"和"淫祠",但他们又会在一些他们认为合适的情况下参加当地的宗教活动。[1] 当然,我们可以争辩,认为他们的言行没有不一致,因为他们的共同目标就是建立一个合理的管理体系,以维持统治机构的运作和政府的财政需求。过去几十年来秦汉行政文书和法律文献的大量考古发现都表明了当时政府的这种努力。[2] 帝国对秩序的渴望虽然存在,但信仰的地方性差异始终是一个难以驾驭的现实。

1　笔者先前相关研究,请见 Poo, Mu-chou. *In Search of Personal Welfare*, chapter 6.
2　请见 Barbieri-Low, A. J., and Robin D. S.Yates. 2015. *Law, State, and Society in Early Imperial China: A Study with Critical Edition and Translation of the Legal Texts from Zhangjiashan Tomb No. 247*. Leiden: Brill.

鬼与阴间

东汉的一则墓葬文书有以下记载："生人属西长安，死人属东太山。"[1] 这句话在当时应该就是关于冥界之所在和鬼之去向的常识。泰山（太山）作为死者居所的重要性，很可能源自它作为国家祭天场所的这种地位，但这种变化具体如何以及何时发生尚不清楚。[2] 然而，泰山并不是想象中鬼在阴间归宿的唯一去处。泰山脚下的蒿里和梁父两座小丘也与阴间有关。[3] 但值得注意的是，文中指出了两套官僚制度，一套为生人，一套为死者，而后者显然是对前者的模仿。

由于近年来关于早期中国冥界的概念的研究已经相当丰富，[4] 在此我们只需指出，黄泉、幽都和地下都被用来指称先秦和两汉初期的阴间。

---

[1] 张勋燎、白彬：《中国道教考古》第一册，第163页。

[2] 关于泰山的经典研究除了 Chavannes, E.1910. *Le T'ai Chan*. Paris: Leroux 以及酒井忠夫《太山信仰の研究》(《史潮》7.2, 1937, pp. 70—118)，亦可见 Yu, Ying-shih. 1987. "O Soul Come Back! A Study in the Changing Conceptions of the Soul and Afterlife in Pre-Buddhist China."刘增贵《天堂与地狱：汉代的泰山信仰》(载《大陆杂志》第94卷第5期，1997年)。

[3] Yu, Ying-shih. 1987. "O Soul Come Back! A Study in the Changing Conceptions of the Soul and Afterlife in Pre-Buddhist China."; Poo, Mu-chou. *In Search of Personal Welfare*, chapter 7.

[4] Pirazzoli-T'Serstevens, Michèle. 2009. "Death and the Dead: Practices and Images in the Qin and Han," in *Early Chinese Religion, Part One: Shang through Han (1250 BC–220 AD)*; Poo, Mu-chou. 2011. "Preparation for the Afterlife in Ancient China." In *Mortality in Traditional Chinese Thought*, ed. Philip J.Ivanhoe and Amy Olberding, 13–36.Albany: State University of New York Press; Lai Guolong. *Excavating the Afterlife*.

但对前帝国时期文献中的这个冥界，目前我们知之甚少。《楚辞》认为阴间或幽都里居住着一个恶魔或某种官员，即土伯，它拥有角蟒的身体。因此，死者的灵魂，也就是鬼，实际上被劝告不要去往这个地下世界，仿佛鬼有得选择：

魂兮归来！君无下此幽都些，
土伯九约，其角鬙鬙些。
敦脄血拇，逐人伾伾些：
参目虎首，其身若牛些。[1]

然而，除了这个妖魔之外，关于这座幽都的其他方面我们知之甚少。阴间观念在汉代最显著的发展在于它的官僚系统化，但需要注意的是，阴间官僚系统的概念在更早期的想象中可能已经存在。例如，一些战国后期神祇的存在，如司命，或者我们在上一章中谈到的掌管战死者之鬼的武夷，都意味着在死者世界中有某种统治性的组织。不过，这些神祇究竟属于"天庭"还是"地府"，我们尚不清楚。[2]

正如大量文献所证明的那样，阴间的官僚系统化在汉代得到了长足且明确的发展。例如，在公元前176年的西汉早期墓葬中发现的一段文字就如此说道：

四年后九月辛亥，平里五夫＝（大夫）恨（张）偃□□地下□：
偃衣器物所以蔡（祭）具器物，□令食（？）以律令从事。[3]

五夫是汉朝地方行政中负责"里"级事务的低级官员。地下□

---

[1] Hawkes, David. 1959. *Chu tzu: The Songs of the South, an Ancient Chinese Anthology*. Oxford: Clarendon Press, p. 105.

[2] Lai Guolong. *Excavating the Afterlife*, pp. 154–159.

[3] 裘锡圭：《湖北江陵凤凰山十号汉墓出土简牍考释》，载《文物》1974年第7期，第49页。

（主）似乎相当于阴间官僚机构中的地区官员。这段文献似乎表明，地上的地方官员可以就相应的官僚事务规定与地下官僚机构进行沟通，例如财产登记制度。在这段文献几年后的另一段文字记录了一个类似的阴间官僚组织：

> 十二年，二月，乙巳朔戊辰，家丞奋移主藏郎中，移藏物一编，书到先撰，具奏主藏君。[1]

这可能是死者的家庭助理（家丞）和负责死者随身携带的财产登记和接收的阴间官员（主藏郎中、主藏君）之间的沟通。另一份可追溯到公元前 167 年的文献则指出：

> 十三年，五月，庚辰，江陵丞敢告地下丞，市阳五夫遂少言与大奴良等廿八人，……骑马四匹，可令吏以从事。敢告主。[2]

在这些文本中，我们发现了阴间官员的多种头衔，例如"地下丞"或"主藏君"，他们都在履行一些行政职责，例如收发与死者有关的文件以及安排他们的陪葬品。这些官员想必也是鬼界的一部分——也就是说，他们本身就是鬼——虽然他们如何成为阴间的官员还不得而知。在后来大部分的鬼故事中都假定当一个人死后，这些阴间官僚机构的官员可以被召唤来提供服务。到东汉时期，这个过程已经发展到这些想象出来的公堂在整个阴间官僚机构中占据了中心位置的程度，正如下面这段随葬文书所说：

---

[1] 湖南省博物馆、中国科学院考古研究所：《长沙马王堆二、三号汉墓发掘简报》，《文物》1974 年第 7 期，第 43 页。

[2] 纪南城凤凰山一六八号墓发掘整理组：《湖北江陵凤凰山一六八号汉墓发掘简报》，载《文物》1975 年第 9 期，第 4 页。

天帝止封镇定邑里死人胥囚台冢墓，移丘丞墓伯地下二千石、墓上墓下、中央大□、墓左墓右、云门蔡酒、蒿里父老，令胥文台家子孙启世无□复有死者。上天仓仓，地下芒芒。死人归阴，生人归阳。生人有里，死人有乡。生人西属长安，死人东属大（太）山。乐无相念，苦无相思。大（太）山将阅，人参应囚。地下有适，蜜人代行□作，千秋万岁不得复重生人。相胥氏家生人子孙富贵豪强、訾财千亿，子孙番息。谨奉金银□深，以谢墓主封镇到扱（？）□□。胥氏家冢中三曾五[祖]，及皇□父母离丘别墓，后葬之殍，勿令伐作，各安其所。旷户以闭，累名后世，令无死丧。他如天帝日止镇令。[1]

这段文字为我们提供了一个关于汉人想象中的阴间结构的特别视角。它不仅提到了能确保让死者安然待在墓中的各种官员，还列举了多种协助死者面对阴间官僚机构诸多要求的方式。最重要的是，文中明确区分了生者和死者世界的界限，因此，"生人西属长安，死人东属大（太）山"。也就是说，它是一份同时保护生者和死者的文件。

有学者认为，在泰山的普遍管辖下阴间逐渐官僚化的这种发展，可能与大一统帝国建立以来现世政府的发展有关。[2]这样的假设意味着，构建出大一统政府的知识可能促成了按照类似做法来设想阴间的这种想法。而且，这种发展也对鬼概念的发展产生了深远影响。因此，虽然以维持帝国秩序为目的的帝国政府对四处蔓延的各种鬼崇拜根本无法控制，但想象中的阴间官僚机构的实际发展却还是控制了鬼，还将它们收编于阴间官员的管理之下。有人可能会讽刺地说，现世政府在这个世界上未能做到的事情，阴间政府在另一个世界里反而做到了。官僚系统化

---

[1] 张勋燎、白彬：《中国道教考古》第一册，第163页。
[2] Poo, Mu-chou. *In Search of Personal Welfare*, chapter 7; Lai Guolong. *Excavating the Afterlife*, pp. 154–159.

定义了鬼的世界,并为阴间的集体想象设定了一个框架。《楚辞》中的食人恶魔,现在换成了一群官僚。

这也解释了为什么在我们下一章将要讨论的志怪中,鬼在各个方面会越来越多地以人的形象出现,因为对鬼存在的集体想象,越来越接近人们在人世间所经历的官僚环境。蒋济死去的儿子在阴间上访的故事,就是一个很好的例子,说明人们是如何想象这个阴间官僚系统的运作方式。[1] 因此,这个官僚化的阴间可能就为鬼故事的兴起提供了心理环境。直到近代,它也成了中国人宗教想象的最后一道牢不可破的咒语。

---

[1] 鲁迅:《古小说钩沉》,第139页。

鬼形象的变化

鬼的观念可以理解为人们对死后生活的想象，同时也是他们对生者世界的感受甚至评论的表现。想象中的鬼活动可以揭示特定时代下的社会伦理，或者至少能暗示某些原本不易识别的时代特征。有人可能会假设，由于大多数鬼原本是人，所以对其性格的描述自然会模仿它们还在世的状况。然而，当我们回头从商代开始看起，我们会注意到关于鬼的描述和故事往往缺乏关于它们个性的细节。一个例外，正如我们在第二章中所看到的，可能是保存在放马滩秦墓出土文字中的复活故事，其中对鬼的习性进行了一些详细的描述。然而这个故事里文字所呈现的是对鬼的本质性一般描述，而不是对个别鬼的描述。[1] 此外，我们很少读到一个以鬼为第一人称来说的故事。当叙述中提到鬼时，通常将其视为"它"，就如同一件"事物"。这就假设了或许鬼与人之间的交流是不可能或不必要的。当鬼出现在任何人面前时，它们很少以普通人的方式或声音与人们交谈。换句话说，关于这些鬼的"个人故事"不存在，尽管它们可能是故事的一部分。

先秦文献中关于鬼报仇的一个著名例子，大概就是彭生的故事：

---

[1] Harper. "Resurrection in Warring States Popular Religion."

> 齐侯游于姑棼，遂田于贝丘，见大豕。从者曰："公子彭生也。"公怒曰："彭生敢见！"射之，豕人立而啼。公惧，坠于车，伤足，丧屦。[1]

故事中没有说野猪为什么被认为是彭生的鬼，野猪也没有自称彭生，但是齐侯显然相信了，所以他向野猪射出弓箭，打算杀死鬼。据《左传》记载，[2]大约在八年前，齐侯曾命勇士彭生刺杀鲁侯。后来，在鲁国的压力下，齐侯将彭生处死，以担负罪责。因此，对于齐侯对在他手下工作的臣民所做的不公正事情，人民之中一定有相当程度的不满，并借彭生的名义表达出来。之所以把大野猪当成彭生的鬼，大概是因为彭生的体格强壮结实，大野猪或许让人们想起了他的形象。而且齐侯的愤怒反应，显然是出于对彭生之死的忧虑和对鬼寻仇的恐惧，所以当随从指出野猪是彭生的鬼，他的焦虑很快变成了愤怒和暴力的反应，以此来对抗他的恐惧。我们需注意，尽管关于彭生鬼复仇的故事相当完整，但"鬼"本人在叙述中没有说任何话，因此整个故事没有表达出任何他可能怀有的怨恨冤仇。

先秦文献中唯一一个鬼以第一人称说话的例子，大概就是我们在第二章看到的晋侯梦大厉的故事。在他的梦里，鬼说："杀余孙，不义！余得请于帝矣！"[3]当然，这些词描述了生者与死者之间的一种基本关系，或者说是集体社会道德上所坚持和期望的基本关系，也就是说，无论生死都应为受委屈者伸张正义。然而，先秦时期的鬼大多不与人进行口语交流，鬼与生人之间几乎没有"人对人"的交流方式来交换意见。如果我们认为王充对鬼概念的表述不仅反映了他同时代人的普遍态度，而且

---

[1] 《左传正义》卷八，页十七。
[2] 《左传正义》卷七，页二五至二六。
[3] 《左传正义》卷二六，页二九。

反映了一般人的普遍态度，那么我们就可以说，因为鬼会引起恐惧，所以在这样的语境下，每当提到鬼大多是负面的态度。[1]因此，鬼与人之间的关系可以被认为是相互对立。具备驱鬼的能力成为一些具有神通能力者的显著特征之一，这就包括前面提到的方士。[2]如此看来，鬼作为早期中国文学传统中的一个元素，还没有形成某种独立的性格，好让作家们可以在其中注入自己的思想和想象力。换句话说，除了鬼复仇的这种基本套路之外，鬼还没有成为讲故事者用来表达和抒发特定思想或情感的工具。哲学家庄子关于路边骷髅的诙谐且讥讽的鬼故事，可能是足以证明普遍状况的一个例外（见第二章）。

这种对鬼的非个人想象，即要么被驱逐，要么被安抚，在后来的中国历史上一直是大众心智中的一种主要态度。然而，我们也可以观察到某种从东汉时期开始更为明显的趋势，人们开始以更"可亲近人"的方式想象或描述鬼的性质或性格。逐渐地我们看到越来越多的"人性"角度被倾注到对鬼的描述中，因为它们开始被赋予"人性"，并被赋予与活人相近的个性。这种重新认识鬼的人性的过程，很明显地，不能被精确地建立起来。我们只能依靠我们能找到的证据，并将东汉时期作为一个可能的起点。除了上面提到的天水放马滩秦墓出土的复活故事外，我们掌握的一些更可信的证据是保存在应劭（生卒年不详）《风俗通义》之中的故事。

有这样一个故事，讲的是陈国有个张汉直为了求学而离家。他离家几个月后，一个鬼附身在他的妹妹身上并用他的声音对家人说，他已经病死在路上，希望家人能处理好他当初离家时还没有完成的几件事情。由于这些事情连他的妻子都不知道，而他刚刚从别处回家的妹妹也不可能知道，所以他的家人认为确实是他的鬼魂通过妹妹说话。这反映了一

---

1 刘盼遂：《论衡集解》，第 448—456 页，第 465–472 页。
2 请见 DeWoskin. *Doctors, Diviners and Magicians of Ancient China*. 我们需记得，《后汉书》编纂于南朝宋时期，所以这些故事可能受到了当时志怪传统的影响。

种信念，正如应劭所说："世间多有亡人魄持其家语声气，所说良是。"[1] 奇怪的是，从后文看来张汉直其实并没有死，后来还平安回家。人们由此得出结论，他的妹妹被一个野鬼附身了。不过这个鬼附身的理由仍然令人费解。可以观察到的是，这个故事完全以表现人的方式来呈现鬼的性格。然而这个鬼并没有对生者造成任何伤害，所以这可能不是这一时期的典型鬼故事。另一个关于来季德的故事则讲述了一个找麻烦的鬼：

> 司空南阳来季德停丧在殡，忽然坐祭床上，颜色服饰，声气熟是也。孙儿妇女，以次教诫，事有条贯，鞭挞奴婢，皆得其过。饮食饱满，辞诀而去。家人大哀剥断绝。如是三四，家益厌苦。其后饮醉形坏，但得老狗，便朴杀之，推问里头，沽酒家狗。[2]

应劭对这个故事的评价是："世间亡者，多有见神，语言饮食，其家信以为是，益用悲伤。"[3] 对我们来说，这个故事表明，当时的人们相信无论是死者还是其他人的鬼，都可以通过非人体的媒介而以人的样貌出现，并且可以透过杀死这种媒介来驱逐鬼。因此，对这个故事的一个可能的解释是来季德的鬼魂附身于一条狗，并以他自己的形象出现。当那条狗被打死的时候，来季德的鬼魂肯定也就离开了，因为它没有任何可以依附的媒介。但是，这个故事也可以将狗视为以死者的形式出现并骚扰来季德一家的恶魔。不过从故事情节来看，这个恶魔似乎不是很强大，也没有什么能力做坏事，还很容易被"杀死"，这说明了当时人们对于一些鬼的本质的特殊认识，觉得它们像一些很容易对付的平凡宵小窃贼或江湖骗子。故事中悬而未决的是：既然被鬼附身的狗被杀后露出了本来的样子，那来季德的尸体在哪里？类似的关于狗怪和蛇妖的故事

---

1 王利器：《风俗通义校注》，台北明文书局，1988年，第409页。

2 王利器：《风俗通义校注》，第416页。

3 同上。

在《风俗通义》中多有记载。[1]

如果我们回顾上一章的发现，就能明白，这种信仰对于那一时期来说并不新鲜，因为类似的各种鬼或灵附体的案例在睡虎地《日书》中早就有了。[2] 在驱鬼手册的指导下，鬼或精灵也可以很容易地被"杀死"。新奇的是，这些故事现在开始提供有关鬼的"个性"及其意图的许多细节，这达到了一个过往文献都难以企及的程度。鬼现在被认知和描述为有着人的性格：它们的行为、意念、情感、意图、爱或恨都被编织到了叙述中。换句话说，这些是未曾见于早期材料的关于个体鬼的故事。这并不是说以前的作家没有或不能描述性格或意图，而是说鬼在那时候没有被这样对待。应劭搜集的鬼故事虽然只是《风俗通义》的一小部分，但这些故事显然是六朝鬼故事的重要先驱者。[3]

鬼故事中的这种人性化倾向在六朝志怪中得到了进一步的发展。许多因素可以解释这种趋势：短篇小说的兴起，对人物（无论是人还是鬼）要求更生动的文学肖像；社会中有追求异国情调和奇幻故事的相当热情；以及佛教和道教传教的盛行。[4] 整体来说，人性化趋势可以被视为集体努力创造理想世界的一部分，这是因为鬼世界在某种意义上比人的世界更加理想，理由是在鬼的世界中，原本在世间的许多限制都可以被超越或开脱，因此创造了一些可以减轻生者所遭受痛苦或困难的条件，而这正是我将在下一章中论证的。

1　王利器：《风俗通义校注》，第 423 页。

2　蒲慕州：《墓葬与生死》。在进行类型学分析的背景下，高辛勇也将这种"万物有灵现象"追溯至更早的文化传统，请见 Kao, Karl S. Y., ed. 1985. *Classical Chinese Tales of the Supernatural and the Fantastic*. Bloomington: Indiana University Press, pp. 5–9.

3　《风俗通义》中至少有三个故事被纳入六朝最早的鬼故事集《列异传》中，据传《列异传》由魏文帝曹丕所编。请见王国良：《列异传研究》，收录于《六朝志怪小说考论》，台北文史哲出版社，1988 年，第 54—57 页。关于《风俗通义》与六朝志怪之间的联系，请见曹道衡：《风俗通义和魏晋六朝小说》，收录于《中古文学史论文集续编》，台北文津出版社，1994 年，第 35—47 页。康儒博特别强调志怪文学起源中搜窥万象（cosmological collecting）的传统，请见 Campany. *Strange Writing*, pp. 101–126.

4　Poo, Mu-chou. 2000. "Ghost Literature: Exorcistic Ritual Texts or Daily Entertainment?" *Asia Major* 3rd series, 13.1: 43–64.

汉末以来表达鬼主题的文学表现兴起，促成了中国社会中鬼文化的发展。其实，这些更人性化的鬼形象并没有取代以前的鬼观念，但它们为鬼的性格增添了丰富的色彩。当他们的特点在大众心理中根深蒂固后，这些经过点缀或丰富的鬼形象逐渐内化，成为人们集体想象的自然组成部分。因此，我们可以观察到中国社会有描绘鬼的两种方式：一方面，认为恶鬼必须加以整治的古老概念在几个世纪以来一直存在；另一方面，当人们处于一种比较放松或猜疑的态度时，通俗小说和故事中出现的鬼越多姿多彩——具有各种异能而又充满奥妙事迹——也就越有可能会引起人们的注意。

因此，了解鬼文化的最佳方法就是观察人们如何想象鬼的样子，它们可以或打算对人做什么，它们如何能被人控制，以及为什么所有这些会如此发生。本章以考察早期帝国时期的中国鬼文化入手，特别观察了官方和私人宗教活动之间可能存在的差别。我认为，帝国宗教仪式活动的目的是确保国家的繁荣和统治者的个人福祉。这些官方宗教仪式通常与一些更高级的神灵相关，尽管有时"小鬼"也被提及。而另一方面，对鬼的信仰通常是在私人领域进行的，上至皇帝在朝廷上举行，下到平头百姓在家里举行。从某种意义上说，对鬼的信仰主要是一种地方性的现象，因为鬼与人的互动往往是个人的，因此是地方性的。早期帝国时期的中国宗教环境主要是由官方崇拜仪式构成的，但其间充斥着对鬼与灵的私人崇拜。

虽然人们普遍认为鬼总是引起恐惧并创造可怖经历，但我们也可以反过来说，正是因为人们相信鬼真的存在，这种想法可能有助于缓解社会中的某些紧张局势。之所以如此，是因为人们知道鬼可以为某些不幸事件负责，并且人们有许多办法应对鬼的袭击。文字证据无疑为我们提供了一些关于中国古人如何谈论鬼的信息。问题是，人们真的"相信"这些故事吗？这个问题的回答中含有某种程度的不确定性也是必然的，正如《庄子》中的一段话："有以相应也，若之何其无鬼邪？无以相应也,若之何其有鬼邪?"[1] 在精英阶层的文本中,鬼大多被用来服务于某些说教目的,且无论是儒家、道家、墨家还是法家都将之作为构建世界观或哲学体系的一种手段。《庄子》里梦见路边的骷髅鬼的故事就是一个很好的例子。[2]

鬼的信仰还可以提供一些心理上的好处:它可以满足好奇心,增强和释放情绪,甚至可以像许多鬼故事所显示的那样具有娱乐性。事实上,关于鬼的讨论是人们与他们的信仰进行交涉的完美灰色地带:人们永远无法完全确定鬼是否真的存在;因此,宗教性虔诚总是有扎根的空间。下一章将探讨鬼故事的多重功能:作为娱乐文学,作为奇观记录,作为人类生存状况的一种反映,又或者作为构建理想世界的一种尝试。

---

[1] 郭庆藩:《庄子集释》,第 958 页。
[2] 郭庆藩:《庄子集释》,第 617—619 页。

第四章

启明幽暗的鬼故事

" 　　相信鬼意味着谈论并创造鬼的形象。这也意味着试图让其他人相信有鬼，通过使用这些文本和图像来实现非常实际的目的，使其有利于生者，尤其是那些有权势的人。[1] "

1　Schmitt. *Ghosts in the Middle Ages*, P. 8.

追寻志怪中的鬼

本章讨论中国中世纪早期（六朝时期）主要表现在志怪之中的鬼。在这些故事中，鬼要么是死去的人类，要么通常是行为或外形像人类的非人类精灵或恶魔。我们此前已经遇到了从前帝国时期到汉代各种各样的鬼。然而，正如我们在前一章中所提示的，鬼在六朝文学创作中所扮演的角色发生了质的变化。也就是说，鬼从一个没有过多阐述角色特质的配角，演变成了性格完全成熟的故事主角。此外，六朝时期是佛教和道教开始在民众中逐渐产生广泛影响力，并以各自的方式将先前已存在的信仰融入其体系的时代。[1] 鬼的观念不可避免地成为两个宗教都需要谨

---

[1] 对于这一时代初期知识氛围的一般描述，请见唐长孺：《清谈与清议》，收录于《魏晋南北朝史论丛》，三联书店，1955 年；Holzman, Donald. 1956. "Les sept sages de la forêt des bambous et la société de leurtemps." *T'oung Pao* 44.4–5: 317–346; 1957. *La vie et la pensée de Hi Kang (223–262 Ap. J.-C.)*. Leiden: Brill ; 1976.*Poetry and Politics: The Life and Works of Juan Chi, A.D. 210–263*.Cambridge: Cambridge University Press; DeWoskin, Kenneth J.1977. "The Six Dynasties *Chih-kuai* and the Birth of Fiction." In *Chinese Narrative: Critical and Theoretical Essays*, ed. AndrewPlaks, 21–35. Princeton, NJ: Princeton University Press; 吴宏一：《六朝鬼神怪异小说与时代背景的关系》，载《中国古典文学研究丛刊·小说之部（一）》，台北巨流图书公司，1977 年；李剑国：《唐前志怪小说史》，第 238—240 页；王国良：《魏晋南北朝志怪小说研究》，台北文史哲出版社，1984 年，第 13—36 页；王瑶：《玄学与清谈》，收录于《中古文学思想》，台北长安出版社，1986 年，第 44—79 页；Holcombe, Charles. 1994. *In the Shadow of the Han*. Honolulu: University of Hawai'i Press；鲁迅：《中国小说史略》，吉林人民出版社，2013 年。 关于这一时期的文学背景的说明，亦可见 Tian, Xiaofei. 2010. "From the Eastern Jin through the early Tang (317–649)." In *The Cambridge History of Chinese Literature*, vol. 1, ed. Kang-I Sun Chang and Stephen Owen, 199–285. Cambridge: Cambridge University Press.

慎对待的核心宗教主题之一。这次相遇的结果，对中国社会如何形成宗教心态具有深远的意义。若要理解中国宗教生活的发展历程，我认为六朝时期的鬼观念占有至关重要的地位。以往对中世纪鬼主题的研究主要集中在文学表现形式和志怪的类型学上，较少关注其宗教意义。[1] 正是康儒博教授的功劳，让人们对志怪的宗教意义有了新的认识。康儒博将有关鬼的志怪故事视为对处理生者与死者之间关系的新型探索，[2] 正如许多作者为他们的读者所描绘的那样，是一连串各种状况的组合，其中"还活着和死去的人们一开始是陌生人，而最终……尽管将他们阻隔的鸿沟仍然存在，彼此被道德上、而更多是情感上的纽带紧系在一起"。[3] 在本章中，我们将通过讨论鬼的形象和这些文学表现所体现的意义来进一步探索志怪在宗教方面的意涵。

研究中国宗教的学者曾指出，无论是近代还是帝国时期初期，阴间在很大程度上都是按照人世间的模式构想出来的。[4] 我们在前几章中的讨论很大程度上也证实了这种观点。然而，最能说明这个说法的，是两个

1　关于志怪类型学和文学结构的分析，请参见 DeWoskin. "The Six Dynasties *Chih-kuai* and the Birth of Fiction."; Kao. *Classical Chinese Tales of the Supernatural and the Fantastic*, pp. 1–53; Yu, Anthony C. "Rest, Rest, Perturbed Spirit! Ghosts in Traditional Chinese Prose Fiction." 李剑国对唐代之前志怪的起源和发展进行了最全面的讨论（李剑国：《唐前志怪小说史》）。王国良提供志怪的专题分析和参考书目介绍（王国良：《魏晋南北朝志怪小说研究》）。叶庆炳在不涉及宗教方面的前提下，讨论鬼的文学形象（叶庆炳：《魏晋南北朝的鬼小说与小说鬼》，收录于《古典小说论评》，台北幼狮文化，1985 年）。金荣华讨论了志怪中的神鬼形象，得出的结论是，由于鬼魂世界是一个以人世界为基础的想象世界，当人们去除掉故事中的超自然想象时，鬼魂的举止行径其实与人无异（金荣华：《从六朝志怪小说看当时传统的神鬼世界》，载《华学季刊》第 5 卷第 3 期，1984 年）。吴维中给出了一个相对简化的图景，并认为志怪是一种"文学化的宗教活动"，其目的是宣扬迷信，并关注世俗生活的实际利益（吴维中：《试论志怪演化的宗教背景》，载《兰州大学学报（社会科学版）》1989 年第 4 期；《志怪与魏晋南北朝宗教》，载《兰州大学学报（社会科学版）》1990 年第 2 期）。

2　Campany, Robert F.1990. "Return-from-Death Narratives in Early Medieval China." *Journal of Chinese Religion*18: 91–125; 1991. "Ghosts Matter: The Culture of Ghosts in Six Dynasties Zhiguai."

3　Campany. *Strange Writing*, p. 384.

4　Wolf, Arthur. 1974. "Gods, Ghosts, and Ancestors." In *Religion and Ritual in Chinese Society*, ed. Arthur Wolf, 193–206. Stanford, CA: Stanford University Press; Poo, Mu-chou. *In Search of Personal Welfare*, pp. 167–170.

世界官僚体系结构之间的相似性。至于人物的心理、情绪等一些更细微的问题，就很难用"镜像"一词来描述社会现实与鬼世界的文学表现之间的复杂关系。我的基本假设是，鬼故事代表了对现实中被限制或禁止的那些生活成分的渴望，所想象出来的表达。作家们有意无意地通过讲述鬼故事来构建一个理想的世界。这是因为在鬼的世界里，现实世界中的限制和禁忌可以被超越或超脱。[1] 另一方面，人们也可以思辨，认为这个想象出来的世界，若放在中国中世纪早期的现实脉络之外，是不可想象的。这是因为作者不可能创造出集体心理状况和集体想象力，还以其作为生产和传播他们笔下鬼故事的主要动力。此外，鬼世界的文学想象还必须依赖于社会上已经存在的那些非文学性或一般大众的想象。对于读者来说，这些故事不仅提供了惊奇娱乐的体验，还是对他们所相信或倾向于相信事物的一种确认，从而缓解一些心理张力。

志怪文学的结构、内容和文学历史意义已被深入研究。六朝的政治、经济和思想氛围为志怪的发展提供了机遇，但同时也制约了其内容的性质。促成志怪文学兴起和发展的历史趋势可描述如下。首先是道教和佛教的兴起，产生了中国前所未有的大规模宗教文献。从现存文献上看，道教经典和佛教经文都包含大量有关鬼神的文字。这些是专家才能用得上的驱鬼咒语或驱邪仪式文本。其二是"清谈"的风尚，文人聚集在一起，交流哲学或文学以及对世事和人情的远距观察。[2] 这些虽然多是高谈阔论的交流，但关于鬼和奇闻异见的各种传说和故事也可以在这样的上流文学社会中传播开来，并且后来被收录成书。第三，这一时期历史和文学作品的普遍繁荣，[3] 无疑是受益于东汉以来纸张的日益广泛使用，

---

[1] Campany. *Strange Writing*, pp. 365ff.

[2] 唐长孺：《清谈与清议》；Holzman. 1956. "Les sept sages de la forêt des bambous et la société de leurtemps."；1957. *La vie et la pensée de Hi Kang (223–262 Ap. J.-C.)*.；1976.*Poetry and Politics*；王瑶：《玄学与清谈》。

[3] 吴宏一：《六朝鬼神怪异小说与时代背景的关系》；李剑国：《唐前志怪小说史》，第 220—237 页；鲁迅：《中国小说史略》。

这一点无论怎么强调都不为过。[1]

　　文学以某种方式不可避免地反映了当时的现实，无论是政治的、社会的、智识的还是宗教的。尽管这种观点有一定的道理，但这种观察往往仍然是由印象所构成的老生常谈。正如康儒博所指出的，这些观察并不能真正解释这些特定类型的文本为什么在这个时代出现。[2] 对于志怪，尤其是鬼故事，我们需要对个别故事进行详细分析，以提取它们所具有的意义，并不仅试图理解故事的全部意义，而且还要理解讲故事的人和读者的心态。对我们而言，更有趣的问题是：作者的目的是什么？这些故事如何流传开来？为什么人们喜欢阅读、谈论和聆听它们？不管这些故事是否是由相信鬼和精灵存在的信徒和支持者创作的，社会需要和读者的心态可能才是使这些故事得以流传的动力。通过寻找这种社会需求和读者心态，我们或许可以对当时宗教和文化背景脉络中志怪的意义有所了解。下面我将首先对志怪中的鬼进行类型分析。通过从故事的背景脉络来提取出鬼的"类型"，我们可能会冒一定的风险，遗漏掉故事中可能带有社会批评的一些文学修辞手法和细微见解。类型分析绝不足以取代对每个故事所有含义的细致阅读，因此只不过是查看一般表达方式下鬼的集体形象的一种方便手段，以帮助我们接近作者和读者的心态，而这正是我在本章中要探讨的第二个主题。

1　Tsien, Tsuen-hsuin. 1962. *Written on Bamboo and Silk: The Beginnings of Chinese Books and Inscriptions*. Chicago: University of Chicago Press.

2　Campany. *Strange Writing*, p. 168, pp. 199–201.

鬼的类型

直抒胸臆的鬼

鬼的一个突出的共同特点是它们的直率坦白，甚至到了头脑简单的程度。有一则关于青州刺史宗岱的故事，他是一个以驳斥鬼的存在而闻名的人。一天晚上，一个被宗岱停掉祭祀的地方鬼以书生的身份出现在他面前。当他们讨论鬼是否存在时，鬼愤怒地说它要报复宗岱。[1] 我们将在本章后面进一步讨论这个案例。类似的情节也出现在阮瞻的故事中，他也写了一篇关于无鬼论的文章。有一天，一个鬼伪装成书生来找阮瞻，挑战他的论点，并说它自己就是鬼。[2]

在这些故事中，鬼通过直接出现在不相信它们的人面前来证明它们的存在。有趣的是，在故事中，就连鬼也无法在关于它们自己是否存在的辩论中获胜；它们的存在是信仰与理性博弈的一个案例。显然，这个故事的寓意是，在一个普遍相信鬼存在的世界里，单靠理性并不能解释一切。在另一个故事中，以评注儒家经典而闻名的汉代学者郑玄（127—200）的鬼魂出现在才华横溢的年轻学者王弼（226—249）面

---

[1] 鲁迅：《古小说钩沉》，第28页。
[2] 鲁迅：《古小说钩沉》，第119页、第257页。这则故事被引用在阮瞻在《晋书》的传记中（房玄龄：《晋书》卷四九，中华书局，1974年，第1364页）。

前——王弼对《老子》的评注确立了后世对道家哲学的研究——并且斥责他不尊重前辈学者，也就是郑玄本人。[1] 人们不禁会感觉到这中间暗藏的是，久负盛名的儒家传统与新兴的对道家哲学的兴趣之间的冲突。在所有这些故事中，鬼都直截了当地提出抗议，而结果都是一样的——那些对鬼表现出不敬的人很快就得面对他们的命运。我们甚至可以说，鬼几乎是在自诩合理地捍卫自己的生存权。

容易受伤的鬼

有时，鬼甚至可能显得头脑特别简单。本章稍后有一个关于宗定伯的故事，描述了宗定伯如何骗鬼带他走，而这鬼还透露了捉鬼的方法。最终鬼以山羊的模样被宗定伯抓住，放到市场上出售。[2] 在另一个故事中，鬼拜访了一个叫刘遁的人，从锅里偷走了他的食物。知道鬼会再来，他就熬了一锅毒粥。果然，鬼又来了，还把粥一口吞了下去。当刘遁找到空锅的时候，他还能听到鬼在呕吐的声音。[3] 在第三个故事中，一个顽皮鬼总是将肮脏的东西扔到一户人家的食物中来打扰他们。恼怒的主人最终想出一个计谋。他大声说他才不怕脏东西，但如果鬼拿钱砸他，那他就真的气炸了。鬼听信了之后就向他扔钱，所以他很快就发了一笔小财。[4] 这些故事都有一个共同特点，就是虽然鬼可能会捉弄人，但重点是人比鬼更聪明。有时，鬼的性格甚至被描绘成相当软弱，例如我们将在下面看到的阮德如的故事，他羞辱了一个害羞且无害的鬼。[5]

这种头脑简单甚至幼稚的性格并不局限于男性的鬼。有个叫钟繇的人曾与一名女子有染，后来才知道那女子竟是鬼。他因此暗中密谋要杀了她。虽然她已经察觉到钟有恶意，但她还是相信钟繇的爱，相信他不

---

1 鲁迅：《古小说钩沉》，第114页。
2 鲁迅：《古小说钩沉》，第141—142页。
3 鲁迅：《古小说钩沉》，第172页。
4 鲁迅：《古小说钩沉》，第184—185页。
5 鲁迅：《古小说钩沉》，第115页、第257页。

会伤害她。[1]最终，她被多疑、忘恩负义的钟繇所伤害。其他故事也有类似的情节：女鬼不仅被描绘成外表迷人，而且一心一意地献身于她们所爱的男人，尽管有些男人最终变得忘恩负义。[2]根据一项研究，在这一时期的志怪中一共讲述了二十三个男子与女鬼结婚的故事，其中只有一个女鬼伤害了一个男人，即她"不忠"的丈夫在她（鬼）死后再娶了另一个女人。而其他所有女鬼都被描绘成忠实的恋人。[3]

我们应当如何理解这些鬼的性格特征？心理补偿理论的一种解释方法是将这种类型的女鬼诠释为渴望理想女性伴侣，但在性欲上没有得到满足的男性讲故事者所幻想出来的产物。[4]换言之，这是社会现实的一种反映，两性之间的关系仍然受到社会上盛行的礼教的严格监督。在这里可以引用余国藩关于"风流鬼"的评论："男性是'正常'的人类主角，而女性几乎总是被描绘成另一个令人难以置信的美丽、才华横溢、感性，有时甚至是不似人间有的贤惠形象。"[5]余国藩进一步说，鬼故事中的女性是"一种幻想造物——既一往情深又摄人心魄，让人又渴望又恐惧"。虽然他没有从六朝志怪中选出很多例子，但他的观察非常具有启发性。[6]不过值得一提的是，在六朝时期男性鬼在男鬼—女人的婚姻或爱情故事中也占有重要地位。[7]此外，男性性幻想的解释是否完全适用于志怪也是值得商榷的，我们将在后面讨论。

回到我们的主题，志怪中的鬼通常被描绘成具有简单的性格，也就是说，它们的意图和情感不如人类复杂。这是否反映了一种认为人在本

---

1 鲁迅：《古小说钩沉》，第 385 页。
2 鲁迅：《古小说钩沉》，第 144—145 页、第 158 页、第 190—191 页。
3 颜慧琪：《六朝志怪小说异类姻缘故事研究》，第 86—103 页。
4 赖芳伶：《试论六朝志怪的几个主题》，《幼狮学刊》第 17 卷第 1 期，1982 年。
5 Yu, Anthony C. "Rest, Rest, Perturbed Spirit! Ghosts in Traditional Chinese Prose Fiction."
6 至于类似唐代的人鬼爱情故事，请见 Dudbridge, Glen. 1995. *Religious Experience and Lay Society in T'ang China: A Reading of Tai Fu's Kuang-i chi*. Cambridge: Cambridge University Press, pp. 154–173.
7 颜慧琪：《六朝志怪小说异类姻缘故事研究》，第 86—103 页。

质上比鬼更聪明的心态？这种态度可能会吸引那些急于在人鬼较量中占上风的读者。我们知道，即使在今天的中文口语中也有"你在骗鬼"或"只有鬼才信"之类常用的表达方式清楚地表明，鬼比人更容易被欺骗。另一方面，也有人认为作者的意图实际上是利用这些鬼故事来批评一些社会恶习——人有时比鬼更奸诈。鬼的天真和易信的性格或许才是真正的人性应该有的。

女鬼

接续上面提到的女鬼话题，理论上很有吸引力的说法是，风流女鬼的"理想型"或是爱上男鬼的女性，都反映了因现实生活中缺乏而导致压抑的男性性幻想。根据这个解释，故事所描绘的男人—女鬼或是男鬼—女人之间的风流韵事，不仅是作者思想、观念或信仰的有意识投射，本质上更是对根深蒂固的欲望、本能和情感一种无意识的深刻表达。这些情节和形象满足了对情欲、浪漫、好奇或仅仅是兴奋和刺激的受挫欲望。此外，男性想要摆脱现实生活中遇到的社会和道德所规范和形塑的贤惠勤劳女性的渴望为某些风流女鬼的刻画提供了灵感，让她们可以无视社交礼仪，向男人提供无缘无故却又毫不掩饰的爱。值得注意的是，在这些故事中这些男人的个人成就、道德品质或社会地位与他们为何被风流女鬼选中之间没有明显的因果关系。这些故事中的男人无需通过所有必要的程序就可以获得配偶，更不用说理想的情人，而且可以没有代价地获得无所保留的关爱，并享受绝世美女的陪伴。对清代小说中狐仙的研究表明，在大多数情况下，与女狐仙或女鬼有过风流韵事的那些男人的个人性格和成就不曾被提及，这表明这些信息对于故事来说并不是必要的。[1]

---

[1] 杨国枢、余安邦：《从历史心理学的观点探讨清季狐精故事中的人狐关系》，收录于《本土心理学研究》，台北"中央"研究院民族学研究所，1992年；Chan, Leo T. K. *The Discourse on Foxes and Ghosts*.

这一观察无疑需要有六朝时期性别关系和女性形象进行细致研究的支持。根据已有的讨论，我们可以说六朝时期的女性总体上似乎在社会活动中享有极大的自由度。[1]例如，在《抱朴子》中，葛洪（约283—343）批评了他那个时代的一些妇女，她们可以自由外出，参访寺庙和朋友家，游荡在街头自由地唱歌喝酒，直到深夜才归家，甚至在朋友家过夜。[2]葛洪是早期道教思想的传播者和理论家之一，我们将在下一章更多地谈一谈他。这样的社会氛围对于当时志怪的作者来说应该相当熟悉。因此，我们至少可以说，"风流女鬼"类型不仅来自男性的补偿心理，而且可能是社会现实的反映，即使只反映了一部分。

寻仇的鬼

对于男鬼和一些女鬼来说，为生前所受的冤屈报仇似乎是它们故事中最常提及的事迹之一。典型的鬼报仇故事与上一章所讨论彭生的故事能产生共鸣，即一个人被某个官员冤死，然后以鬼的身份回来报仇。[3]另一个故事讲述了一个善妒丈夫的鬼魂伤害了他的寡妇，因为她违背了他死后保持贞洁的承诺。[4]另一方面，女鬼也可以报仇雪恨，虽然这样的例子不如男鬼复仇来得多。有人认为，这些故事展现了互惠原则，并强调了跨越社会和本体论边界的道德原则共同性。[5]然而话虽如此，我们也应注意到，并非所有的报复行为都如此地"理性"。在一个故事中，一位嫉妒的妻子在死后以鬼之姿现身，导致她不忠的丈夫死亡。她的怒火如此炽盛，以至于连她自己的儿子都无法逃脱她的毁灭。[6]我们在前面也

---

1 Lee, Jen-der. 1993. "The Life of Women in the Six Dynasties." *Journal of Women and Gender Studies* 4: 47–80; Poo, Mu-chou. 1997. "The Completion of an Ideal World: The Human Ghost in Early Medieval China." *Asia Major* 10: 69–94.
2 葛洪：《抱朴子内外篇》外篇卷二五，万有文库丛书，商务印书馆，1937年，第598—599页。
3 鲁迅：《古小说钩沉》，第182—183页。
4 鲁迅：《古小说钩沉》，第157页。
5 Campany. *Strange Writing*, pp. 378–379.
6 鲁迅：《古小说钩沉》，第187页。

提到了王弼的故事。他在写《易经》注释的时候，对郑玄的意见嗤之以鼻，说："老奴甚无意。"那天晚上，郑玄的鬼魂来到他面前，怒骂道："君年少，何以轻穿文凿句，而妄讥诮老子邪？"没过多久，王就猝死了。[1] 从表面上看，这是一个关于鬼因被侮辱而寻求报复的故事，不过他不是在生前被侮辱，而是在死后很久。这个事实本身就很不寻常，因为一般鬼故事中的大多数鬼都是新死的。此外，我们可以假设，在这个特殊的案例中，这个故事可能反映了王弼时代学术界之内的某种争论，以及说这个故事的人可能支持汉代学者解释《易经》的传统。他没有直接表达自己的意见，而是编造了这个故事，并假借郑玄的鬼魂来发泄对王弼的不满。

有趣的是，虽然睡虎地《日书》驱鬼文书中的例子表明，不幸死去的小孩可能会成为鬼来纠缠生人，[2] 但我们在志怪中却几乎找不到儿童鬼。因此，六朝的鬼界是一个以成年人为主的世界，而这并不是中国鬼界特有的现象。在历史上不同的文化中，我们看到在大多数鬼叙述中都普遍缺乏儿童鬼。在中国的案例中，从前帝国时期到我们所研究的时代，唯一提到的儿童鬼是在睡虎地秦墓《日书》的驱鬼文书一章中发现的（见第二章）。《太上正一咒鬼经》等道教典籍中，正如我们将在第六章看到的那样，列出了许多不同种类的鬼，但看来没有一个是儿童鬼。在美索不达米亚、埃及、希腊或罗马等其他文化中，也没有提到过儿童鬼。一种可能的解释是，由于古代社会中未成年的儿童不被视为社会的正式成员，因此他们不太可能被提及。然而，这并不意味着这些社会中的父母不会为孩子的死而哀悼。有一份纪念五岁的许阿瞿的东汉墓墓志，[3] 与埃及托勒密时代的一个叫佩特奥西里斯（Petosiris）之子托特瑞克

---

1 鲁迅：《古小说钩沉》，第 114 页。
2 睡虎地秦墓竹简整理小组：《睡虎地秦墓竹简》，第 214—215 页。
3 南阳市博物馆：《南阳发现东汉许阿瞿墓志画像石》，载《文物》1974 年第 8 期。

(Thothrekh)的孩子的墓碑文有很多相似性；[1] 它们都因为孩子未能过上预期的完整人生就失去生命而感到悲痛。

善意的鬼

除了给人带来麻烦之外，有时鬼也可能是仁爱慈善的。在不少故事中，鬼不仅是无害的，而且还会以各种方式帮助人们。最常见的是，鬼可能会出现在他们的家人面前并提供各种帮助，正如我们在张汉直的故事中看到的那样。在另一个故事中，有个叫刘沙门的人死后，留下了他可怜的妻子和一个年幼的儿子。有天夜里，一场猛烈的暴风雨摧毁了他们的房子，他的妻子抱着儿子哭着说："汝爷若在，岂至于此！"那天晚上，她梦见丈夫叫了几十个人来帮忙修房子，第二天早上房子果然就恢复了。[2] 鬼想帮助自己的亲友是可以理解的，但有时它们的动机并不十分明显。有个叫张牧的人经由一个年轻女鬼的帮忙，确保他贫困的家人每天都有足够的食物。最终，这个家庭变得富裕。[3] 这鬼与张家没有关系，也没有告诉我们她为什么要帮助这个贫困的家庭。这个故事并没有试图对张牧的任何优点进行道德化，只是提到他的贫穷值得同情。

待助的鬼

除了给生者带来麻烦或帮助他们之外，有时鬼也寻求帮助。曾经，某周家的丫鬟到森林里拾柴。当她休息的时候，一个女人在梦中来到她面前，要丫鬟帮忙把她眼睛上的刺去掉。丫鬟醒来时，果然在附近发现了一具棺材，骷髅头骨上长着草。将草移开后，她发现头骨下有一对金戒指，她知道这是鬼的谢礼。[4] 类似的故事讲述了一个鬼让一个男人重新

---

[1] Lichtheim, Miriam. 1980. *Ancient Egyptian Literature*, vol. 3. Berkeley: University of California Press, pp. 52–53.

[2] 鲁迅：《古小说钩沉》，第 159 页。

[3] 鲁迅：《古小说钩沉》，第 157—158 页。

[4] 鲁迅：《古小说钩沉》，第 190 页。

埋葬他的棺材，让他可以从监禁中被释放出来。[1] 另一则故事记述女鬼请男子帮她报复丈夫新纳的小妾，因为那个小妾虐待女鬼的孩子。[2] 一个相反的情况发生在一名男子身上，他被一个男鬼要求帮助他向他的妻子报仇，因为他的妻子通奸并谋杀了他。[3] 这些故事背后的心理可能是假设生者和死者应该站在相同的道德尺度上——鬼不过是处于不同阶段或不同存在状态的人罢了。

任性的鬼

鬼的行为特征之一是它们意图的不确定性。我们至少能感觉到鬼报仇或助人行为背后的道理。但是在其他一些故事中，这些鬼的行为被描述成出于它们心血来潮的恶意，与他们所困扰的人的作为没有明显的对应关系。例如黄父鬼，它散播瘟疫，奸淫少女；[4] 例如吞食儿童的鬼；[5] 又例如惊吓单纯正直人们的鬼。[6] 从受害者的道德、性格或生活条件中都找不到这些鬼为何攻击他们的合理解释。似乎这些故事的唯一目的就是告诉读者，鬼的世界不可预测，人的命运任由这些恶灵摆布。

鬼也可以出现在人们面前，以证明它们存在的真实性，这样人们就没有办法忽视它们。有好几个故事都涉及同一个主题：一个鬼伪装成人，与一个不相信鬼存在的人进行辩论。因为无法赢得辩论，沮丧的鬼最终被迫承认他实际上就是一个鬼，以结束表面上的尴尬。[7] 当然，我们也可以双向解读这样的故事：从说故事者的角度来看，这是为了证明鬼真的存在，这个世界充满了各种神奇的现象；另一方面来看也是合理，即鬼在某处胜于人，但不一定是在智慧上。有时鬼会出现，施展一些异

---

1 鲁迅：《古小说钩沉》，第281页。
2 鲁迅：《古小说钩沉》，第423—424页。
3 鲁迅：《古小说钩沉》，第306页。
4 鲁迅：《古小说钩沉》，第183页。
5 鲁迅：《古小说钩沉》，第201页。
6 鲁迅：《古小说钩沉》，第413页。
7 鲁迅：《古小说钩沉》，第119页、第257页。

能，然后离开。[1] 这些鬼基本上是无害的，它们之所以出现，只能理解为它们想满足做自己喜欢做的事情的愿望。这些故事的意图，如果我们想弄清楚，就需要单独逐一破译。有一个故事说，著名的文人音乐家嵇康（约224—263）有天晚上演奏古琴时：

> 忽有一鬼着械来，叹其手快，曰："君一弦不调。"中散与琴调之，声更清婉。问其名，不对。疑是蔡邕伯喈。伯喈将亡，亦被桎梏。[2]

蔡邕（133—192）是一位著名的学者，除儒家经典外，还因通晓天文、乐理而闻名遐迩。他受到政治对手的迫害，死于狱中。这个故事似乎在表明他的不幸命运并没有被后来的作者遗忘。在这个故事中，鬼的来访不仅没有引起任何恐惧，反而带来了一些浪漫和怀旧的感觉。它还捎带一个特殊的信息：嵇康不仅不怕鬼，而且还与一位著名学者相伴为伍。这反过来又表明他也是一个品味高雅的人。因此，这个故事的主要目的不仅是展示鬼对古琴的独到长才，还展示出嵇康的品格和品味，因为他是当时最受尊敬的文人之一。此外，作者还通过告诉读者蔡邕精通古琴、戴着手铐死在狱中，证明了他自己的学识渊博。因此，写一篇鬼故事就变成了作者吊书袋式的精致演出。此外，这样的故事可能会吸引文人，但可能不会像其他一些更刺激的故事那样引起普通百姓的共鸣。最后，我们可以看到，这个鬼故事其实无关于鬼，而是关于社会正义、学术情谊以及文人如何利用鬼观念来表达自己的观点。

---

[1] 鲁迅：《古小说钩沉》，第253—254页。
[2] 鲁迅：《古小说钩沉》，第20页、第119—120页。

志怪文学的创作理念

当我们开始考虑这些故事的意图并尝试揭示它们时，上面的例子展示出这些故事背后的丰富信息。这些鬼故事作家的目的是什么？他们真的相信有鬼吗？他们是否试图在娱乐读者的同时也掺杂些说教？我们掌握的证据包含各种可能性。然而，非常清楚的是，对于志怪的目的或意图不可能只有单一的解释。

据我们目前所知，六朝志怪的作者大致可分为三类：没有特殊宗教倾向的文人、信仰佛教的文人僧侣，以及道教的拥众。[1] 至少有些作家可能是真正的信徒，想说服他们的读者相信鬼确实存在。其他人可能不相信有鬼，而是用这些故事来表达他们对人世间的感受或评论。他们沉醉于一种在文人圈中流行的思想，深深着迷于非传统、非道德、非政治（至少在表面上）、超然和超越的思想。尽管一些知名作家写过其他更为"严肃"和有助仕途的作品类型，例如诗歌或历史，但他们也创作了志怪类型的作品，这一事实表明他们的心理世界其实很复杂。从某种意义上说，写鬼故事可能是表达他们与当时"清谈"风格知识分子圈在智识

---

[1] 更细节的讨论请见小南一郎：《六朝隋唐小說史の展開と佛教信仰》，收录于福永光司编《中國中世の宗教と文化》，京都神文科学研究社，1982年，第415—500页；王国良：《魏晋南北朝志怪小说研究》，第37—52页；Campany. *Strange Writing*, pp. 168–179.

上产生联系的一种方式。无论如何,我们不能假设这些记录只反映了对超自然现象的单一意图或态度。再者,志怪的出现可能象征着人们对生人与死者之间关系的看法发生了变化,[1] 但很难证明作者怀揣着这样的目的来撰写或收集这些故事。此外,我们可以同意志怪的作者不仅描述了死者的世界及其与生者的关系,而且还"帮助形塑了那个世界和那些关系"。[2] 然而,我们也应该意识到一种可能性,即故事讲述者或作者周遭的世界充满了许多对这些故事感兴趣的人,他们主要就是为了享受阅读或聆听这些奇妙情节所带来的乐趣。一些版本各异的故事反复收录在各种集子中,这表明它们很受欢迎。[3] 一个好故事的吸引力不外乎具有戏剧性的曲折情节和事件的讽刺性转折,这都很可能对作家所选择的创作题材和风格产生相当大的影响。但无论作者的意图如何,他们都不能只按照自己个人的癖好进行创作。换句话说,鬼故事的讲述和书写都不是单向的;这是一个相互的过程,作家和讲故事者能从文人圈或整个社会的观众那里得到反馈。

葛洪在《抱朴子》中生动地描述了这个时期讲故事和八卦闲谈活动充斥在一般人的生活中。他提到,在他那个时代,人们经常会讲故事和八卦,"或上及祖考,或下逮妇女"。[4] 这些人不仅包括平民百姓,还包括有文采禀赋的人。曹植(192—232),著名诗人、作家,魏文帝曹丕(187—226)的弟弟,曾在一次聚会上表演胡风舞蹈,还讲述了几千字粗俗但有趣的故事,所有这些举止都是为了与一位博学的客人较量。[5] 由此可见,一些源于民间的故事和活动,也是可以为文人高士所赏识的。

---

1 正如康儒博所议,请见 Campany. "Ghosts Matter: The Culture of Ghosts in Six Dynasties Zhiguai." pp. 16–18.
2 Campany. "Ghosts Matter: The Culture of Ghosts in Six Dynasties Zhiguai." p. 16; *Strange Writing*, pp. 199–201.
3 Campany. *Strange Writing*, pp. 21ff.
4 葛洪;《抱朴子内外篇》外篇卷二五,第 591 页。
5 引自裴松之的注释;请见《三国志》,第 603 页。

事实上，据说魏文帝自己编纂了最早的一个志怪文本，即《列异传》。[1]《陈书》中也提到，始兴王陈叔陵经常通宵达旦，邀请宾客来一同交换流传于民间的各种乡野传奇。[2]这些都是文人精英与平民百姓接触和交流信息的例子。诸如此类的活动无疑是志怪重要的资讯来源。除了使用各种早期文献中记录的故事以及彼此相互复制之外，志怪的作者还吸收了他们从当地传说和传统中听到或收集的故事。[3]有鉴于此，我们不得不意识到，至少有一部分的鬼故事作家写这些奇事怪谈的主要目的可能就只是为人们提供茶余饭后的娱乐。在这样的情况下，故事所承载的任何宗教或道德意义，对于作家来说，都比不上他们对于扣人心弦的叙述的渴望。

我们可以用创作《搜神记》的干宝（约286—336）为案例，来看要确定作者意图是何等的困难。他在序言中说，他编纂这部作品的目的是"发明神道之不诬也"。[4]然而，我们是否能相信干宝本人真的相信鬼魂存在，而且他收集这些故事的目的是出于他对超自然的信仰？毕竟，干宝本人是一位典型的儒家士大夫，以多部历史著作和对儒家经典的评注著称。干宝的案例，其实与应劭《风俗通义》的情况类似，《风俗通义》可以说是最早志怪类故事集的一个例子。因此，认定他的意图就是要从信徒或实用主义——以对鬼的恐惧作为对政权腐败和社会不公正的威慑——的角度来宣传鬼的存在，并不完全合适。

---

1 请见李剑国：《唐前志怪小说史》，第244—251页；王国良：《魏晋南北朝志怪小说研究》，第315—316页；Campany. *Strange Writing*, p. 47.

2 姚思廉：《陈书》卷三六，中华书局，1971年，第494页。请见李剑国：《唐前志怪小说》，第229—235页。

3 小南一郎：《六朝隋唐小說史の展開と佛教信仰》；王国良：《魏晋南北朝志怪小说研究》，第53—64页；Campany. *Strange Writing*, pp. 179–199.

4 正如杜志豪和余国藩所指出的这种被称为"为鬼神存在找理由"的心智状况，请见DeWoskin.1977. "The Six Dynasties *Chih-kuai* and the Birth of Fiction." Yu, Anthony C. "Rest, Rest, Perturbed Spirit! Ghosts in Traditional Chinese Prose Fiction." pp. 403–405. 亦见 Kao. 1985. *Classical Chinese Tales of the Supernatural and the Fantastic*, pp. 20–21; Campany. "Ghosts Matter: The Culture of Ghosts in Six Dynasties Zhiguai." pp. 23–24; *Strange Writing*, p. 148.

而且，由于《宣验记》《冥祥记》等鬼故事集相当多，它们都涉及地狱、报应等佛教观念，我们由此可能得出的结论是，这些作品是为了弘扬佛教。[1] 事实上，正如已经暗示的那样，这些志怪故事的作者的动机有时是"明显有倾向性的"。[2] 另一方面，也正是由于观众倾向于相信鬼及其世界的存在，使得这些作家能借这套中国人熟悉的媒介来传播佛教。在佛教传播的早期，佛教思想通过这些故事集对广大公众造成的影响应该是不可小觑的。因此在此时期鬼节（盂兰盆节）开始成为民间佛教的重要元素，也许并非巧合。[3] 然而，我们不得不承认，我们对志怪的许多作者或编纂者的确切人生轨迹几乎一无所知，更别说他们的创作动机了。[4] 尝试分析个别故事以揭示其背后的心态可能反而会更有成效。因此，我们要专注于志怪的作者在他们的叙述中可能想表达的几个主题。

正义

鬼故事作为构建叙事的一种方便而有力的工具，它们能帮助叙述者发展必要的情节，从而传达一些重要的信息。这些信息可能与正义或道德原则问题有关。还有一些故事则没有办法简单地归为任何一种类型，因为鬼的状态和人的状态非常相似，在表现仇恨、爱情、焦虑、讥笑、嘲讽或怀疑等各方面可以说是万分复杂——我们从下面的故事就可以看出。因此，在尝试进行一般性评估之前，我们应该尝试分析那些可能让我们理解故事中所包含讯息的复杂性的各个元素。

有两种鬼故事与由鬼所主持的正义有关。第一种是借由真实人物或历史著名人物的轶事来讲述的。第二种是或多或少没有涉及时代背景的故事，其意义在于故事本身，故事中角色的真实身份并不重要。由是，

---

1 DeWoskin. "The Six Dynasties *Chih-kuai* and the Birth of Fiction." P. 50; Kao. *Classical Chinese Tales of the Supernatural and the Fantastic*, P. 11; 鲁迅：《古小说钩沉》，第 435 页起。

2 Kao. *Classical Chinese Tales of the Supernatural and the Fantastic*, P. 20.

3 Teiser. *The Ghost Festival in Medieval China*.

4 王国良：《魏晋南北朝志怪小说研究》，第 37—52 页。

鬼所寻求的正义在性质上可能会有所不同。作为第一类的例子，《还冤志》中有一个故事是这样的：

> 晋时庾亮诛陶称。后咸康五年冬，节会，文武数十人忽然悉起，向阶拜揖。庾惊问故。并云陶公来。陶公是称父侃也。庾亦起迎陶公。扶（疑衍字——引者注）两人悉是旧怨。传诏左右数十人，皆操伏戈。陶公谓庾曰："老仆举君自代。不图此恩，反戮其孤。故来相问，陶称何罪。身已得诉于帝矣！"庾不得一言，遂寝疾。八年一日死。[1]

这个故事显然是鬼因受冤屈而寻求复仇。由于它镶嵌在真实的历史背景中，因此我们或多或少需要在这个背景下才能理解故事的含义。我们从陶侃在《晋书》中的传记中可以看出，陶侃和庾亮在晋朝做官时发生了一些不愉快的摩擦。[2] 陶侃和庾亮都以个人魅力著称，但陶侃是一个保守的儒家人士，以忠诚和仁慈出名；庾亮则是一个更时髦的"清谈"派文人，善于传理说教。[3] 陶侃是晋军营中最重要的顶梁柱，公元332年去世，他的职位后来由庾亮接任。陶侃之子陶称，在庾亮手下担任中级军官。据《晋书》记载，庾亮于公元339年的一次军事行动中以行为不当和阴谋叛乱的罪名将陶称处决。[4] 陶称的罪行，如果真有其事，是否应该被判处死刑，并不是我们关心的问题。可以说，陶侃被同代和后世人公认是一个正人君子，而庾亮死后似乎并没有得到高度评价，因为他是晋明帝皇太后势力强大却声名狼藉的家族的一员。因此，这个故事可能源于在陶称被处决后不久，因同情陶氏家族所引发的一种社会情绪，试

---

1 颜之推：《还冤志》，上海古籍出版社，1987，第21页。
2 《晋书》卷六六，第1774—1775页。
3 《晋书》卷七三，第1915页。
4 《晋书》卷六六，第1780—1781页。

图将庾亮的死因归咎于陶侃的鬼魂复仇。据《晋书》，庾亮于公元340年去世，距离陶称被处死仅一年，这也很好地解释了陶侃的鬼魂为何出现。[1] 换言之，虽然《晋书》有关陶侃和庾亮二人的官方记载中，并没有明确处理陶称之死是否合乎正义，但《还冤志》中的私人故事却提供了自己的判断，将庾亮的死归咎于他使陶称受冤致死，从而导致陶侃的鬼魂前来寻仇。

据干宝《搜神记》中另一则故事的记载，庾亮因见厕所中有鬼影而死。[2] 根据方士戴洋的说法，这个鬼影出现的原因是因为庾亮在当地"白石祠"的祈求得到应允后，没有兑现他自己的誓言。这个故事在一定程度上印证了《还冤志》的故事，把庾亮描绘成一个不那么正直实诚的人。此外，干宝是陶侃同时代的人，[3] 而《还冤志》的作者颜之推生活在隋朝（581—618）。因此，《还冤志》的故事可能代表了干宝版本的进一步发展。

庾亮之死的故事说明，在大众心目中，讲故事者和听故事者如何集体地支持让鬼来执行死后的正义。我们甚至有理由怀疑，这是一种针对熟悉这段历史的读者的政治批评形式。因为如果不了解这段历史的背景，也不了解晋朝的政治对抗和操弄，就无法充分理解陶侃鬼报仇的意义。在这里，正义的意义与政治观点高度相关。所以，我们可以发现，看似轻松的故事，与当时知识分子对宫廷政治的关注有着密切的关系。

另一方面，鬼的报复也可以是对不义行为的直接报应。在一个故事中，一位被县令冤枉处死的妇女死后回来寻仇：

> 陶继之元嘉末为秣陵令，杀劫，其中一人是大乐伎，不为劫，而陶逼杀之。将死，曰："我实不作劫，遂见枉杀。若见鬼，必自诉

---

[1] 《晋书》卷七三，第 1923—1924 页。
[2] 干宝：《搜神记》，汪绍楹校注，第 120 页。
[3] 《晋书》卷八二，第 2149—2150 页。

理。"少时,夜梦伎来云:"昔枉见杀,诉天得理。今故取君。"遂跳入陶口,仍落腹中。须臾复出,乃相谓云:"今直取陶秣陵,亦无所用。更议王丹阳耳!"言讫,遂没。陶未几而卒。王丹阳果亡。[1]

我们不知道陶继之与王丹阳之间的联系,但这个故事的基本讯息很明确:不公义必有报应。这是一个永恒的信念;因此,这些故事中涉及的人物是不是历史人物并不重要。不过,这个故事或许不能与第二章和第三章所提到的彭生和杜伯的故事相提并论。从这两个故事在后世的引用中可以看出,彭生和杜伯的鬼之所以能名声大噪,是因为他们成了向不义的统治者报仇雪恨的"英雄";因此他们的故事背负着政治色彩,并成为对那些不依公义行事的统治者的警告。[2]

不过,有时人与鬼之间的正义差异变得难以调和,因为各自世界都按照自己的道德体系运作。豫章太守顾邵(约184—约214)的故事似乎就是志怪中关于"迫害"鬼的官员命运的典型案例:

顾邵为豫章,崇学校,禁淫祀,风化大行。历毁诸庙,至庐山庙,一郡悉谏,不从。夜,忽闻有排大门声,怪之。忽有一人开阁径前,状若方相,自说是庐山君。邵独对之,要进上床。鬼即入坐。邵善《左传》,鬼遂与邵谈《春秋》,[3] 弥夜不能相屈。邵叹其精辩,谓曰:"传载晋景公所梦大厉者,古今同有是物也?"鬼笑曰:"今大则有之,厉则不然。"灯火尽,邵不命取,乃随烧《左传》以续之。鬼频请退,邵辄留之。鬼本欲凌邵,邵神气湛然,不可得乘。鬼反和逊求复庙,言旨恳至。邵笑而不答。鬼发怒而退。顾谓邵曰:"今夕不能仇君。三年之内,君必衰矣。当因此时相报。"邵

---

[1]《述异记》,收录于鲁迅《古小说钩沉》,第182—183页;另一更长版本收录于《还冤志》。
[2] 彭生和杜伯的鬼也许是古代中国最著名的鬼魂,它们代表了对那些失德统治者的正义报复。请见第二、第三章。
[3]《春秋》和《左传》是足以显示学者博学的两部最重要的书籍。

曰:"何事匆匆,且复留谈论。"鬼乃隐而不见。视门阁悉闭如故。如期,邵果笃疾,恒梦见此鬼来击之,并劝邵复庙。邵曰:"邪岂胜正。"终不听。后遂卒。[1]

《三国志》[2]和《世说新语》[3]中都有关于顾邵的轶事,他是当时的文人精英之一。我们首先要注意的是,在这个故事中,拥有寺庙的灵或"神"仍然可以被视为鬼。这是另一个能证实神、鬼这两个词可以互换的例子,因为神和鬼之间的区别不是它们的本质,而是它们的力量。故事中庐山的灵/鬼/神以一位博学之人的身份出现,他来访的目的是请顾重建庐山庙,即庐山神灵自己的"居所",这显然是一个非常受欢迎的宗教场所,却被顾邵废除了。在这个故事里,灵或鬼并不暴力,而是行事礼貌且优雅。顾邵自己倒是不动声色,即便焚烧《左传》也决心要毫无顾忌地继续谈话。焚烧经典的行为也表明,顾邵得以学习经典,这是社会和知识地位的一个标志。从故事来看,顾邵和鬼在《春秋》的问题上或许是出于各自的立场不同而争论不休,双方似乎都很坦诚。众所周知,《春秋》在评论人的道德行为方面非常微妙,我们可以想象,他们一定在《春秋》的知识基础之上对顾邵是否应该废除寺庙的问题进行了辩论。两人的冲突于是变成了一场无解的悲剧。对顾邵来说,禁淫祀是儒家士大夫的大义之举。而对于鬼来说,重建自己的居所也是正当的事。故事的结尾似乎暗示着作者对鬼要求的正义给予了更多的宽容。故事背后隐藏的意图——如果我们可以进一步假设的话,似乎反映了想要保留庐山神社的群众意见,而故事的编写本来可能是为了让那些经营祠庙的人发泄不满,因为这些祠庙主持人的生计因祠庙的废除而受到重挫。从各种意图和目的来看,鬼的声音就是祠庙主持的声音,以及那些

---

1 鲁迅:《古小说钩沉》,第422—423页;另一更短而简洁的版本可见于该书第116页。
2 《三国志》卷三七,第953页。
3 余嘉锡:《世说新语笺疏》,上海古籍出版社,1993年,第500页。

确信鬼有功效的当地人的声音。这个故事提供了一种世界观，在其中生者和死者共存并可以互动，尽管他们之间存在鸿沟。

道德

自先秦以来，虽然报仇或申冤是鬼故事的常见主题，但志怪中还有新的主题。通常，故事中会出现需要详细阅读的复杂情节。《风俗通义》中的一个故事足以说明，为了揭示故事的全部含义，我们需要以多个面向来理解：

> 汝南汝阳西门习武亭有鬼魅。宾客宿止多死亡，其厉厌者，皆亡发失精。寻问其故，云："先时颇已有怪物。其后，郡侍奉掾宜禄郑奇来。去亭六七里，有一端正妇人，乞得寄载。奇初难之，然后上车。入亭，趋至楼下，吏卒檄白：'楼不可上。'奇云：'我不恶也。'时亦昏冥，遂上楼，与妇人栖宿。未明，发去。亭卒上楼扫除，见死妇。大惊，走白亭长。亭长击鼓会诸庐吏，共集诊之。乃亭西北八里吴氏妇。新亡，以夜临殡，火灭。火至，失之。家即持去。奇发行数里，腹痛。到南顿利阳亭，加剧物故。楼遂无敢复上。"[1]

之后，随着故事的继续，另一个名叫郅伯夷的人来到了西门亭，不顾守卫的警告，最后揭露并杀死了萦绕在亭舍的怨鬼。它实际上是一只老狐狸。

这个相当复杂的故事在某种程度上挑战了我们理解作者意图的尝试。然而，在我们讨论这个故事的意义之前，有几点需要澄清。首先，根据故事所说，较早之前就已经有一些"怪事"发生，指的是某个不知名的恶鬼在此出没。郑奇遇到的这个女人就是被这个恶鬼从她的灵床上

---

[1] 王利器：《风俗通义校注》，第 425 页。

夺走然后附身，在故事的最后我们知道这竟然是一只老狐狸的灵。也就是说，是狐灵而不是死去的妇女在困扰着人们。其次，故事的来龙去脉是，女子的尸体从家中消失，然后以活人的样貌出现在郑奇面前，看起来应该是被灵附身冒充了，最后在郑奇离开后横尸在西门亭楼上。所以郑奇看到的不是她的鬼魂，而是她被狐灵附体的身体。郑奇离开西门亭的时候，狐灵也离开了女子的身体。第三，郑奇的突然死亡似乎并不是对他所犯下任何恶行的报应。他将那女子带上马车去到西门亭，显然是出于好意，而且我们不知道他是否真的想占这个独自旅行的美貌妇人的便宜。郑奇和她在楼上过夜表明不当举止可能确实发生了，大概就是性行为。故事中所用的"栖宿"一说即暗示了其中涉及性行为。故事的其他版本使用了"接宿"来代替，[1] 如果我们将"接"解释为"交接"，这似乎就是在暗示性交。不过，"接宿"一词在更早的文学作品中并没有出现，而"栖宿"是一个很常见的表达方式。在任何情况下，人们都可以将"栖宿"（意为"一起睡觉"）解释为"发生性关系"。正如我们所知，色情元素经常出现在许多其他涉及女鬼的故事中。但我们应该注意的是，在这个故事中性方面的弦外之音只是暗示，而不是事实陈述。因为按照第三人称的叙述，谁也不知道那天晚上楼上发生了什么事。第四，在郑奇离开后，西门亭还继续闹鬼，游客经常死亡或苦于"亡发失精"。这暗示了某种与女鬼的情色邂逅，因为对脱发和阳痿的描述符合一个男人因肆意性交导致筋疲力尽的症状。

　　故事的作者在这里的意图是什么？或者，这个故事的道德寓意是什么？我认为，除了其他解释方式，这个故事表现出对夜间遇到独自旅行的女性陌生人的某种恐惧感。即使带有善良的心态，但任何人如果要在晚上与一个独自旅行的女人接触，也不能保证会有任何好的结果。一个看起来体面的女人可能会变成鬼或是一副行尸走肉。这当然也意味着，

---

[1] 王利器：《风俗通义校注》，第 247 页。

男人，即使是出于好意，也不应该试图和一个陌生女性单独过夜。这个故事还暗示会有性欲躁进的恶鬼/狐灵来引诱无法坚守道德的男人。将郑奇的死归咎于他自己的行为似乎有些不公平，因为他在某种意义上是被狐灵设计陷害的。故事指出落单的女人和夜间的旅行这两个元素产生了一种大众想象中的危险联系。故事以杀死狐灵而告终，从而给人以人最终能战胜鬼怪的感觉。然而，类似的鬼故事被一而再、再而三地不断讲述，这表明相信鬼怪存在的信仰，在社会和文学表达中都具有一定程度的重要作用。

最后，故事中的狐灵从未被称为鬼，这表明故事的主要吸引力不在于是否有鬼涉及其中，而在于情节本身的错综复杂。如前所述，志怪类型的故事集不会重人鬼而轻非人的精怪，只要故事足够奇怪，就值得记录下来。

下面的例子显示，鬼魂有能力干预一个人的命运，这种情节就有可能呈现出徇私腐败的社会现实。作者是否旨在批评这种邪灵干预，又或是意图宣导正直的道德操守，只全凭每个读者自己的良心。

　　□城张阎以建武二年从野还宅，见一人卧道侧。问之，云："足病不能复去。家在南楚，无所告诉。"阎悯之。有后车载物，弃以载之。既达家，此人了无感色，且语阎曰："向实不病，聊相试耳！"阎大怒，曰："君是何人，而敢弄我也？"答曰："我是鬼耳！承北台使，来相收录。见君长者，不忍相取，故伴为病卧道侧。向乃捐物见载，诚衔此意。然被命而来，不自由，奈何！"阎惊，请留鬼，以豚酒祀之。鬼相为酹享，于是流涕固请，求救。鬼曰："有与君同名字者否？"阎曰："有侨人黄阎。"鬼曰："君可诣之，我当自往。"阎到家，主人出见，鬼以赤摽摽其头，因回手以小钹刺其心。主人觉，鬼便出。谓阎曰："君有贵相，某为惜之，故亏法以相济。然神道幽密，不可宣泄。"阎后去，主人暴心痛，夜半便死。阎年六十，位至光禄大夫。[1]

这个故事的信息相当模棱两可。一方面，作者似乎在暗示，一个性格正直、心地善良的人可以得到庇护，拥有好运气，还能活到老。张阊果然在晋朝被赞为忠臣，活到六十四岁。[2] 另一方面，这个故事也表明，无论是人世间还是阴间政府的法律和法令，都经常被本应执行命令的官员违反，像黄阊这样的无辜者反而受到伤害，得不到任何正义的制裁。更甚者，张阊让鬼夺走其他人的命来换自己一命，更让人对他的道德产生严重怀疑。在类似的故事中，一个名叫费庆伯的人贿赂了前来召唤他的阴间使者，因而得到释放。然而因为他没有保守秘密，最终死于突发疾病，这大概是鬼之所为：

> 宋费庆伯者，孝建中仕为州治中。假归至家，忽见三驺皆赤帻同来，云："官唤，"庆伯云："才谒归，那得见召？且汝常黑帻，今何得皆赤帻也？"驺答云："非此间官也。"庆伯方知非生人，遂叩头祈三驺同词。因许回换，言："却后四日当更诣君，可办少酒食见待。慎勿泄也。"如期果至，云："已得为力矣。"庆伯欣喜拜谢。躬设酒食。见鬼饮啖不异生人。临去曰："哀君故尔，乞秘隐也。"庆伯妻性猜妒，谓伯云："此必妖魅所罔也。"庆伯不得已，因具告其状。俄见向三驺，楚挞流血，怒而立于前，曰："君何相误也？"言讫失所在。庆伯遂得暴疾，未旦而卒。[3]

这个故事清楚地表明，人应该信守诺言，即使是对鬼也是如此。然而，如果我们排除了鬼的因素，这个故事也生动地、也许是不经意地，

---

[1] 鲁迅：《古小说钩沉》，第 155—156 页。文中第一字于原文中已遗失。
[2] 《晋书》卷七六，第 2018—2019 页。
[3] 鲁迅：《古小说钩沉》，第 183—184 页。

反映了社会现实。也就是说,即使是在阴间的官僚体系中,腐败不足为奇,也是意料之中的。但最终,不仅费庆伯违背诺言而得到正义的报应,那些没有完成原定任务的鬼也遭到了正义的惩罚,因为它们为了换得酒食而违背召唤死者的任务。也许这是一个小罪行,因为它们没有夺走另一个无辜者的生命。但是这样的敲诈行为,在生者的日常生活中应该也是司空见惯,所以在叙述中才表现得如此自然而有说服力。这基本上是一套以鬼故事形式表现出来的宣导道德和正义的说辞。这种鬼故事所达到的效果可能是多种多样的。一方面,鬼的元素给读者带来摄人心魄的心理刺激;另一方面,幽冥报应来得极快,也满足了读者急于见到正义得以伸张的心态。因此,这种叙事融合了常见的事态与非凡的情节,而看似异常的,实际上是对普通人状况的重新塑造。

诙谐与怀疑

鬼故事有时可以很诙谐地描述一些鬼的幼稚行为,阮德如的故事就是这样一个例子:

> 德如尝于厕见一鬼;长丈余,色黑而眼大,着白单衣,平上帻,去之咫尺。德如心安气定,徐笑而谓之曰:"人言鬼可憎,果然如是。"鬼赧而退。[1]

阮德如是嵇康的朋友,嵇康是前面提到的故事的主角。[2] 他的非正统行为在经常参加"清谈"活动的文人中非常典型。[3] 因此,这则轶事很像《世说新语》中颂扬文人机智敏捷的轶事风格。这个故事中的鬼是一个

---

[1] 鲁迅:《古小说钩沉》,第115页。
[2] 众所周知,阮德如写了两篇名文与嵇康辩论,驳斥风水中有关房屋说法的可靠性。请见《嵇康集》,卷八至卷九(收录于《鲁迅全集》第二册,台北唐山出版社,1986年)。嵇康赠予阮德如的一首诗被收录于逯钦立《先秦汉魏晋南北朝诗》(木铎出版社,1983年,第487页)。
[3] 鲁迅:《古小说钩沉》,第115页。

配角，有助于衬托出阮德如机妙慧黠的优雅风格。[1]

其他一些故事则可能对鬼的存在持怀疑态度，同时对虚伪和奸诈的活人世界予以嘲讽。在前面简要提到的宗定伯的故事中，我们看到一个有趣的案例，鬼被描绘成无辜甚至相当愚蠢的形象：

> 南阳宗定伯年少时，夜行逢鬼。问曰："谁？"鬼曰："鬼也。"鬼曰："卿复谁？"定伯欺之，言："我亦鬼也。"鬼问："欲至何所？"答曰："欲至宛市。"鬼言："我亦欲至宛市。"共行数里。鬼言："步行大亟。可共迭相担也。"定伯曰："大善。"鬼便先担定伯数里。鬼言："卿大重！将非鬼也？"定伯言："我新死，故重耳。"定伯因复担鬼，鬼略无重。如其再三。定伯复言："我新死，不知鬼悉何所畏忌？"鬼曰："唯不喜人唾。"于是共道遇水。定伯因命鬼先渡，听之了无声。定伯自渡，漕漼作声。鬼复言："何以作声？"定伯曰："新死不习渡水耳。勿怪！"行欲至宛市，定伯便担鬼至头上，急持之。鬼大呼，声咋咋，索下，不复听。径至宛市中，着地化为一羊。便卖之。恐其便化，乃唾之。得钱千五百，乃去。于时言："定伯卖鬼，得钱千五百。"[2]

我们可以从多个角度解读这个故事。但最重要的是，它很有娱乐性。然而，这种娱乐效果不仅靠的是聪明的骗子宗定伯，还有天真、幼稚甚至愚蠢的鬼。通过将鬼描绘成一个无辜的灵魂，这个故事以愤世嫉俗的幽默描绘了奸诈的人间世。[3] 事实上，在许多志怪故事中，当正义和道德无论是在阳间还是阴间受到损害时，都可以在字里行间找到讽刺和

---

[1] 这大概就是个反映阮德如妹妹嫁给一个肤浅、张扬人物的故事。请见鲁迅：《古小说钩沉》，第49页。

[2] 鲁迅：《古小说钩沉》，第141—142页。

[3] 更多的例子请见 Poo, Mu-chou. "The Completion of an Ideal World: The Human Ghost in Early Medieval China."

怀疑。不信鬼的故事往往带有讽刺或怀疑的意味，正如这个经常被引用的关于宗岱的故事所示：

> 宗岱为青州刺史，禁淫祀，著《无鬼论》甚精，莫能屈。后有一书生葛巾修刺诣岱。与谈论，次及《无鬼论》，书生乃振衣而去，曰："君绝我辈血食二十余年，君有青牛髯奴，所以未得相困耳。奴已叛，牛已死，今日得相制矣。"言绝而失。明日而岱亡。[1]

从表面上看，这个故事最重要的信息也许是以幽默的方式表明鬼的存在是一个不可否认的事实，即便人类的理性有时无法接受。然而，这个故事还揭示了一些难以解释的微妙信息。首先是宗岱之死。他废除淫祀显然是一个负责任的儒家士大夫的行为，这在历史上经常被记录下来，[2] 而宗岱的死是出于被停掉祭祀的鬼报复的结果。就儒家伦理而言，宗岱的死并不符合正义。而对于一个信鬼的人来说，宗岱死得应该，因为他让鬼的生活变得艰难。据《晋史》记载，宗岱曾任荆州刺史、[3] 襄阳太守，[4] 著述很多，但其《无鬼论》未收入于《晋史》。[5] 他不信鬼的名声获得证实，泰半是因为在刘勰（约 465—约 520）著名的文学批评著作《文心雕龙》中，他与郭象以相同方式被述及。[6] 在官方史学的叙事传统中，他作为成功士大夫，似乎不应该死得毫无理由；因此，我们可以推测，这个轶事是对宗岱个人执政风格的非官方看法：他可能过于自以为是或过于鲁莽地废除地方宗教仪式，而没有对当地人民之于这些仪式的感情和情感依恋加以同情。如此一来，这个故事可以理解为对自以为是

---

[1] 鲁迅：《古小说钩沉》，第 28 页。
[2] 讨论请见 Poo, Mu-chou. *In Search of Personal Welfare*, chapter 6.
[3] 《晋书》卷四三，第 1241 页。
[4] 《晋书》卷六〇，第 1634 页。
[5] 《晋书》卷三五，第 1087 页。
[6] Shih, Vincent Y. C. 1983. *The Literary Mind and the Carving of Dragons*. Hong Kong: Chinese University Press, p. 203.

的士大夫以冠冕堂皇的道德原则来剥夺民间生计的讽刺批评。于是，鬼代表着受苦受难的人们，前来寻仇。这个故事与前面提到的顾邵的故事相似，两者都涉及了废除地方信仰崇拜。这些崇拜仪式被儒家官员认为不正当，但从普通民众的角度来看却不一定如此。这也让我们联想到，所谓中国是一个"儒教"国家，其实只是片面的看法。

有时，对鬼是否存在的怀疑会被实际经验所推翻，但这并不一定意味着鬼会得到人的尊重，就如下面的故事所示：

> 刘道锡与从弟康祖少不信有鬼。从兄兴伯少来见鬼，但辞论不能相屈。尝于京口长广桥宅东，云有杀鬼在东篱上。道锡便笑问其处，牵兴伯俱去，捉大刀欲斫之。兴伯在后唤云："鬼击汝！"道锡未及鬼处，便闻如有大仗声，道锡因倒地。经宿乃醒，一月日都差。兴伯复云："厅事东头桑树上有鬼。形尚孺，长必害人。"康祖不信，问在树高下，指处分明。经十余日，是月晦夕，道锡逃暗中，以戟刺鬼所住。便还，人无知者。明日，兴伯早来，忽惊曰："此鬼昨夜那得人刺之？殆死都不能复动。死亦当不久。"康大笑。[1]

在这里，鬼似乎只是一种可以被轻易杀死的小动物。起初不相信鬼存在的道锡和康祖，在道锡被鬼击中后，似乎已经信服了。但这并不意味着他们害怕鬼。相反，他们计划并最终杀死了一个鬼。这个故事表现出对鬼是否存在的某种怀疑论调。在这里，鬼原来是一种物怪。然而，对于故事中的人来说，该鬼是不是人鬼似乎并没有什么区别。

鬼作为宗教信仰的传播媒介

最后但相当重要的一点是，众所周知，许多志怪故事都表现出佛教

---

[1] 鲁迅：《古小说钩沉》，第 300 页。

和道教的影响，因为佛教和道教的法师试图利用这些故事来展示他们控制鬼的能力，以强化他们的权威。[1] 例如有一个故事，涉及一个名叫周子长的人，他是一位能背诵佛经的佛门弟子。一天晚上，他从朋友家回来，被鬼抓住了。他告诉鬼他精通佛学，于是鬼就让他背诵佛经。他背诵了几部经，然后斥骂了鬼，鬼就将他放开了。还没到家，他又被鬼拦住。这一次他抓住鬼的胸口骂它，说要把它拖到寺庙里在僧侣面前和它好好算上一账。鬼也抓住了他的胸膛，他们在路上互相拉扯起来。后来鬼终于放弃，放开了他。[2] 这个故事是晋代时期中国早期佛教活动历史上的一个时刻节点，说明鬼是佛教需要征服的中国精神领域的一部分。这个故事的情节显然是受佛教宣传的激发，昭告该宗教有控制鬼的能力。然而，这位佛教信徒并没有在这个故事中获得完全胜利。周子长虽然终于摆脱了鬼的骚扰，但与鬼的纠缠却也使他筋疲力尽，而且故事以鬼的讽刺嘲笑结束：“汝近城东看道人面，何以败？（你已经会见过城东的僧人，为何还没能摆脱我呢？）”讲故事者的意图——如果我们尝试理解的话，大概不是想要全心全意地拥护佛教。我们能感受到周子长身为佛门弟子的一股自豪之情，但是这种自豪在他与鬼的正面交锋中似乎多了几分傲慢之气。讲故事者的立场有些暧昧，一方面是他对佛经力量的描述看似支持佛教，但另一方面他又不愿意完全贬低鬼，这也许表明了当时思想和宗教情感的状态仍然不明朗。

还有其他类型的传教著作，如以下故事所示：

> 有新死鬼，形疲瘦顿。忽见生时友人，死及二十年，肥健。相问讯。曰：“卿那尔？”曰：“吾饥饿殆不自任，卿知诸方便，故当以法见教。”友鬼云：“此甚易耳，但为人作怪，人必大怖，当与卿食。”新鬼往入大墟东头，有一家奉佛精进，屋西厢有磨。鬼就推此

---

[1] 请见 Campany. *Strange Writing*, pp. 321ff.
[2] 鲁迅：《古小说钩沉》，第 199 页。

磨，如人推法。此家主语子弟曰："佛怜我家贫，令鬼推磨。"乃辇麦与之，至夕磨数斛，疲顿乃去。遂骂友鬼："卿那诳我？"又曰："但复去，自当得也。"复从墟西头入一家，家奉道，门傍有碓。此鬼便上碓，如人舂状。此人言："昨日鬼助某甲，今复来助吾，可辇谷与之。"又给婢簸筛。至夕力疲甚，不与鬼食。鬼暮归，大怒曰："吾自与卿为婚姻，非他比，如何见欺？二日助人，不得一瓯饮食。"友鬼曰："卿自不偶耳！此二家奉佛事道，情自难动。今去，可觅百姓家作怪，则无不得。"鬼复去，得一家，门首有竹竿。从门入，见有一群女子，窗前共食。至庭中，有一白狗，便抱令空中行。其家见之大惊，言自来未有此怪。占云："有客索食，可杀狗并甘果酒饭于庭中祀之，可得无他。"其家如师言，鬼果大得食。此后恒作怪，友鬼之教也。[1]

从表面上看来，这个故事似乎又是一篇宣扬佛教和道教力量的文章，声称佛道的追随者不怕鬼的纠缠。然而，故事还继续为鬼提供了另一个选择，即有些人既不信佛也不信道，而倾向于臣服于鬼及其力量。如果确实如此，这个故事或许不应该被简单地解读为宣教文类，而应该是一个反映了传统宗教信仰在佛教和道教冲击下如何生存的故事。人们还能感受到故事中对信奉佛教和道教的虚伪家庭的讽刺批评，因为他们无情地利用了无辜的鬼来获得免费劳动。在寻求公道正义这方面，鬼确实受到了信奉佛道家庭的虐待，但通过骚扰信鬼的人而得到了补偿。就这点而言，它的诡计虽然可以理解，但既不光彩也不正当。最终在评价故事的寓意时，会让读者有些摸不着头脑。我们应该敬佩这几家信奉佛道的家庭，还是鄙视他们？我们应该同情这个鬼还是为它感到幸运？我们应该为不得不供养鬼的贫困家庭感到难过，还是应该嘲笑他们的迷

---

[1] 鲁迅：《古小说钩沉》，第316—317页。

信？除非我们认为他们所恐惧的事情是错误的，否则我们不能说他们的不幸是咎由自取。人们可能仍将这个故事解读为传教性的故事，但它传的又是什么教呢？讲故事者的意图是什么？一个简单的答案是我们应该期待的吗？故事以鬼愉快地接受了担惊受怕的家庭的供养而告终。如果结局暗示了故事的寓意，我们可以把它看作是本土鬼概念在佛教和道教传教的幌子下的传播。更甚者，这样的解读可以解决为什么佛教和道教在同一个故事中被同等推崇，却又在某种程度上被同等贬低的难题。此外，对这个故事更令人莞尔的一种解读，是讲故事者对所有三种信仰体系都进行了微妙批评：表面上承认佛教和道教的力量，实际上是对两种信仰的讽刺，因为它们无法真正改造这些信徒的心。至于信鬼的那家人，他们是因为"错误的"信仰才陷入了困境。

志怪故事的宗教意涵

现在已经很清楚，我们讨论的鬼故事不仅反映了阳间世界的方方面面，也企图去描绘世界应该是怎样的。它们通常可以被视为现实的反映；然而，有时它们是对理想世界的预言。

曾有人认为，"从现存的例子来看，我们可以有把握地概括说志怪不在于说理，而是对事件以简单、顺畅的叙事方式进行记录"[1]。我不反对志怪通常是以简单、顺畅的叙事风格写成的这种说法。此外，个别故事也没有说理的累赘。但这并不意味着这些故事是在没有潜在话语参照的前提下被写下来或收集的。基于以上观察，我认为六朝的志怪集体呈现了一种关于收集、写作、传播及乐于阅读和聆听这些故事的人们所经历的时代和世界的某种情感的话语体系。

在一些鬼故事中，似乎有一种将鬼描绘得比人更为单纯的倾向，它们的真诚和正义感是生人无法抗拒和玷污的。因此，虽然我们听说鬼有时会被一些狡猾的人加以利用，但那些虐待鬼的人终将得到正义的制裁。此外，鬼的正义可能无法完全用人类的语言来理解，因为有时它们会毫无理由地对人施加力量并夺走他们的生命。或许我们对此不必感到

---

[1] DeWoskin. "The Six Dynasties *Chih-kuai* and the Birth of Fiction." p. 39.

惊讶,因为人世间已有很多无谓的杀戮。另一方面,我们也听说鬼的世界和人的世界很相似,各种恶行,比如贿赂、诈欺或嫉妒,在阴间都是普遍的现象。[1]于是,志怪中的鬼形象,从前汉、汉初平淡无奇而又恶意满满的存在,发展到六朝时期成为色彩斑斓、人性化的模样。

从六朝时期其他文献的故事中我们可以看出,鬼神存在的信仰,恰如我们的推测,在社会上是普遍存在的。[2]因此,志怪这一文学体裁中的鬼故事应当放在这种心理环境的背景下。将志怪与其他文献中的鬼故事进行比较,例如《晋书》中高悝的故事,似乎后者中的鬼本身并不像在志怪里常见的那样成为故事的重点。[3]这是可以理解的,因为《晋书》是一部历史著作,这里自然关注的是人而不是鬼。

我们应该特别注意到葛洪所著《神仙传》中的鬼。此书中的鬼多半令人困扰:它们总是惹是生非,给人带来痛苦,以致受神仙的驱逐。《神仙传》和志怪中的鬼的区别在于,志怪的作者们,无论是不是真正鬼的信徒,都明确或含蓄地宣扬了一个与人类世界并非完全不能兼容的鬼世界,而《神仙传》的作者是仙人神力和道教信仰功效的拥护者。鬼的世界因此变得难以接受或不重要。《高僧传》中也有类似的例子,据说一些有神通的高僧可以驱鬼。这些鬼无一例外都是只需要被驱除的可憎东西。[4]在接下来的章节中,我们会再回到道教和佛教如何处理鬼的议题上。

通过以上比较,可以知道,志怪应该是这一时期鬼文学形象成长和

---

1 Yu, Anthony C. "Rest, Rest, Perturbed Spirit! Ghosts in Traditional Chinese Prose Fiction." p. 413:"在这些故事中,贿赂、非法礼物和报酬,与笨拙执法者和贪污法官一样普遍,因此,这些故事与任何其他类型的中国小说一样,都反映了其背景的基本现实。"

2 诸多例子请见《晋书》卷九五《艺术传》,第2467—2505页。

3 《晋书》卷九五,第2484页。

4 Poo, Mu-chou. 1995. "The Images of Immortals and Eminent Monks: Religious Mentality in Early Medieval China." Numen42: 172–196; Kieschnick, John. 1997. The Eminent Monk. Honolulu: University of Hawai'i Press, pp. 84–87. 同样的情况也出现在受佛教影响的志怪中,尽管在这些故事里,鬼魂也被描绘得与其他志怪故事中的鬼相似。请见小南一郎:《六朝隋唐小說史の展開と佛教信仰》。

形成的最重要领域，且对以后宗教信仰的发展产生了重要影响。当人们相信有鬼存在，并且鬼可以自由地进入活人的世界时，在逻辑上就导致了生人和死者之间可以交流的假设，因为这两个世界有所重叠。因此，有活人访问阴间的故事，也有鬼造访阳间的故事。[1]这种世界观的后果就是很难产生出超越的观念，即便对仙界也是如此。尽管有些学者将仙人一词称为"超越者(transcendent)"，[2]但很明显，仙人信仰是在一种紧随世俗世界的概念框架之中运作的。

　　有证据表明，早在商代人们就用各种方法来驱鬼、避鬼。这样的行为体现出的观念是，与神灵相比，人只是在对抗恶灵或影响宇宙的能力上有所不足。但是，正如我们在前几章中所见，人可以选择使用任何一种力量，无论是神圣的还是法术的，来压制、克服或避开鬼与灵的侵害。

　　接下来，关于鬼与精灵的本质的一个有趣的方面很值得我们讨论。那就是鬼或灵可以被"杀死"这一想法。这个想法首先出现在先秦时期的文献中，[3]后来也出现在志怪故事中。[4]如果说巫术的基本原理是可以有效控制或威胁鬼与灵，那么"杀鬼与灵"的想法可以看作是基于这个原理的一种心理状态。这种想法似乎暗示着鬼与灵的力量是有限的。它们受其存在和形态的限制，它们的寿命也有限。它们的力量或许比常人强，但人类仍然可以通过法术和仪式来控制它们。也就是说，世上还存在着人可以用来对付鬼与灵的其他力量。鬼与灵是"会死的"这种观念表明，虽然人们想象鬼与灵存在于一种纯粹的灵性状态，可以打破大自然强加于人类的一切物质和生理的束缚，但人们不得不根据自己的存在状态，来想象鬼与灵的世界：人是会死的，所以鬼与灵也是可以被杀死

1　Campany. "Return-from-Death Narratives in Early Medieval China."

2　例子请见 Russell, C.1994. "Revelation and Narrative in the ZhoushiMingtongji." *Early Medieval China* 1: 34–59.

3　请见 Poo, Mu-chou. *In Search of Personal Welfare*, chapter 4, chapter 9.

4　鲁迅：《古小说钩沉》，第 300 页。

的。睡虎地《日书》中的驱鬼术和志怪中描述的各种驱鬼方法表明，人们相信鬼与灵会对人的行为做出反应。因此，"神灵"可以进入人间，反之亦然。

还值得注意的是，在民间信仰领域里，古代中国人对死后命运的思考较多，包括对鬼的思考，但对生命起源问题的思考则相对较少。这也表明了一种以世俗现世为导向的生命态度，因为对于那些仍然活着的人来说，死亡和来世是比生命起源更重要的问题，毕竟无论如何，活着的人们的生命已经存在。

总之，鬼故事构成了一种有效的文学手段，可以传播有关社会正义和道德的某些思想和情感。鬼力量强大、喜怒无常，集恶意、正义、仁慈、顽皮等特征于一身，有时富有同情心，有时却是有求于人，但总是能够桥接此世与彼世。它们在读者心理世界中所创造出的想象的或临界的空间里，表现得非常精彩多变。这是一个参照了现实世界中所有恶习和美德的世界。同时，鬼的观念让讲故事者能够构建出其他方式都达不到的故事情节，而且故事的结果往往令人惊讶，这可能就是鬼故事之所以吸引读者的地方。就本章的讨论而言，这些故事的意图之一可能是创造一个可以批评社会正义和道德的场所——而这种批评并非独志怪故事所有。我们还看到，由于鬼的介入，故事可能会发展出令人意想不到的情节，这些情节可能非常幽默，也可能发人深省，但通常都带有讽刺的视角。重要的是，我们要认识到，正是因为可以从鬼故事中推衍出五花八门的各种阅读方式，所以我们应该彻底探讨它们，来揭示培育出志怪文学类型的这个世界，即便我们最终仍无法窥其全貌。

由精英撰写和收集的鬼故事，以在社会中流传的鬼与灵观念为基础，表达甚至重塑了鬼的形象。这种经过改造的鬼的形象，随后通过阅读和复述重新向大众传播开来，且不限于文学精英，也在老百姓中传播。通过这个过程，形成了一种鬼文化。随着这种鬼文化的出现，一个生人与死者可以相互交流的世界出现了。阳间所欠缺的诚实、正义、不加掩饰的爱,可以在志怪所描绘的鬼世界中找到。从某种意义上说,这个构建出来的世界也可以被理解为一种避难所,就像"清谈"的世界一样。在那里,陷入困境的文人墨客得以找到庇护。

我们应该记住,鬼故事只是志怪的一部分。我没有处理所有的"怪"故事,即那些涉及异类或非人灵体的故事,以及一些怪谈。一般来说,这些物怪或精灵,或多或少具有拟人的形象;因此,有时很难将它们与"人鬼"区分开来。总的来说,这些故事代表了一种能对奇幻存在加以辨识的心态,即世界是由人类、灵和鬼组成的。当我们考虑读者与文本之间的相互作用关系时,借用托多罗夫(Todorov)的话,奇幻元素意味着"将读者融入人物的世界之中;那个世界是由读者自己对所叙述事件模糊不清的看法来定义的"[1]。读者在自然与超自然之间的彷徨游移和兴趣,对探索阳间与阴界之间灰色地带的好奇心,也许是推动这些故事得以流传的主要力量之一。

值得强调的是,在所有这些奇幻故事的背后,都有一种对惊险刺激事物的共同心理需求,因此这种需求是娱乐性的。人类作为一个物种,不仅对未知事物有一种恐惧感——有人认为这导致了能帮助人们趋吉避凶的宗教信仰的兴起——而且还有寻求令人感到刺激的非凡体验的需求。这种经验有时可以在宗教活动中获得。讲述、创造和分享鬼故事或其他奇幻故事,正如我们在六朝志怪中所见,除了提供娱乐之外,还可以部分理解为是对怪异情调的渴望的产物,而这种怪异情调与当时的宗教心态紧相关联。这里费尔顿(Felton)的话可能可以说明一些问题,而他是如此书写关于希腊、罗马世界的鬼的:

> 在许多方面……(超自然和幽默)是异卵双胞胎。两者都是为了娱乐,都依赖于夸张、扭曲或一些不寻常、被放大的情境……在

---

[1] Todorov, Tzvetan. 1975. *The Fantastic: A Structural Approach to a Literary Genre*. Ithaca, NY: Cornell University Press, p. 31.

最吓人的恐怖故事中可能会出现一条喜剧线，而大量关于超自然现象的笑话、轶事和民间恶作剧的存在，证实了幽默和超自然民间故事有着共同的根源。[1]

娓娓道来的鬼故事不仅缓解了读者追求娱乐的心理需要，提供了对人性进行嘲讽的机会，也让读者接触到了一些渗透整个社会而又根深蒂固的宗教信仰。这种对鬼与灵的心理需要和信仰，在六朝之前肯定已经存在。然而，六朝时期的社会发展、政治变迁、文学和宗教活动的共同作用，最终导致了志怪文学类型的爆发，给了作家和读者一个前所未有的机会来探索和利用鬼的力量。志怪中描绘的鬼文学形象从此被刻在每一个人的心智图景之中，无论是否相信鬼的存在。此后，无论我们谈论叙事表达的可能性、宗教意义，还是更模糊的民族心理，中国都不同以往了。除了这个变化之外，道教信仰的兴起和佛教传入中国也随之而来。佛教和道教将如何处理中国宗教土壤里已有的元素，它们的策略是什么，他们又是如何成功地安置了六朝时期志怪中所阐述的鬼？我们将在接下来的章节中探讨这些问题。

---

1 Felton, D. 1999. *Haunted Greece and Rome: Ghost Stories from Classical Antiquity*. Austin: University of Texas Press, pp. 3–4.

第五章

早期道教文化中的鬼

> 道言：汝等后世之人，不奉大道。况世俗俗师，打鼓祀神，杀猪犬鸡豚（疑衍字——引者注）三牲，草水之上。召唤百鬼，祠祀野神。此为乱邪。[1]

---

1 《太上洞渊神咒经》，收录于《道藏》第 6 册，文物出版社、上海书店、天津古籍出版社，1988 年，第 30 页。

本章讨论早期道家文化中对鬼的处理，包括鬼的来源、鬼的形象和功能、驱鬼仪式以及它们与人的关系。为了将有关鬼的讨论置于适当的社会宗教背景下，我们必须先对道教做简短的介绍。道教是汉代末年出现的一种信仰体系，它汇集了中国文化各个历史发展阶段的诸多元素，如对符箓功效的信仰以及用来治疗疾病和驱鬼降灵的法术。无论是平民还是权贵，这些元素大多都与其日常生活和思想有关。与早期道教形成有关的另一条信仰脉络是长生不老、成仙得道的思想，它从战国后期以降形成和传播，为秦始皇、汉武帝等统治者所追求，并继续启发了六朝文人圈里的许多人。道教在这一时期的发展，逐渐将这两条线收纳成一个或多或少自成一体的信仰体系，它提倡一种宇宙观，将世界的创造看作是由于道——天帝——的作为而形成的。它也提倡一种支持信众追求长生不老、帮助百姓避祸得福、引领世人达到太平境界的价值体系。简单概括这个价值体系，它包括：（一）接续儒家已经创建起来的道德价值，即透过五伦纲常建立起来的阶级社会伦理——君臣、父子、夫妇、兄弟和朋友；（二）各种修身、健体和冥想的方法和技术；（三）以仪式、咒、符、药来治病和驱恶鬼除凶灵。鉴于此背景的了解，我们需要注意的是，在人们日常生活中，与鬼怪打交道的能力，一直是道教使命中必不可少的一部分，这从导致汉朝灭亡的混乱时期在四川出现"天师道"之时起，一直到如今，皆是如此。[1]"天师之道"最突出的特色，就是运用符咒来祛疾病、驱凶鬼逐恶灵。20世纪的考古发现提供了丰富的资料，并表明这种驱鬼活动，尤其是与丧葬仪式有关的驱鬼活动，在汉帝国的全社会都普遍存在，这使我们理解到，我们从诸如《三国志》或《后汉志》等历史资料所知道的天师道，其起源可能还要更早得多，也许可以追溯到公元1世纪。还需要强调的是天师道，也就是后来的道教，不是由一人在一地所"建立"的，在它的早期历史上可能也没有人会这样认为，而最好的解释或许可以说是一种结合了人们日常生活中的各种信仰，然后长期发展起来的集体宗教活动。随着道教的发展，它演化出以世俗政府为模式的一套阶级组织，其道德教义强调，循规蹈矩是得到救治的先决条件。[2]

我们需要注意的是，以下讨论的许多收集在《道藏》里的道教文本，是由不同作者在不同时期撰写或收录，并且是为各种智识水平和不同社会文化背景的受众所制作的。[3] 各种文本的作者具有各自的文学水准；因此，文本的信息可能不一定完全连贯。在不同的地方、不同的时间、针对不同的目的和受众，可能会给出不同的重点。重要的是我们要尽可能记住这些不同的可能性，而不是坚持试图为所有文本找到一个连贯统一的解释。

---

1 关于道教的一般性介绍，请见 Schipper. *The Taoist Body*; Robinet, Isabel. 1997. *Taoism, Growth of a Religion*. Stanford, CA: Stanford University Press; Lagerwey, John. 2010. *China, a Religious State*. Hong Kong: Hong Kong University Press, pp. 57ff. 至于道教的早期历史，请见 Kleeman, Terry F. 2016. *Celestial Masters: History and Ritual in Early Daoist Communities*. Cambridge, MA: Harvard University Asia Center.

2 关于这段相当复杂的道教早期历史的杰出研究成果，请见张勋燎、白彬：《中国道教考古》。

3 相关介绍请见 Schipper, Kristofer, and Franciscus Verellen, eds. 2004. *The Taoist Canon: A Historical Companion to the Daozang*. 3 vols. Chicago: University of Chicago Press.

道教信仰中鬼的起源

虽然人们普遍认为鬼是死者变成的,但我们对早期中国文献的调查却揭示出有很多方式都可以产生鬼或邪灵。我们在生者与死者的关系脉络中看到了人鬼,因此对鬼的性质的描述,在很大程度上反映出了人在面对鬼时,应该采取的正确行动的集体认识。因为鬼曾经是人,所以若是人与鬼之间关系中的道德运作方式与人间的道德相近,也很合乎逻辑。但当我们查看历史文献,就能知道,在日常生活中困扰着普通人的不仅是人鬼,还有各种非人的精怪。这些非人精怪被认为会根据人类所能理解的想象方式,来与人类进行各种互动,因此它们的行径通常类似于人鬼。这就是为什么睡虎地《日书》中提到的人鬼和非人灵体没有在分类上有所区别。对于《日书》的使用者来说,重要的不是鬼或物怪的来历,而是如何有效地对付它们。东汉末年,当志怪这种文学品类发展起来,对人鬼故事和非人鬼故事都有加以记载。这与鬼一词的原意相吻合,它可以指称人类和非人类来源的灵体。因此,考虑到道教文本中的例子,我们应该允许对"鬼"一词进行更广泛的定义,并将所有非人精怪作为鬼文化的一部分,包括在我们的讨论中。因此,如本书第一章中提到的魅、物或怪[1]这些经常出现在六朝时期的文学和宗教文本中的词语，只要它们与人互动或对人造成了威胁，我们也一并需要对它们加以讨论。

例如，我们可以看看早期的道教文本，葛洪的《抱朴子》。作为早期道家最杰出的信徒之一，葛洪对鬼与灵的描述应该具有一定的分量，因为它代表了当时普遍存在的共识，正如王充在《论衡》中对鬼概念下的判断可以代表当时流行的观念。在《抱朴子·登涉》一章中，葛洪对人们进入山区或危险地带时可能会遇到的恶灵的来源给出了万物有灵的解释：

又万物之老者，其精悉能假托人形，以眩惑人目而常试人。唯不能于镜中易其真形耳。是以古之入山道士，皆以明镜径九寸已上，悬于背后，则老魅不敢近人。[2]

葛洪所说的所谓"老魅"，包括鹿、狗、蛇、猴、虎、狐等各种动物，甚至是不能动的树木，等等。于是关于鬼与灵来源的这种说法与六朝志怪中的发现相吻合。事实上，这个说法还可以追溯到六百年前写成的睡虎地《日书》，因为其中也发现了类似的恶鬼。可以肯定的一点是，葛洪对鬼与灵的描述不是他自己的想象或发明，而是深深植根于当时大众心理中普遍信仰的一部分（见第二章）。我们也能感受到这些描述背后若隐若现的强烈焦虑，一种源于普通人日常生活，对于人类活动空间与灵异未知空间二者之间界限划分的焦虑。葛洪的文字似乎在表明这一界线可以如此划定：一方是无人的荒山野岭，而另一方是有人的农田阡陌。当然，还有很多其他的证据可以表明，鬼与灵并不会将自己的活动

---

[1] 关于"物"概念的讨论，请见杜正胜：《古代物怪之研究：一种心态史和文化史的探索》；至于"魅"，则请见林富士：《释魅：以先秦至东汉时期的文献资料为主的考察》。
[2] 葛洪：《抱朴子内外篇》内篇卷十七，第312—313页。

限制在山林中,这正是所有人与鬼互动的故事会出现的原因。

与葛洪不同,《太平经》——东汉末年之前写成的最早道教文本之一,因此早于葛洪[1]——根据阴阳调和的学说来解释鬼的来源:

> 生人,阳也。死人,阴也。事阴不得过阳。阳,君也。阴,臣也。事臣不得过君。事阴反过阳,则致逆气;……其害使阴气胜阳,下欺其上,鬼神邪物大兴,共乘人道,多昼行不避人也。今使疾病不得绝,列鬼行不止也。……又生人,乃阳也。鬼神,乃阴也。生人属昼,死人属夜。……阳兴则胜其阴,阴伏不敢妄见,则鬼神藏矣。阴兴则胜其阳,阳伏,故鬼神得昼见也。……故阴胜则鬼物共为害甚深。[2]

阴阳思想当然是早期道家哲学的基础;有趣的是,阴与阳的对应在这里被比作臣与君的关系。这清楚地表明,此时儒家的五伦思想——尤其是其中的君臣、父子、夫妇——已经与阴阳学说融为一体。因此,道家对于阴阳学说的应用与汉代发展起来的儒家意识形态紧密结合。再者,按照道家世间万物皆为"气"之所集的古老哲学,邪鬼与灵也可以解释为起源于"故气",又或是死兵与死将——按照中国中世纪早期最重要的道家理论家陆修静(406—477)所说:

> 六天故气称官上号,构合百精及五伤之鬼。败军死将、乱军死兵,男称将军,女称夫人。导从鬼兵,军行师止,游放天地,擅行威福,责人庙舍,求人飨祠。[3]

---

[1] 林富士:《试论太平经的组织与性质》,收录于《中国中古时期的宗教与医疗》,台北联经出版社,2008年。
[2] 王明:《太平经合校》,中华书局,1960年,第49—50页。
[3] 《陆先生道门科略》,收录于《道藏》第24册,第779页。

作者说鬼可以是"六天故气"的一种拟人化，但同时又说鬼也可以就是死人，很显然，他并没有看到这二者之间内在的矛盾。这种对鬼来源的理解，与人鬼只是灵界的一部分，因此也是世间气的一部分的观念，是相吻合的。这一观点也反映了东汉末年以来战乱不断、病疫肆虐，士兵与平民百姓不是死于刀兵就是死于瘟疫的悲惨境遇。[1]事实上，鬼来源的范围远远超过那些死于军事行动或疾病的人。《太平经》本身提供了一些恶鬼来源的另一种观点：

> 时时有是暴鬼、邪物、凶殃、尸咎、杀客。当其来着人时，比如刀兵弓弩之矢毒着人身矣；所着疾痛不可忍。[2]

值得注意的是，这些恶鬼会没有任何特别正当的理由就伤害人，而且这还被认为理所当然。但是，由于《太平经》宣扬的是"承负"概念，即一个人从自己祖先曾经的错误行为中所继承的坏恶命运，因此恶鬼袭人就可以在"承负"体系中得到证明，也能为看似随机的灵异袭击和厄运给出一套道德的解释。[3]

在六朝时期的《道藏》中，我们看到了鬼观念的进一步发展。大概在六朝时期编著的《太上正一咒鬼经》提供了数大类的鬼名表，详细表明它们的起源。其中一个内容如下：

> 正一真人告诸祭酒弟子：若能受吾是经，有急头痛目眩寒热不调，常读此经，魔魅破碎，不敢当吾咒也。若有官狱水火之灾，亦读此经。宅中有鬼亦读此经。……鬼神有：……思想鬼，癃残鬼，

---

[1] 林富士：《东汉晚期的疾疫与宗教》，载《历史语言研究所集刊》第66本第3分，1995年。
[2] 王明：《太平经合校》，第297页。
[3] 林富士：《试论太平经的疾病观念》，收录于《中国中古时期的宗教与医疗》，台北联经出版社，2008年。关于"承负"，请见刘昭瑞：《考古发现与早期道教研究》，文物出版社，2007年，第131—174页。

魍魉鬼，荧惑鬼，游逸镇厌鬼，哇鬼，伏尸鬼，肛死鬼，淫死鬼，老死鬼，官舍鬼，停传鬼，军营鬼，狱死鬼，市死鬼，惊人鬼，木死鬼，火死鬼，水死鬼，客死鬼，未葬鬼，道路鬼，兵死鬼，星死鬼，血死鬼，逋祷鬼，斩死鬼，绞死鬼，逢忤鬼，自刺鬼，恐人鬼，强死鬼，两头鬼，骑乘鬼，车驾鬼，山鬼，神鬼，土鬼，山头鬼，水中鬼，据梁鬼，道中鬼，羌胡鬼，蛮夷鬼，忌诞鬼，虫獠鬼，精神鬼，百虫鬼，井灶池泽鬼，万道鬼，遮藏鬼，不神鬼，诈称鬼，一切大小百精诸鬼，皆不得耗病某家男女之身。鬼不随咒，各头破作十分，身首糜碎。当诵是经，咒鬼名字，病即除差，所向皆通。此经功德，圣力难量。于是诸祭酒众等，仰叹灵文，钦承法训，志愿奉持，稽首而退。[1]

我们在这里引用这一冗长的段落，是为了显示作者对千奇百怪而奥妙奇幻的鬼界的痴迷程度。文中说得清清楚楚，驱鬼的方法就是念咒，尤其是念出鬼的名字。因此我们不难理解为何作者希望列出所有可能被命名的鬼类型。令人震惊的是，作者不仅列出了我们以前已遇过的那些鬼，比如人鬼、强死鬼、有生命或无生命的东西化成的鬼，而且还列出了一些新的类别，比如星死鬼、诈称鬼及思想鬼。最后两种鬼特别有趣，因为它似乎表明人类的思维可以成为一个独立的实体，拥有自己的鬼。然而，这个鬼列表并没有描述这些鬼的样貌。为此，我们还需看看其他文本。

---

[1] 《太上正一咒鬼经》，收录于《道藏》第28册，第370页。

鬼的形象

正如我们在前面的章节中已经讨论过的,鬼的形象,如同它们的起源一样,是多种多样的,因为它们可以以人或动物的形式出现,甚至以非生命的形式出现。六朝时期的文学作品描绘了许多模样可怕的鬼,如阮德如在夜中厕所遇到的那个:"长丈余,色黑而眼大,着白单衣,平上帻。"[1]庾亮故事中的另一个鬼也出现在厕所里,被描述为"如方相(大傩仪式中的驱鬼之神——引者注),两眼尽赤,身有光耀,渐渐从土中出"。[2]之所以夜里经常有鬼出现在厕所里,大概是因为当时厕所与主宅分开,在田野外或阴暗的院子里,于是成为鬼出没的理想场所。当然,鬼也可以完全像人,比如《列异传》谈生故事中的女鬼,她和谈生一起生活,甚至还跟他生了孩子。[3]道教早期文本《太上洞渊神咒经》收集了5世纪初的各种用来驱除或消除恶鬼的文字或咒语,从中我们可以找到关于各种鬼身体特征的大量描述:

道言:自戊寅年,有赤鼻大鬼,鬼名附子。身长九尺,三面一

---

[1] 鲁迅:《古小说钩沉》,第115页。
[2] 鲁迅:《古小说钩沉》,第156—157页。
[3] 鲁迅:《古小说钩沉》,第144页。

目。复有一鬼，两头一身，身长三尺。各各赤目。复有一鬼，鬼名大野，三头一身，身长七尺。万万为群，手提白刃，专行天下，取人小儿。游行云中，臃肿赤炁，令人寒热，吐血心胀，斗炁折协。当尔之时，得三洞之师来转经者，病人则瘥，官事自了。若不瘥者，鬼王先坐矣。[1]

虽然乍看之下对这些鬼的描述似乎有些不可思议，但它们很可能不是当时作者的纯粹想象，而是在社会上流传已久。在战国时期的《山海经》中，我们还可以找到有各种奇特特征的"神"。例如，有"龙头人面""人面马身""人面虎爪"等形象的神。[2]我们也可以参考战国初期曾侯乙棺材上的守护神，[3]或者战国晚期楚帛画上的三头神，[4]以及马王堆三号墓出土的著名漆棺上的奇异神怪图样。[5]由此看来，将灵与鬼以吓人或是怪异的特征组合起来的这种混合原则，是早期中国想象力和表现力的一种既定做法。

这些文献通篇读下来，仿佛文字成了作者施展他们"画鬼"才能的舞台，甚至还给读者带来了一定的娱乐效果：千千万万个凶恶嗜血、长相瘆人的魔兵和鬼将就像恐怖剧中的角色，出现在一个惊心动魄但又充满想象力的世界里。

道教典籍中也屡屡试图制造这样一种印象，即能伤人的鬼就是在一些鬼王或魔王（Mara）的指挥下的鬼兵，受命进行一系列行动：

道言：自今以去，天下国土，若有频年遭罹瘟疫，悉是魔王乌

---

1 《太上洞渊神咒经》卷八，页二b，收录于《道藏》第6册，第28页。
2 Poo, Mu-chou. *In Search of Personal Welfare*, pp. 93ff.
3 湖北省博物馆：《曾侯乙墓》第1册，第28—45页。
4 饶宗颐、曾宪通：《楚帛书》，香港中华书局，1985年，图版1–7。
5 湖南省博物馆、中国科学院考古研究所：《长沙马王堆一号汉墓》，科学出版社，1973年。

鸣鸠等所部鬼众为于灾祸。游行天下与民亲七祖逝魂同行瘟疫。[1]

在这里，我们见证了从佛教中借用的一个概念，因为"魔王"这个词是佛教术语。[2] 在描述鬼怪方面，我们也可以看到佛经对道教文本风格的明显影响。[3] 有一个值得我们注意的特点是，道家文献中对邪鬼与灵的数量、特征和行为的描述发生了渐进的变化。如在《抱朴子》这类最早的道教典籍中恶鬼与灵的名称和数量未有见到过分夸大。在《抱朴子》中，恶鬼和邪灵的来源不同，有鹿、虎、猴、狗等动物，也有死人。但对这些鬼与灵的描述并没有着墨在它们的具体特征或数量上。在后来道教的《太上洞渊神咒经》等典籍中则明确地强调了天文数字般的鬼的数量，这也与佛典中经常用天文数字来描述劫（kalpa）数和各种神灵数量的说法产生了共鸣，因此可以视为受佛教影响的一个标志。

在上述引用的道教文献中，对鬼的描述并不像志怪中常见的那样，由个别鬼及其与活人的互动所构成。然而，它们的形象和行径，也就是它们在世间无情的屠戮，却仍被赋予生动的语言。换言之，这些文献中的鬼通常没有个性；它们仅作为一种类别而存在。这些鬼在道教文献中的作用可以说是相当简单直白了。它们自始至终都是充满恶意，只会对人造成伤害。在这些文献中它们一再被提及，其意图就是在表明世间正被这些恶鬼邪灵所困扰，道或道士是世人得到救赎的唯一希望。正如预期，救赎通常以驱鬼仪式的形式出现。

---

1 《太上洞渊神咒经》卷十四，页十一，收录于《道藏》第6册，第54页。
2 吉冈义丰：《道教と佛教》，东京国书刊行会，1959—1970年；Zürcher, Erik. 1980. "Buddhist Influence on Early Taoism: A Survey of Scriptural Evidence." *T'oung Pao* 66: 84–147; Bokenkamp, Stephen. 1997. *Early Daoist Scriptures*. Berkeley: University of California Press; Strickmann, Michel. 2002. *Chinese Magical Medicine*. Stanford, CA: Stanford University Press, pp. 58ff; Mollier, Christine. 2008. *Buddhism and Taoism Face to Face*. Honolulu: University of Hawai'i Press.
3 关于受到佛教影响的道教文本的整理，请见镰田茂雄：《道藏内佛教思想资料集成》，东京大学东洋文化研究所，1986年。

驱鬼仪式

当文人墨客将鬼故事收集成志怪——不管是作为道德教训或是娱乐消遣,六朝时期的早期道教信徒不得不在普通人的日常生活中面对鬼,并试图征服这些不受欢迎的鬼与灵,以确立道教的权威。[1] 在公元三四世纪道教发展初期,道教的拥护者经常得面对所谓淫祠,信徒被禁止用血祭来祭祀当地的鬼与灵。[2] 在这方面,道教人士与汉代的士大夫颇有几分相似,他们担负起教导百姓如何辨别适当的敬神之道和何谓不正、腐败之道的责任。为了避开邪灵,早期的道教典籍中有很大部分的驱鬼文献供信徒使用。例如,葛洪就避开或降伏恶鬼邪灵的方法提出了建议:

> 或问曰辟山川庙堂百鬼之法。抱朴子曰:"道士常带天水符,及上皇竹使符,老子左契,及守真一思三部将军者,鬼不敢近人也。

---

[1] 关于道教仪式的整体样貌,请见 Lagerwey, John. 1987. *Taoist Ritual in Chinese Society and History*. New York: Macmillan; 而关于道教如何驱魔,请见 Mollier, Christine. 2006. "Visions of Evil: Demonology and Orthodoxy in Early Daoism." In *Daoism in History, Essays in Honour of Liu Ts'un-yan*, ed. Benjamin Penny, 74–100. London: Routledge.

[2] 关于道教与"民间信仰"的区别是否仅在于他们崇拜鬼的程度,或者有更根本的区别,相关争论的研究,请参见 Stein, Rolf A. 1979. "Religious Daoism and Popular Religion from the Second to Seventh Centuries." In *Facets of Taoism*, ed. H.Welch and A.Seidel, 53–81. New Haven, CT: Yale University Press; Lai Chi-tim. 1998. "The Opposition of Celestial-Master Taoism to Popular Cults during the Six Dynasties," *Asia Major* 3rd Series, 11.1: 1–20.

其次则论百鬼录，知天下鬼之名字，及《白泽图》《九鼎记》，则众鬼自却。其次服鹑子赤石丸，及曾青夜光散，及葱实乌眼丸，及吞白石英祇母散，皆令人见鬼，即鬼畏之矣……有老君黄庭中胎四十九真秘符。入山林，以甲寅日丹书白素，夜置案中，向北斗祭之，以酒脯各少少。自说姓名，再拜受取，内衣领中。辟山川百鬼万精虎狼虫毒也。何必道士，乱世避难入山林，亦宜知此法也。"[1]

这个文段的有趣之处在于，驱鬼的符箓可以用来驱散各种邪灵和恶魔，而且普通人就能使用。他们可以将符箓贴在衣服上，服用神药，或者念鬼名，就像吃药治病一样。其实这个想法正是这样：世间的一切异象，无论是由邪灵鬼怪还是野兽和疾病所引起，它们都属于与人完全对立的同一类，也就是能以道士开出的法术、护身符、祈祷仪式和仪轨以及各种药物来加以整治的外来干扰。在这里，我们还注意到道教驱鬼非道德性的一面，即不以道德的理由来解释为什么一个人会被邪灵侵扰。也就是说，邪灵的出现与受其影响者的个人道德或行为无关。此外，当葛洪宣扬"守一"作为驱除一切邪灵的最重要方法时，并没有提到想要尝试这些方法的人必须先具备正直的个人品德。《抱朴子》里关于丹药的制作和服用也有同样的情况。[2] 因此我们可以认为，总的来说，道家关于邪灵和疾病的起源的思想是相当物质性的，无关个人道德。

当然，这种唯物式的理解只能是整个故事的一部分。《抱朴子》确实提倡道家的基本哲学思想，保持心智单一，消除可能会污染心灵的欲望，最后达到与道合一的终极境界。尽管如此，这种身心的坚持并不涉及个人与群体中其他成员的社会义务和道德关系——对此，儒家的价值观则非常重视。

1　葛洪：《抱朴子内外篇》内篇卷十七，第 331—332 页。
2　Poo, Mu-chou. 2005. "A Taste of Happiness: Contextualizing Elixirs in Baopuzi." In *Of Tripod and Palate: Food, Politics, and Religion in Traditional China*, ed. Roel Sterckx, 123–139. New York: Palgrave.

尽管道家和儒家在强调个人和社会义务方面存在差异，但道家文本确实提倡某些与构建和谐社会相一致的道德价值观。例如，在《太上洞渊神咒经》中，其文本以故事情节的形式加以塑造，其中"道"（道的拟人化）向人们布道，并预测在即将到来的劫时，一场大祸会毁灭全人类。"劫"这个词的基本含义是"十亿年"的时间，并且每个劫的结束经常会伴随灾难，这进一步证明了佛教的影响。会带来灾难的灵体是鬼和魔王。据之，开始了一系列预言，讲述鬼将如何降世灭人，而接受《太上洞渊神咒经》等典籍的人将如何得到保护，免受恶魔和鬼的欺压，最后获得拯救。文中充斥着世界末日即将到来的论断，因为人们犯下各种罪行，例如不遵循道法、为恶，或贪图世俗财富和享受。因此，这些典籍固然是为了帮助人们驱鬼，但它也传达各种道德和伦理价值观。《太上洞渊神咒经》中有这样一段文字：

道言：山林之鬼，名玄子都。领二千九十万鬼，常行卒死病，杀人小口、老人。入人宅中，惊人鸡犬、小儿。复有赤帻鬼三万九千人，仍入人宅中，取人六畜。复有八十万青虫鬼，鬼长三尺六寸。常持天火，烧人宅舍，令人遭官事口舌。复有大运青鬼，鬼长三丈，四十九万人，手持赤棒，棒杀万民。有善人信法者，不敢近之。恶人无义，杀生逆道、不存父母、诋说道士、骂辱师徒者，斩之不恕。[1]

"道"在另一文段还对这些文字做了如下解释：

世间多恶人，故有此恶鬼等暴杀人耳。自今以去，男女有受三洞（即该典籍——引者注）之人，鬼王敬奉，不敢犯之。[2]

---

[1] 《太上洞渊神咒经》卷八，页五b至六a，收录于《道藏》第6册，第29页。
[2] 《太上洞渊神咒经》卷六，页七a，收录于《道藏》第6册，第22页。

这里的逻辑很简单：不作恶，做好人，孝敬父母，才能得到保护。驱除不受欢迎的鬼的方法有很多种，但持咒是最常见的方法，这点我们在之前已经看到过了。然而，念诵的行为还需要一些特殊步骤，以便神力能够为人所用。

传葛洪所写的《神仙传》提及，驾驭鬼与灵已经是仙人才拥有的显著能力。"役使鬼神"一词就常被用来形容仙人的能力。例如，在《神仙传》中传说的道教创始人张道陵，就被描述为在建立教权威望之前曾经在四川制服了数以万计的鬼众。[1] 降鬼也与治病有关，因为在大众认知里疾病往往是由邪鬼造成的，所以神仙们通常精通医学和驱鬼之术。[2] 因此可以理解，这些鬼从分类上来说就是应该被驱除的恶鬼。不过，《神仙传》并没有详细描述仙人用来驱鬼的符箓和法术。对于这些，我们还需要深入研究《道藏》。例如，陶弘景（456—536）在《登真隐诀》中记载的"北帝杀鬼法"，内容如下：

先叩齿三十六下，乃咒曰：天蓬天蓬，九元杀童，五丁都司，高刀北公，七政八灵，太上浩凶，长颅巨兽，手把帝钟，素枭三神，严驾夔龙，威剑神王，斩邪灭踪，紫气乘天，丹霞赫冲，吞魔食鬼……炎帝裂血，北斗然骨，四明破骸，天獸灭类，神刀一下，万鬼自溃。毕四言一啄齿，以为节也。[3]

此外，这种精确的背诵方法只是使其生效时所需完整内容的一部分。譬如说，不仅要严格地按照文字顺序念诵，还要在斋戒、布施、打坐等仪式中念诵，时时都处于修道的状态。因此驱鬼咒语被用于复杂的仪式表演以及日常活动中。早期道教的另一部著作《女青鬼律》也列出

---

1 葛洪：《神仙传》，文渊阁四库全书本，台北商务印书馆，1986年，第5页。

2 Poo, Mu-chou. "The Images of Immortals and Eminent Monks: Religious Mentality in Early Medieval China."

3 《登真隐诀》，收录于《道藏》第6册，第613页。

了一长串的鬼名,并提供了多种驱鬼方法:念出鬼名、持着上面写有鬼名的符箓,或者在门口上挂着护身符。[1]对于在日常生活或修行中可能会遇到邪灵的道教修炼者自己,也有专门的驱鬼仪式法术。例如:

> 凡道士行来独宿有魔精恶鬼之地,当叩左齿三十六通,闭气微祝曰:"太帝阳元……千妖万毒,敢当吾前,巨兽重吻,刳腹屠肝,神公使者,守卫营番,黄衣师兵,斩伐妖魂,碱灭千魔。摧落凶奸,绝种灭类。取令枭残,玉帝上命,清荡三元。"毕,又叩齿三十六通。[2]

这些咒语基本上是建立在这样的思想上:认为灵界是一种天上宫廷的形式,而道士所要做的,就是奉请对应的天官下凡,来对付恶魔和鬼怪。道士也可以兼任天官的角色,就如另一个例子所示:"世人有知酆都六天宫门名,则百鬼不敢为害。欲卧时,常北向,祝之三遍,微其音也。"咒语继续如下:

> 吾是太上弟子,下统六天。六天之官,是吾所部,不但所部,乃太上之所主。吾知六天之官名,故得长生。敢有犯者,太上当斩汝形。[3]

这段咒语宣扬的是邪灵和鬼与最尊贵的太上同在一片天界,它们都受制于天官,正如人间的土匪和盗贼也理应受到人世间政府的管辖治理一样。换言之,道家关于天界体系的观念,很大程度上是仿照人界。

驱鬼仪式的实际程序经常在文本中有所描述。这类文本中的"用神

---

[1] 《女青鬼律》,收录于《道藏》第18册,第239—252页。
[2] 《上清修身要事经》,收录于《道藏》第32册,第564页。
[3] 《真诰》,收录于《道藏》第20册,第579页。

杖法"显示了道士施行仪式时心中所想:

> 道士欲施用神杖法,当叩齿三十六通,思五帝直符吏各一人,衣随方色,有五色之光,流焕杖上,五帝玉女各一人,合侍卫杖左右,微祝曰:"太阳之山,元始上精,开天张地,甘竹通灵,直符守吏,部御神兵。五色流焕,朱衣金铃,辅翼上真,出幽入冥。招天天恭,摄地地迎。指鬼鬼灭,妖魔束形。灵符神杖,威制百方,与我俱成,与我俱生。万劫之后,以代我形。影为五解,神升上清,承符告命,靡不敬听。"毕,引五方气二十咽止。以杖指天,天神设礼,指地,地祇司迎,以杖指东北,万鬼束形。[1]

这段经文指出,道士需要想象玉女作为五帝的代表而来,帮助他宣读驱鬼咒语,然后进行必要的仪式。祈愿/起咒的原则是召唤天神和天官下凡,代表道士来降伏鬼魔。这种原则背后的基本原理是相信通过采取必要的行动,例如叩打牙齿和宣读名字和命令,咒语的内容就会发生作用,鬼与魔就能被制服。因此,这种信念可以被认为是一种共感的法术,因为语言能感应并产生行动。再者,这种现象绝非只限于中国可见,在不同的文化中都能找到类似的驱鬼方式。

此外,一些驱鬼咒语可以在多种情况下使用。"玉帝祝鬼卫灵上法"有如下描述:

> 兆若夜行畏恐,心震意怯,或恶梦之时,魔鬼试人,犯真干气,欲疾病害人者,急行玉帝祝鬼卫灵之法,兆当心存至道,求济于帝一。乃北向叩齿三十通,闭气密祝。祝毕,又叩齿如上,咽液十过。于是奸恶消摧,群魔伏灭……亦可日日讽习,振响唱诵,坐卧随意,

---

[1] 《上清修身要事经》,收录于《道藏》第32册,第566页。

以塞百邪之来试,闭奸鬼之凶迹。当卧寝,亦常可诵之,令人神安意明,辟梦除厌,消诸毒恶。[1]

叩齿的方法被认为对驱鬼和邪灵特别有用,如另一篇文字如此记述:

夜行常琢齿,琢齿亦无正限数也。煞鬼邪鬼,常畏琢齿声,是故不得犯人也。若兼之以漱液祝说亦善。[2]

根据《太上正一咒鬼经》,驱鬼咒法的预期效果是实现人们以下的愿望:

欲行道法,欲治身修行,欲救疗病苦,欲求年命延长,欲求过度灾厄,欲求白日升天,欲求宅舍安稳,欲求田蚕如意,欲求贩卖得利,欲求奴婢成行,欲求仕宦高迁,欲求讼词理诉,欲求男女命长,欲求保宜子孙,欲求妇女安胎。[3]

这样的预期利益清单清楚地列出了道教信仰的主要目标,即如以上这些愿望所表明的,获得生活中的幸福。

当陆修静在改革道教礼法时,声称自己"下千二百官章文万通,诛符伐庙,杀鬼生人,荡涤宇宙,明正三五,周天匝地,不得复有淫邪之鬼"[4]。这一说法清楚地表明,道士是如何依靠实践驱鬼仪式、咒语和符箓来开展他们的业务并获得信众的信任。这不禁使我们想起张道陵在建立

---

1 《上清修身要事经》,收录于《道藏》第 32 册,第 568 页。
2 《真诰》,收录于《道藏》第 20 册,第 582 页。
3 《太上正一咒鬼经》,收录于《道藏》第 28 册,第 368 页。
4 《陆先生道门科略》,收录于《道藏》第 24 册,第 779 页。

他的道教威望之前曾降伏千鬼的传奇行迹。

诚然，道士们斥责那些以某种驱鬼仪式和牺牲祭祀来抵御鬼袭击的平民不仅粗俗而且错误：

> 道言：汝等后世之人，不奉大道。况世俗俗师，打鼓祀神，杀猪犬鸡豚（疑衍字——引者注）三牲，草水之上。召唤百鬼，祠祀野神。此为乱邪。[1]

这一文段指出了早期道教与所谓民间信仰的对抗：道家信徒鄙视那些崇拜各种鬼灵的"俗师"，大概就是当地的巫师。[2] 但问题是，当时道教的宗教团体还在发展，老百姓可能并不清楚所谓的道教行事与人们过去在地方实践中的做法有何不同。所以，无论道士如何努力遏制民间对鬼怪的信仰，他们的遏制手段多半也只能是弄巧成拙，因为他们一开始就承认并相信鬼的存在。而一旦承认了鬼的存在，就没有办法阻止人们相信鬼的力量，无论这力量是否邪恶。换言之，道士们所提供驱赶各路邪灵的多种宏伟计划和方法，大概都达到了相反的目的：确保了邪灵会留在世间继续肆虐。例如，当文中提到整个天庭都被调动起来与恶鬼搏斗时，我们不确定这样的描述是否会增加信徒的信心，或者，不无可能，反而增加了恶灵无论如何都是天兵可怕对手的印象。[3] 中国古语有云：道高一尺，魔高一丈。当然也可能这正是道士们想要的，正因为世间总是有无数的鬼与灵需要驱逐，所以让这些道士得以忙碌地被民众所雇佣。

如前所述，道士举行仪式时，吸引人们的不仅仅是他们对幸福生活的渴望，还有复杂而神秘的咒语、迷人的音乐、华丽的服饰，以及道士

---

[1] 《太上洞渊神咒经》，收录于《道藏》第 6 册，第 30 页。

[2] 关于此议题的深度讨论，请见 Kleeman. *Celestial Masters*, pp. 96ff.

[3] 《无上三元镇宅灵箓》，收录于《道藏》第 11 册，第 677 页。

们表演的"禹步"等肢体动作。禹步是一种古老的仪式行为,在公元前3世纪的典籍睡虎地《日书》中已经出现。[1] 它的本质特征是表演者沿着北斗七星的图样行走,两脚交替一前一后地走,使动作看起来像某种富有异国情调的舞蹈。[2] 直到今日,这种表演已经成为道教仪式中最经久不衰的一个部分。

因此,单独阅读《道藏》中的咒语,它们似乎是严肃的驱鬼文本,但当它们在仪式环境中读出并通过表演增强效果时,它们可以为在场的观众提供更多的娱乐性,从而产生更多的热情。[3] 祭祀仪式的公开展示不仅是一种道教现象,也是在中国社会中由来已久的做法。[4]

不过,另一方面而言,由于这些文段本来就应该在祭祀时向人们宣读,所以其中还包含了各种可以吸引人们注意的故事、诗歌和韵诗也就不足为奇了。一份描述恶鬼大屠杀的典型段落如下:

> 道言:大劫欲至,治王不整,人民吁嗟,风雨不时,五谷不熟,民生恶心,叛乱悖逆。父子兄弟,更相图谋,以致灭亡。怨贼流行,杀害无辜。当此之世,疫疠众多,天下九十种病,病杀恶人。此有赤头杀鬼鬼王,身长万丈,领三十六亿杀鬼,鬼各持赤棒,游历世间,专取生人。[5]

我们没有关于这些文本究竟是如何被道士使用的详细信息。合理假设,这些文本的内容是道士至少由口头方式传达给一般信众的。除了这

---

[1] 睡虎地秦墓竹简整理小组:《睡虎地秦墓竹简》,第223页。
[2] 葛洪在《抱朴子》中提到禹步:"正立,右足在前,左足在后,次复前右足,以左足从右足并,是一步也。次复前右足,次前左足,以右足从左足并,是二步也。次复前右足,以左足从右足并,是三步也。如此,禹步之道毕矣。凡作天下百术,皆宜知禹步,不独此事也。"(《抱朴子内外篇》,内篇卷十七,第319页)
[3] Poo, Mu-chou. "Ghost Literature: Exorcistic Ritual Texts or Daily Entertainment?"
[4] Lagerwey. *Taoist Ritual in Chinese Society and History*.
[5] 《太上洞渊神咒经》,收录于《道藏》第6册,第3页。

类对鬼行为的笼统描述外,有时在驱魔仪式文本中还可以找到个别故事。在另一部道教典籍中,作者加入了一个有趣的狐狸故事,以阐明正邪之间的区别。[1] 这个故事很可能是对佛经的模仿,因为佛经中常会插入传教故事,适时地分散人们对严肃的仪式和教规的注意力。

除了强调使用外在力量来驱鬼的仪式文本之外,人们还可以依靠个人卫生的细心维护和对生命的精心滋养:

> 夫可久于其道者,养生也。常可与久游者,纳气也。气全则生存,然后能养至。养至则合真,然后能久,登生气之二域,望养全之寂寂,视万物玄黄尽假寄耳,岂可不勤之哉?气全则辟鬼邪,养全则辟百害。入军不逢甲兵,山行不触虎兕,此之谓矣。[2]

通过修炼内在的生命力,也就是气——道教信仰体系的另一个重要特征——一个人可以长生不老,因此让包括鬼在内的所有外部攻击都莫可奈何。[3] 然而,修炼、斋戒、体育锻炼等内修方法,似乎只适合生活优渥的上层文人,因为饥饿的恐惧对他们而言从来不是问题。也就是说,对于那些急待救助的老百姓来说,这不可能是一个切实可行的驱鬼除魅的方法。

通过对鬼的来源和形象的描述,以及为制服鬼而设计的驱鬼仪式,我们得到的印象是,在道教世界中,鬼基本上是人类的敌人。它们与人类的互动是人们最不愿意发生的。然而,出于我们上面已经描述过的原因,它们仍然会出现在人们面前:他们前来为他们遭受的冤屈而报仇、来处理未竟之事、来帮助或打扰人们,无论它们是否有充分的理由。有时他们甚至可能需要生者的帮助。此外,鬼可以被视为天庭的代理人,

---

1 《要修科仪戒律钞》,收录于《道藏》第 6 册,第 929 页。

2 《真诰》,收录于《道藏》第 20 册,第 525 页。

3 Schipper. *The Taoist Body*, pp. 130–159.

执行皇天（即天帝）所认可的正义：

> 凡人逐日私行善恶之事，天地皆知其情。暗杀物命，神见其形。心口意语，鬼闻人声。犯禁满百，鬼收其精；犯禁满千，地录人形。日行诸恶，枷锁立成。此阴阳之报也。皇天以诫议，故作违犯，则鬼神天地祸之也。[1]

此处文段明确地指出，鬼与灵的攻击有因应的法理，就是要对作恶的人施以上天的惩罚。因此，鬼将成为皇天神旨的手段工具。所以我们可以合理地假设，这样的想法可能已经为鬼的存在提供了合理的理由，并且至少是与人的外在行为有关的道德，可以被鬼的存在所管辖制约。这听起来可能与邪灵和邪鬼不顾受害者的道德品质而主动行凶的想法不相容，但显然这两种想法同时都可以为信徒所接受。无论哪种方式，鬼与灵最好都能通过各种驱鬼仪式和咒语来加以遏制。

除此之外，道士们还可以给被鬼附身的人开药。有种用来表示这种由鬼引起的疾病的术语是"鬼注"，意思就是"被鬼感染"。在一些汉代墓葬中已经发现了这种信仰和医疗行为的证据，其中驱鬼咒语和朱砂等药物并存。[2] 葛洪的《抱朴子》在阐述如上所述的各种驱鬼仪式的同时，还记载了许多治疗鬼注的药方。他的医学著作《肘后备急方》包含了许多治疗因鬼袭击引起的疾病的秘方。[3] 此处不便对道教医疗展开更深入的探讨，但我们应当注意的是，在漫长的中医药史上，道教的贡献是令一代又一代宗教学者和医药学者着迷的重要篇章。[4]

---

1 《赤松子中诫经》，收录于《道藏》第 3 册，第 445 页。
2 关于鬼注的深入分析研究可见于张勋燎、白彬：《中国道教考古》，第 3—52 页；至于墓中发现的药材，请参见同书第 244—245 页。
3 葛洪：《肘后备急方》，商务印书馆，1955 年，第 8—15 页。
4 请参见 Strickmann. *Chinese Magical Medicine*. 关于中医的全面介绍，请查阅 Sivin, Nathan. 2000. *Science and Civilisation in China*, vol. 6, part 6: *Medicine*. Cambridge: Cambridge University Press.

新鬼，抑或旧鬼？

现在摆在我们面前的问题是，道教之前的中国社会里的鬼，与我们在道教典籍中看到的鬼，是否有所区别。在鬼的起源方面，道教文献向我们揭示了人们对鬼的不同类型和模样的想象有个新的发展，这个发展远远超出了我们在更早期文本或表达中所看到的。鬼因人的行为而惩罚人，例如为生前所受冤屈而前来报仇，甚或没有明显的理由就惩罚人，这些在原则上来说并不新鲜，因为我们在前一历史时期以及志怪中都已经见过。但道教典籍中所描述的鬼的规模和数量，在更早的时代里又是未曾见过的。那么，这种现象的历史意义是什么？它们携带着什么样的信息？这些信息的文化背景或基础是什么？

我们可以从几个角度来考虑这些问题。汉朝灭亡后的社会政治灾难无疑是影响数百万人生活的主要因素之一，从而支持战争和瘟疫等大规模灾难导致人口急剧减少的说法。3至6世纪期间的历史和文学文献显示了这些灾难的毁灭性后果。[1] 战争和疾病带来的大规模灭绝的恐慌，很容易成为作者们在创作上述那类早期道教典籍的原素材。因此，百万鬼兵戮尽大地的这种描述可能是基于当时的历史现实，或是受其启发。再

---

1 林富士：《东汉晚期的疾疫与宗教》。

者，铺天盖地的鬼名表列，很可能不是单独某个人仅仅为了给读者留下深刻印象而做出的天马行空的想象，而可能是基于社会整体所经历的令人难以置信的破坏。它生动地描绘了一个被战争和疾病撕裂和摧毁的社会：因生灵涂炭，几乎普天之下尽为鬼。不仅人类遭受了惨绝人寰的命运，官邸、旅社、军营、房梁、马车、道路、水井、炉灶、池塘、沼泽等一切世间事物都被毁坏殆尽，变成了鬼。早期史料中的鬼是表达自己的不满、想要为自己报仇，或者打算处理自己未竟之事的单独个体。而道教典籍中的鬼代表的不是个人，而是整个社会的委屈、悲伤、痛苦和恐惧。因此，此类文本的出现代表了和解共生的集体需要，以及与可怕的现实作搏斗的渴望。与早期的鬼只是信仰体系的一小部分不同，道教文献中的鬼似乎主导了整个信仰体系，并形成了一种新的世界观。万鬼肆虐人间的想法在人们的宗教想象中因此占有一席之地，这可能为中世纪的鬼节奠定了基础。[1] 当然，对于道教信仰而言，遏制鬼魂的活动以保护人们安全，始终是主要目标之一。通过将鬼的现象置于在道教文本中所见的结构化而且规范化的天地系统中，就有希望可以控制它们。事实上，道家的天地观中有玉皇大帝或三清主持天庭，以及无数的天官、将帅、官兵对抗万千恶鬼，让人觉得它就是一种对人间政治结构的模仿，尽管这种模仿并不是字面意义上的。这种"帝国隐喻"——借用王斯福（Stephan Feuchtwang）的说法——[2] 显然不是由道教信徒发明的，因为这种思想甚至早在《左传》晋侯与寻仇鬼的故事中就能找到起源，我们在第二章已经提到过这个故事。故事中，大厉对晋侯说："杀余孙，……余得请于帝矣！"[3] 这份请求当然是为了寻求正义，然后他也确实得到了支持。这里的"帝"大概是指天帝，其渊源甚至可以追溯到商代的甲骨

---

1 Teiser. *The Ghost Festival in Medieval China*.

2 Feuchtwang, Stephan. 2001. *Popular Religion in China: The Imperial Metaphor*. Richmond, UK: Curzon Press.

3 《左传·成公十年》。

文，[1]这也当然暗示着在魔和鬼的世界中，存在着由天帝和其余官僚机构所组成的阶级秩序。除此之外还有阴间官僚体系，阴间的居民必须在其统治下生活，这在汉朝的丧葬文献中表现得最为清楚。[2]因此我们看到中国历史上有个悠久传统，是去建立一个天庭或冥府官僚体系，来安顿所有死者的灵魂，并希望它们受到此秩序的控制和安排。那么，道教信仰的新发展，就在于信仰体系中控制鬼的重要性。在《道藏》中的许多文本都指明收服鬼和魔就是它们的主要功能之一。这种对鬼的控制的强调是前所未有的，但这并不是说鬼在此前人们的心目中不重要。同时，我们也注意到道教与佛教典籍之间，尤其是后来归类为"灵宝"的典籍，具有一定的相近性。[3]一些道教文本中对鬼的描述明显受到佛教文本风格的影响。另一方面，中国中世纪佛教徒试图将道教文本纳入佛教用语的范围也是一个事实。因此，道教徒和佛教徒互相借用和复制，用现代的话来说就是互相抄袭。[4]因此，我们有必要研究至少在早期佛教传统中对鬼的描述，以完成我们对早期中国鬼的完整描述。

1　Eno, Robert. 2009. "Shang State Religion and the Pantheon of the Oracle Texts." In *Early Chinese Religion, Part One: Shang through Han (1250 BC– 220 AD)*.

2　Cedzich, Ursula-Angelika. 1993. "Ghosts and Demons, Law and Order: Grave Quelling Texts and Early Taoist Liturgy." *Taoist Resources* 4.2: 23–35; Poo, Mu-chou. 2017. "Early Chinese Afterlife Beliefs and Funerary Practices." In *Routledge Companion to Death and Dying*, ed. Christopher Moreman, 163–172. London: Routledge.

3　Bokenkamp. *Early Daoist Scriptures*.

4　Mollier. *Buddhism and Taoism Face to Face*.

第六章

早期中国佛教对鬼的降伏

> （昙无）谶尝告蒙逊云："有鬼入聚落，必多灾疫……宜洁诚斋戒神咒驱之。"乃读咒三日，谓逊曰："鬼已去矣。"时境首有见鬼者云，见数百疫鬼奔骤而逝。[1]

---

1 慧皎：《高僧传》，收录于《大正新修大藏经》第 50 册，No. 2059，台北新文丰出版公司，1983 年重印，第 336 页。

如今，佛教已被视为中国社会的自然组成部分。然而，如果佛教没有在东汉末年社会处于大动荡和转型的关键时期进入中国，中国的文化景观将全然不同。那时没有什么可以保证佛教在中国的社会中能占据一席之地。因此，佛教是如何在中国站住脚跟的，长期以来一直是学术讨论的主题。[1] 虽然对中国佛教活动的最早记录可以追溯到公元1世纪，但关于佛教僧侣最早活动的更可靠记录来自2世纪后期。[2] 这种新宗教不仅挑战和改变了中国知识分子长久以来对人性、道德基础、生命意义等宇宙观和哲学的思考，也逐渐渗透到整个社会，培育了一个由职业宗教专家及其追随者组成的新型人口群体，后者为前者提供了物质支持和法律保护。一些追随者来自精英统治阶级，他们中的有些人可能因为佛教在哲理上的精致性和具备增强统治者意识形态的潜力，而皈依这门新信仰；有些则是被它的救赎信念所吸引的普通人。可以肯定的是，这是一个渐进而且相当零碎的过程。[3] 最终有些佛教观念、说法和习俗确实融入了中国人的思想、语言、文学和艺术。事后看来，我们可以说佛教终于

---

[1] 较新的研究可见于 Poo, Mu-chou, Harold Drake, and Lisa Raphals, eds. 2017. *Old Society, New Belief: Religious Transformation of China and Rome, ca. 1st –6th Centuries*. Oxford: Oxford University Press. 本章大抵以此前之研究为底稿，请见 Poo, Mu-chou. "The Taming of Ghosts in Early Chinese Buddhism." In *Old Society, New Belief*.

[2] 请见 Ch'en, Kenneth K. S. 1973. *Buddhism in China*. Princeton, NJ: Princeton University Press, chapter 31; Zürcher, Erik. 2007. *The Buddhist Conquest of China*. Leiden: Brill, chapter 2.

[3] Campany, Robert F. 2017. "'Buddhism Enters China' in Early Medieval China." In *Old Society, New Belief*.

成为不断演进的中国文化中不可分割的有机组成部分。

然而，这并不意味着佛教在中国文化中从此占据主导地位——西藏的藏传佛教除外。在公元3世纪末的时候，并没有任何东西可以保证让中国人无条件地接受佛教教义，并放弃他们熟悉的生活。事实上，中国社会整体而言从来都没有完全"皈依"过佛教，即使统治者宣布自己忠于佛教。在很长一段时间内，甚至在它被接受，或者更确切地说，在中国站稳脚跟之后的几百年里，佛教——一种在完全不同的土壤中发展起来的印度宗教——的传授和实践都受到了大多数中国人的抵制，无论是知识分子还是平民。因为佛教从根本上与他们的思维方式不同，而且佛教中的一些元素否认了他们的文化身份认同基础，该基础包括天人感应观、尊天崇地、祖先崇拜、以儒家思想为主干的家庭和社会伦理，以及帝国政府对人民生命的权威支配等。放弃这些似乎就等于放弃了中国人的身份认同。对佛教的抵抗有时甚至变成了彻头彻尾的迫害：伽蓝被关闭，僧人被迫还俗。对佛教的这些顾虑甚至一直持续到了现代。这连同其他原因，都与中国政体的性质有关。如果我们将传统中国政体视为宗教政权的一种形式，[1] 由于皇帝被称为"天子"，因而即使统治者宣布他接受某种信仰，不论是不是佛教，国家与宗教团体之间都不可避免地会发生内在的冲突或权力竞争。因此，这个问题远比单纯的个人拒绝或接受某一种宗教信仰要复杂得多。

但是另一方面，如果允许我们稍微推测一下，佛教大师们可能不希望看到一个充满僧侣但没有平民愿意作为僧侣主要供养人的社会。佛教僧人（或道教道士）与他们试图传道感化的人民之间显然存在共生关系。让所有人彻底皈依，即使有可能，也应该不是佛教早期传播者的目标。无论如何，佛教最初传入中国时，极有可能是某些西域或中亚地区商人们的修行和信仰。有意地将佛教传入中国应该不是这些商人的初

---

[1] 请参见 Lagerwey. *China, a Religious State*.

衷，毕竟他们的目的是做生意而不是传播宗教教义。随着这些最早的佛教徒接触并定居在中国人群中，他们使中国人有机会熟悉自己的外邦行为和信仰，也让他们自己和家人有机会学习中国式的思维。早期的一些著名僧侣都是在中国定居的中亚商人的后裔。

因此，当佛教僧侣——一些来自中亚或印度，一些则是中亚商人的后裔，或中国籍的皈依者——开始积极将佛教传入中国时，他们绝对不是第一批来到中国的佛教徒，而且他们肯定对中国文化传统的主要特征已经有一定的了解。然而，他们不太可能拥有统一的神学或信条来定义什么是"佛教"，也没有统一的教会系统可让早期的佛教依赖。因此，佛教思想传入中国的方式只能说是相当的零碎，因为每个传播者都必须在与人沟通和说服上独自奋斗。简而言之，摆在他们大多数人面前的主要任务是双重的。首先，他们需要赢得精英/文人阶层的关注，包括统治者。他们明白，获得统治精英的好感和支持，对于他们在中国社会里扎根至关重要。为此，他们利用中国本土观念来解释他们的信条，翻译他们的文本，甚至用中文术语与中国知识分子争论以宣传佛教。[1] 其次，佛教僧侣还需要面对社会中人们身处其间或早已习惯的流行信仰，并展示他们作为佛教僧侣可以如何为人们提供可靠的服务，从他们的生活中驱逐邪灵和邪鬼，并确保人们拥有幸福的未来，无论是在现世还是在阴间。因此，早期的佛教文献大量地提及了当时流行的民间信仰活动，包括对鬼与灵的崇拜。梁朝慧皎（497—554）编纂的《高僧传》最能说明这一点，该书中记载的许多故事都将这些僧侣描绘成具有驱鬼的专才或能力的人。[2] 此外，许多六朝志怪故事显然是由佛教信徒或同情者撰写或

1　此议题已经被大量研究，请参见 Zürcher. *The Buddhist Conquest of China*, chapter 2. 关于他们对于中国文人的讨论与争议的文献如今收录于《弘明集》与《广弘明集》。

2　请参见 Poo, Mu-chou. "The Images of Immortals and Eminent Monks: Religious Mentality in Early Medieval China." Kieschnick. *The Eminent Monk*, pp. 107–109.

编纂的，以鬼故事为手段来显示佛教僧侣的神奇力量。[1]唐代百科全书式的宣扬佛教的文集《法苑珠林》收录了大量鬼故事，其中不少摘录自六朝志怪，这些鬼故事当初的目的就是弘扬佛法。[2]这是佛教徒努力的第二个面向，即他们如何处理中国传统的鬼概念和对于驱鬼仪式确实有效的信仰，也是本章即将专门讨论的内容。

---

[1] 如《杂鬼神志怪》《宣验记》《冥祥记》《旌异记》等文献，都可见于鲁迅《古小说钩沉》。请见 Campany, Robert F. 2012. *Signs from the Unseen Realm: Buddhist Miracle Tales from Early Medieval China*. Honolulu: University of Hawai'i Press.

[2] Teiser, Stephen F. 1985. "T'ang Buddhist Encyclopedias: An Introduction to Fa-yuan chu-lin and Chu-chingyao-chi." *T'ang Studies* 3: 109–128.《法苑珠林》由僧人道世在公元659—668年所编纂，请特别参见卷三一、卷三二。

早期佛教文本中的"鬼"

当我们在谈论早期中国的鬼概念时,我们已经面临一个翻译的难点。正如我们在第一章中试图证明的那样,英文术语"ghost"(以及其他相关词语,如phantom、apparition或spirit)和中文的"鬼"通常并不完全对等,因为"ghost"在西方世界通常指死去的人的灵魂,而在中国语境中的"鬼"可能包括人类和非人类的灵魂。因此,早期佛典的译者在翻译一些代表精灵的梵文词语时,不论它们本质上是善是恶,都常常使用了同一个字"鬼",因此这个词继承了它在中文本身的含混性,可能对读者在理解中文的佛经时产生一定的影响。

在中文佛经中,"鬼"一词用于表示多种的存在:死人和源自梵文词语中的各种恶魔,例如yakṣa(能高速飞行的死人灵体,或是吞噬人类的恶魔)、rākṣasa(食人恶魔)或vetāla(住在尸体中并使其复活的恶魔)。或许是为了避免费力地解释这些灵体的本义,有时它们的名字会以中文音译然后加上一个"鬼"字,表明它们本质上充满敌意或就是一种灵体。因此,yakṣa一词被译为"夜叉鬼"或"阅叉鬼",rākṣasa音译为"罗刹鬼",而vetāla译为"毗陀罗"或"起尸鬼"。或者,有时yakṣa一词也可以译作"夜叉鬼神"或"阅叉鬼神",其中"鬼神"的含义与"鬼"相同,即鬼/灵,其来源可以是非人类或是人类。显然,这些术语的翻译者遵循了中文"鬼"等于"鬼神"的用法，用以指称灵界的存在。对于我们的讨论，若将"鬼"简单地翻译为恶魔，可能会导致不必要的混乱。[1]

例如，在最早的译经之一《道行般若经》的一段话中，"鬼神"一词显然是指有害的鬼。驱除这些鬼的方法，就是运用具有法力的摩尼宝珠：

> 有是宝，无有与等者。若持有所着，所着处者，鬼神不得其便，不为鬼神所中害。若男子、若女人，持摩尼珠着其身上，鬼神即走去。[2]

另一方面，天上的灵，中文中称为"神"，在中文的佛经中也可以翻译为"鬼神"。佛经往往称"八部众"（梵文 aṣṭa-gatyaḥ 或 aṣṭauparṣadaḥ）为"天龙鬼神"，因此很明显，"鬼神"这个词在这里指灵界的所有存在，也就是神、龙、夜叉、饿鬼（preta），等等，而它们不一定带有任何邪恶的含义。汉译佛经中有很多用词都用音译并加上"鬼神"一词的做法。其中一些，例如"干陀罗鬼神"（半神，梵语 gandhara）、"摩睺勒鬼神"（大蛇鬼怪，梵语 mahoraga）、甄陀罗鬼神（半马半人的鬼怪，梵语 kiṃnara），实际上是各种神秘的半神或鬼怪，且都不是"人鬼"，有些甚至可以与中国"物怪"和"魅"这些概念相比，也就是自然世界里的灵体。[3]

但大致来说，在大部分情况下，中国佛教典籍中使用"鬼"或"鬼

---

[1] 请见 Strickmann. *Chinese Magical Medicine*. pp. 58ff.

[2] 《大正新修大藏经》，第 8 册，No. 224，第 435c—436a 页。

[3] 关于"物"和"怪"概念的讨论，请见刘仲宇：《物魅、人鬼与神祇：中国原始崇拜体系形成的历史钩沉》，载《宗教哲学》第 3 期，1997 年；杜正胜：《古代物怪之研究：一种心态史和文化史的探索》。关于"魅"的概念，请见林富士：《释魅：以先秦至东汉时期的文献资料为主的考察》。其他研究还有吴康编《中国鬼神精怪》，湖南文艺出版社，1992 年。

神"这两个词可以兼指恶意或善意的灵体,因此,我们若说"鬼/神"这两个词主要指的是灵体,而没有具体指明这些灵体的内在性质,也大致正确。至于这种存在是否有恶意,还需照看它出现的脉络。正如本书第二章所讨论的,这与中国人对灵性存在的观念一致。

在一些早期的佛典中,例如《般舟三昧经》,作者运用一些与传统中国,特别是儒家的社会伦理一致的观念,警告读者不要崇拜鬼与灵:

> 不得事余道,不得拜于天,不得祠鬼神,不得视吉良日,不得调戏,不得慢恣有色想,不得有贪欲之心。[1]

在这里我们应该可以清楚看到的是,这里所说的"鬼神"专指恶鬼和恶灵,因为还有很多其他例子里"鬼神"是积极正面的存在。

在《杂譬喻经》中一个有趣的例子涉及了交替使用"鬼"和"神"来指同一个灵体,显示佛典的作者可以选择使用这两个词来适应故事中的不同情况:

> 昔佛般泥洹去百年后,有阿育王爱乐佛法。国中有二万比丘,王恒供养之。诸九十六种外道生嫉妒意,谋欲败佛法。自共聚会思惟方便。中有一人善于幻化。便语众人:"吾欲作幻,变恶鬼形索,沙门闻之必散亡。当知其不如,必来归吾等道矣!"异道所奉神,名摩夷首罗,一头四面八目八臂,诸鬼之最是可畏者。梵志即作是身,将诸丑鬼二百余头,洋洋行于国中。徐徐稍前至王宫门,一国男女莫不怖惧。王出迎之见大恐鬼,稽首问曰:"不审大神何所敕欲?"鬼语王言:"吾欲啖人。"王言:"不可尔也!"鬼曰:"若王惜人民者,国中有无益王者付我啖之。"王言:"无有也!"鬼言:

---

[1] 《大正新修大藏经》第13册,No. 417,第901页b。

"诸沙门等，亦不田作，亦不军征，不臣属王，此则无益者，付吾啖之。"[1]

重要的是，国王是用"大神/神"这样的说法来指"大而可畏的鬼"，这可以诠释为国王想对鬼表示礼敬，并安抚它。因此，这个用语背后的假设是鬼这种灵体在某些情况下也可以被称为"神"。我们不知道原本梵文的用语，但这里将"鬼"和"神"交替使用，可能是译者有意为之的一种选择。译者似乎认为，基本上鬼和神的本质没有不同，唯一的差别是它们所拥有的能力。"神"比"鬼"更有能力。换句话说，对中国读者来说，在这个故事中交替使用"鬼"和"神"，应该是相当熟悉和可以接受的。如此一来，翻译的佛教典籍便与中国本土的观念发生某些联系，并有助于人们接受这些典籍。

佛教典籍中一个最常提到的人鬼是饿鬼，也就是生前因为淫荡和贪心而死后在地狱受惩罚的人。佛典经常提到，诸多的邪恶或错误行为可以令一个人在死后变成饿鬼，因为这是佛教僧人想传达给普通百姓最重要的信息之一。《佛说鬼问目连经》便是一个很好的例子，这是一部由著名的安息僧人安世高（约公元 2 世纪晚期）翻译成中文的早期佛典。在经文中，目连菩萨解释为什么一个人死后会变成饿鬼。对犯了错事的人的惩罚便是让他成为饿鬼，在地狱忍受各种痛苦。[2] 那些错事大多是具体的行为或思想，以下一些例子便足以说明这种处罚机制的整体调性：

一鬼问言："我一生以来，恒患头痛，何罪所致？"目连答言："汝为人时，好以杖打众生头。今受花报，果入地狱。"一鬼问言："我一生已来，资财无量而乐着弊衣，何罪所致？"目连答言："汝

---

[1] 《大正新修大藏经》第 4 册，No. 205，第 503 页 b。
[2] 佛教里地狱（梵语：那落迦/Naraka/नरक，巴利语：泥梨耶/Niraya/निरय）的概念在中文里的字面意义为"地底下的监狱"。请见 Braarvig, Jens. 2009. "The Buddhist Hell: An Early Instance of the Idea?" *Numen* 56.2–3: 254–281.

为人时，布施作福，还复悔惜。今受花报，果在地狱。"[1]

因此，饿鬼是一个概括性词语，用来指一群数目庞大的鬼，它们因为犯了不同的错事而落入鬼的状况，承受不同种类的苦难和艰困。处于永远的饥饿状况只不过是部分饿鬼要忍受的痛苦之一。

不过，把preta一词翻译成中文的"饿鬼"不是创新，而是采纳了一种早在佛教传入中国之前就已经存在的观念。早在公元前3世纪，"饿鬼"已经被列为能出现在人面前的一种常见鬼。在前面提到的《日书》的《诘》这一章，有以下这段话：

> 凡鬼恒执匿以入人室，曰"气（饩）我食"云，是是饿鬼。以屦投之，则止矣。[2]

这显示出一种观念：如果一个人死于饥饿，就可能变成饿鬼并不断要求得到食物。但这种"饿鬼"和佛经中的"饿鬼"的一个重要区别是它的来源。作为对比，佛教的饿鬼落入这种状况是因为那人在世时犯了罪（贪心、贪吃、贪婪等），但《日书》的饿鬼原本没有犯任何罪行也没有道德缺失，只是因饥饿致死。佛教的饿鬼是对罪人的惩罚，《日书》的饿鬼则反映了那人死去变鬼前的状况。结合我们已经在前几章中之所见，以及接下来进一步的讨论，我们有证据支持这样的观点，即在佛教到来之前，中国人对鬼来源的流行观念与任何强烈的道德或伦理价值观没有必要性的关系。

我们也需要留意，"鬼"这个字不是佛典译者用来翻译人鬼或灵体的唯一词语。譬如魂这个字，它也经常用来指死人的鬼。在由南朝宋

---

[1] 《大正新修大藏经》第17册，No. 734，第535页。
[2] 睡虎地秦墓竹简整理小组：《睡虎地秦墓竹简》，第214页。请见 Poo, Mu-chou. *In Search of Personal Welfare*, P. 80.

(420—479）的慧简翻译的《佛说阎罗王五天使者经》中，佛陀说："我见人死时魂神出生。"[1] 理论上，当这个魂因为生前做错事而堕入地狱，可以变为在地狱受苦的饿鬼之一。正如《佛说谏王经》所说：

> 佛告王曰："王治当以正法，无失节度，常以慈心养育人民，所以得霸治。为国王者，皆由宿命行善所致，统理民事不可偏枉。诸公卿群寮下逮凡民皆有怨辞，王治行不平海内皆怨，身死魂神常入太山地狱，后虽悔之无所复及。王治国平正常以节度，臣民叹德四海归心，天、龙、鬼神皆闻王善，死得上天，后亦无悔。"[2]

这段经文有几个有趣的地方值得留意。译文在佛陀给国王的劝诫中似乎运用了传统儒家的论述。如果国王不能成为好的统治者，他要去的地狱在太山（泰山）——自汉朝开始，中国人便知道这个地方是死人的鬼魂聚集之处。[3] 这同样是中国译者的改编或增加，因为原来的印度典籍中不可能包括这个传统。而且，"魂神"这个词被用来指死人的鬼，并与"天龙鬼神"这些灵体作对比。这似乎表示对译者来说，"魂"等同人鬼，而"天龙鬼神"则指一般的灵体。从"魂神"这个词出现的上下文来看，我们也可以看到它指死人非物质性的灵魂，似乎是没有鬼的恶意或能力。例如在《佛说阿难四事经》中有以下一段文字：

> 人初来生，魂神空来，依因二亲情欲之气，以成己体……困极乃终，魂神不灭，复更求身。[4]

---

1 《大正新修大藏经》第 1 册，No. 43，第 828 页。

2 《大正新修大藏经》第 14 册，No. 514，第 785 页。南朝宋（420—479）沮渠京声译。

3 关于泰山，除了经典的研究如顾炎武在《日知录》中所做的开创性讨论（顾炎武：《原抄本日知录》，台北明伦出版社，1970 年，第 877 页），还可参见 Chavannes. Le T'ai Chan；酒井忠夫：《太山信仰の研究》；刘增贵：《天堂与地狱：汉代的泰山信仰》。

4 《大正新修大藏经》第 14 册，No. 493，第 757 页。

换句话说，"魂"这个字似乎是中性的，指人死后存在的状态，而"鬼"则更可能联系到恶鬼，因为它有某些足以影响活人的行动或意图。

由于在原来的梵文中，鬼和恶魔都有各自的意思，仅凭音译可能不足以产生文本有时所需的效果。除了在中文翻译中最常见的饿鬼外，还有很多也被授予有意义的中文名称。这些翻译与饿鬼相似，各自代表不同的特性或能力，或善或恶。如厌祷鬼（翻译自 vitāla）、奇臭鬼（翻译自 katapātana）、厉鬼、捷疾鬼（yakṣa 的另一个翻译）、食精气鬼（翻译自 ojohāra 或 ojāhāra）等。即使没有穷尽所有例子，也足以说明，在中国典籍中，译者用"鬼"和"鬼神"这两个词来表达印度的鬼、神、灵或恶魔这些观念，或者使用中文字作为拼音符号来音译这些词语。有时音译的词语加上"鬼"或"鬼神"，提醒读者这些存有的性质。正如一般所知，这些典籍由不同译者——有些是外国僧人，有些则是中国僧人，但往往是共译——在很长的时间段内翻译成中文。这解释了为什么这些词语翻译成中文时并不成系统。不过，这些对鬼和灵的表达所翻译出的集体效果却产生了两个这些译者可能都没有预见的效果。一方面，他们使用"鬼""神""魂"这些中文字，可能让读者产生某种熟悉感，因此可以与这种新的信仰系统生出联系；另一方面，对鬼和灵的名字使用音译的方式来翻译，则保留了某种神秘的异国氛围，与翻译成中文的一些咒语相似，可以产生一种对佛典敬畏和尊重的感觉。最终，这些用语，例如饿鬼、夜叉或罗刹，也都逐渐成为中文日常用语的一部分。

早期佛教对鬼的降伏

　　讨论过佛教典籍中与"鬼"这个概念有关的翻译问题后,我们可以看到,这些新来的佛典为中国的思想世界引入一些新元素。如果我们可以提出一个十分概括性的观察,可以说其目的在于告诉读者,佛教信仰的力量足以控制所有这些恶鬼和恶魔,正如在各种修行活动中所显示的那样。这些控制或驯服鬼的能力,对佛教的提倡者来说,是进入中国社会并在民众的宗教生活中争取合法性的一个理据。为达成这个目的,那些在佛经以外由中国作者以中文写来宣扬佛教的文本,就推动佛教使社会大众接受而言,也起到了重要的作用。由于这些文本不只限于熟习佛教的信徒和僧人这些圈内人士,它们在社会上更广为流传,并流行于可能与佛教还不太熟悉的知识分子圈子里。其长远效果是令一般受过教育的民众透过故事和轶事,而与佛教僧人的活动有更多接触。最终,在收集、讲述和流传故事的过程中,这些著作带有的信息会被更多的受众吸收,在社会中循环往复。

　　当然,在这样的循环过程中,佛教的观念会接触到例如道教和其他的本地民间信仰,引致相互影响和借鉴,甚至带来竞争或对抗。我们可以看到,在问到哪个信仰更加强大时,需要提供出具体的证据以显示这些信仰的能力,令人们相信某一个信仰比其他信仰更可靠。从各种宣教的文本中，我们可以推断出佛教僧人在接触中国人时用来驱除鬼和恶魔的方式。这些方式基本上可以分为几种：(1) 借着呼唤佛陀和菩萨的名字来礼拜佛陀和菩萨，或是背诵佛经中的驱鬼咒语；(2) 使用法器或实行一些仪式；(3) 有大智慧并掌握佛法的僧人可以体现佛陀本人的能力，以他们的现身来驱走恶鬼。所有这些都需要为世人检验、证明其效力。除了靠口碑外，传达佛教信念的方法是透过向社会所有阶层传播故事，并且把那些故事包含在一些文本之中。我们应该能辨认出这些文本有宣教传经的意图。

诵佛号，唱佛经

众所周知，念诵佛陀和菩萨的名字是中国佛教最常用的修行方式。例如，中国佛教最重要的一本典籍《法华经》向读者明述，借着观世音菩萨的法力，无处不在的鬼和恶魔都可以被制止：

> 设族姓子，此三千大千世界满中诸鬼神，众邪逆魅欲来娆人，一心称呼光世音名，自然为伏不能妄犯，恶心不生不得邪观。[1]

至于早期佛教典籍中提到的驱鬼仪式，施咒在早期佛教里似乎是已经发展完备的做法。[2] 众所周知，著名僧人佛图澄（死于348年）能够诵咒来控制鬼和灵。[3] 另一个僧人昙无谶（Dharmakṣema, 385—433）也被认为具有驱鬼的超能力：

> 谶尝告蒙逊云："有鬼入聚落，必多灾疫……宜洁诚斋戒神咒驱之。"乃读咒三日，谓逊曰："鬼已去矣。"时境首有见鬼者云，见数

---

[1] 《大正新修大藏经》第9册，No. 263，第129页。

[2] Kieschnick, *The Eminent Monk*, pp. 84–87.

[3] 慧皎：《高僧传》，收录于《大正新修大藏经》第50册，No. 2059，第383页。

百疫鬼奔骤而逝。[1]

佛教典籍中无处不在的"偈"（梵文 gatha，即押韵的圣歌）虽然是传递佛法的工具，但也往往用作驱鬼咒语。此外，一般的佛教典籍通常也被视为有法力，可以用来驱赶鬼和灵。[2]

使法器，办法会

除了诵佛号唱佛经，还有更多的物质途径来达到类似的目的。例如，使自己保持洁净就可以有效防止鬼与灵的攻击。[3] 信徒也可以依靠某些法器来阻止鬼与灵的侵扰："若男子、若女人，持摩尼珠着其身上，鬼神即走去；若中热，持摩尼珠着身上，其热即除去。"[4] 摩尼珠的作用很像早期佛经中所说的"除烦恼、消恶业"的念珠。[5]

僧为法身

同时，佛法精进的僧人即使不施咒，也能仅凭自己的现身就驱走恶鬼：

> 仪同兰陵萧思话妇刘氏疾病，恒见鬼来吁可骇畏。时迎严说法。严始到外堂。刘氏便见群鬼迸散。[6]

而且，僧人本身被认为拥有驱鬼的法力，因为诵经和持咒变成了一种内化了的能力，是僧人本质的一部分。因此，高僧只需要在鬼面前出

1　慧皎：《高僧传》，收录于《大正新修大藏经》第 50 册，No. 2059，第 336 页。
2　Kieschnick. *The Eminent Monk*, pp. 90–92.
3　《大正新修大藏经》第 8 册，No. 224，第 435 页 c。
4　同上。
5　Kieschnick, John. 2003. *The Impact of Buddhism on Chinese Material Culture*. Princeton, NJ: Princeton University Press, pp. 118ff.
6　慧皎：《高僧传》，收录于《大正新修大藏经》第 50 册，No. 2059，第 339 页。

现，便可以吓阻它们，打断它们正在犯下的恶行。一个关于僧人法朗（约 6 世纪下半叶）的故事颇为生动地说明了这点：

> 有比丘尼为鬼所著，超悟玄解，说辩经文。居宗讲导，听采云合，皆不测也，莫不赞其聪悟。朗闻曰："此邪鬼所加，何有正理？须后检校。"他日清旦，猴犬前行，径至尼寺。朗往到礼佛，绕塔至讲堂前，尼犹讲说。朗乃厉声呵曰："小婢，吾今既来，何不下座？"此尼承声崩下走出，堂前立对于朗，从卯至申卓不移处，通汗流地默无言说。闻其慧解奄若聋痴，百日已后方复本性。[1]

人们最初以为被鬼附身的比丘尼是聪悟的佛门弟子，这显示出她周围的人不知道怎样区分"正道"和"邪道"。我们可以假设，故事的目的是要显示法朗的能力，证明他拥有真正的佛法智慧，优胜于那鬼弄虚造假的智慧。不过，这个故事无意中透露的是，当佛教进入中国社会时，一般人并非总能搞清楚"正道"应该为何。某种程度上而言，这个故事象征了佛教在进入中国的过程中所遇到的困难。一个成功的故事可能是许多失败尝试的结果。

---

[1] 《大正新修大藏经》第 50 册，No. 2064，第 981 页。

与在地信仰系统的竞争

在早期,当僧人尝试让中国社会接受佛教时,仅显示他们有能力驱除鬼和邪灵还远远不够。他们还需要证明他们的能力大过那些本地宗教信仰的能力,其中就包含道教。以僧人道仙(约5世纪末至6世纪初期)的故事为例:

> 时遭酷旱,百姓请祈。仙即往龙穴,以杖叩门,数曰:"众生何为嗜睡如此?"语已,登即玄云四合,大雨滂注。民赖斯泽,咸来祷赛,钦若天神。[1]

这则故事显示,这位僧人不仅可以控制当地的神灵(龙),而且还利用当地的宗教仪式来提升自己的声誉。也就是说,为了获得民众的信仰,僧人们需要允许那些邪灵存在,甚至与它们合作。对于当地人来说,我们不能认为他们已经放弃了龙能下雨的信仰,但他们又确实承认,僧侣们拥有更强的力量来指挥龙。

有时故事会透过讲述僧人和道士之间的直接竞争和对抗,来显示佛教的能力。依照南陈时期(557—589)慧思的传记记载,他因精通佛法

---

[1] 《大正新修大藏经》第50册,No. 2064,第977页。

而闻名,引致当地的道士妒忌他在百姓中间的成功。他们秘密地向皇帝告发慧思,指控他是来自北方敌国北齐的僧人,密谋对付陈朝。但慧思的法力足以令陈朝的皇帝完全相信他的正直,这最终令那些道士失败。[1] 无论这个故事是否为真,我们都能意识到,佛教和道教之间的竞争不仅真实存在,并且双方使用的手段还可能非常恶毒。

除了佛教徒自己在典籍和传记中写到僧人有能力整治鬼和灵,还有很丰富的相关文学作品,其中大部分以故事集的形式出现,由佛教信徒撰写或编纂,用以宣扬佛法。这些故事集属于我们在前几章就谈过的志怪的一部分。在这些有佛教倾向的著作中,我们也可以看到道教徒和佛教皈依者之间的竞争。在一本称为《述异记》的故事集中有以下这个故事:

> 宋时豫章胡庇之,尝为武昌郡丞。宋元嘉二十六年,入廨中,便有鬼怪中宵笼月。户牖少开,有人倚立户外,状似小儿。户闭,便闻人行如着木屐声。看则无所见。如此甚数。二十八年三月,举家悉得时病。空中语掷瓦石或是干土。……乃请道人斋戒,竟夜转经。倍来如雨,唯不着道人及经卷而已。……庇之迎祭酒上章,施符驱逐,渐复歇绝。至二十九年,鬼复来,剧于前。……(另一鬼云:)"是沈公所为。此廨本是沈宅,因来看宅,聊复语掷狡狯。忽君攘却太过,乃至骂詈,令婢使无礼向之,复令祭酒上章苦罪状之。事彻天曹。沈今上天言:'君是佛三归弟子,那不从佛家请福,乃使祭酒上章?自今唯愿专意奉法,不须兴恶,鬼当相困。'"[2]

这段颇长而且复杂的鬼扰人记述,充分显示出在宗教竞争时期人们的宗教心态。其中佛教和道教的关系相当有意思。这则故事清楚地表

---

1 《大正新修大藏经》第 50 册, No. 2064, 第 976 页。

2 鲁迅:《古小说钩沉》,第 181 页。

明，佛教的信徒在解决鬼攻击人这个问题时，也可能跟随其他形式的信仰。表面看来，由于胡庇之被敦促要专注于对佛法的真诚，这似乎暗示了佛教比道教更强大。但故事没有否认道士劾鬼的能力，也没有明确否定道教的仪式。相反，它承认了道教仪式在向天庭发出祈求（祭酒上章）的有效性，因为天庭接受道士的祈求。不过，在这道教的天庭，胡庇之无力对抗沈公的鬼，后者指控他举行的驱鬼仪式太苛刻。换句话说，胡庇之的驱鬼行动实际上是有效的，以致鬼向天庭投诉。结果天庭同情鬼，导致第二个鬼，也就是天庭的使者，指示胡庇之回到佛教那里寻求庇护。如果他不听从劝告，便会再次被鬼骚扰。因此佛教和道教似乎是两股对抗的力量，各自保护自己真正的追随者。我们可以推测，由于这个故事收录在唐朝的佛教百科全书《法苑珠林》中，它当时一定被视为可以传扬佛教确实有效的故事。但透过我们的阅读后显示，即使编写这个故事的本意是帮助人们皈依佛教，但它却在无意中揭示了当时的宗教环境。正是因为同时承认了道教和佛教驱鬼的能力，而不是直接支持一方而否定另一方，我们因此可以察觉当时人们宗教心态的现实。

当然，我们并不缺少明确支持佛教立场的证据，譬如在《冥祥记》这样的著作中就可以找到。[1] 在下面的例子中，我们可以明确看到哪一个宗教更有力量：

> 史隽有学识，奉道而慢佛。常语人云："佛是小神，不足事耳。"每见尊像，恒轻诮之。后因病脚挛。种种祈福，都无效验。其友人赵文谓曰："经道福中，佛福第一。可试造观音像。"隽以病急，如言灌像。像成，梦观音，遂差。[2]

我们应该留意，在佛教中对鬼的来源和驱鬼方法的不同资料，也可

1　Campany. *Signs from the Unseen Realm: Buddhist Miracle Tales from Early Medieval China.*

2　鲁迅：《古小说钩沉》，第 438 页。

以有不同的解释和诠释。在佛经中可以看到对鬼来源的更细致解释，如下引《佛说普门品经》的例子所示：

> 案内观历鬼神从何兴也？其内鬼神若干百千之众，其外亦然。内不发恐惧，外则无畏。其内不悲哀，外则不泪出。内发鬼神之想，外有若干百千鬼神之众；皆来归之，缘此致病或至死亡，受无数苦。皆由邪心不正故也。菩萨大士觉知虚无，无鬼神，一切从心意起。[1]

因此可见，这种对自己内心决心和启示的力量的解释，与前一章所讲的道家内在修行颇为相似，只不过在这种特殊情况下，鬼与灵被看作是心的幻象，而不是"真实"的。不过，在面对社会一般人时，诉诸对个人内在自我的哲学反思，很可能不是令人皈依信仰的有效方法。因此，人们所选择的更直接而且更容易理解的方法，就是将佛教说成是人们可以倚赖的神力。事实上，借由一位名叫竺道爽的僧人撰写的一篇文章，可以显示佛教徒是怎样尝试运用在地流行的信仰观念来展示佛教的能力。作为活跃于南朝宋（420—479）的一位博学人士，他曾模仿帝王讨伐敌人的文体写成《檄太山文》。在此文中他的基本论述是，那些民间所信仰的神祇，包括那些在泰山的神祇，都不是真神，而是各种邪鬼、恶魔和物怪的化身：

> 夫自称山岳神者，必是蟒蛇。自称江海神者，必是鼋鼍鱼鳖。自称天地父母神者，必是猫狸野兽。自称将军神者，必是熊罴虎豹。自称仕人神者，必是猨猴狐貜；自称宅舍神者，必是犬羊猪犊，门户井灶，破器之属。鬼魅假形，皆称为神。惊恐万姓，淫鬼之气。此皆经之所载，传之明验也。[2]

---

[1] 《大正新修大藏经》第 11 册，No.315，第 772 页。
[2] 严可均：《全上古三代秦汉三国六朝文》第六册卷六四，台北世界书局，1982 年，第 1—3 页。

我们可以看到竺道爽的观念和传统中国对鬼和恶魔来源的观念十分相似，这些观念自公元前 3 世纪就已经存在，并且可见于《日书》。他进一步向太山东岳神府及都录使者宣告，它是个假神，仅仅只是个小鬼：

> 汝是小鬼。敢触三光，鹤毛入炭，鱼行镬汤。倾江灭火，朝露见阳。吾念仁慈，愍汝所行，占此危殆，虑即伤心。速在吾前，复汝本形，长归万里，沧浪海边，勿复稽留。明顺奉行。[1]

不服从他命令的结果是被佛教的神和神兵消灭。有趣的地方是竺道爽对本土信仰的攻击并没有否认这些鬼与灵的存在，没有如上述《佛说普门品经》所解释的那样认为它们只是幻象。相反，他运用了关于动物灵来源的在地观念，即称这些动物灵为"物怪"的中国习俗，以此来解释为什么这些地方性的神祇是假神。这个例子再次让我们看到佛教僧人所参与论战的性质。一方面，他们需要表现出他们具有比道士更优胜的能力；另一方面，他们也需要承认广大群众中关于鬼与灵来源的那些传统世界观。如果不先承认这些信仰存在，他们便很难与大众展开对话，让这些人开始明白他们。

---

[1] 严可均：《全上古三代秦汉三国六朝文》第六册卷六四，第 1—3 页。

比较佛教中鬼的起源

我们在本书前几章，以前佛教时期的文献讨论了中国鬼的来源。大致来说，显现于人前的鬼通常源自那些强死、被不公杀害，或得不到适当葬礼的人。换句话说，虽然人人死后都会变成鬼，但只有那些在阳间仍有未竟之事——无论是好事还是坏事——的鬼才会回来骚扰人。

根据同样的精神，我们在前一章里见到的早期道教典籍中提到的很多人鬼，都是在不同情况下死去的人的鬼，例如暴力、意外、疾病，甚至只是衰老。我们可以因此推论，这些鬼之所以为鬼，常见的原因不是本身的性格或行为，而是因为它们的生活状况往往比其他人的更悲惨，从而导致了它们的死亡。上一章《太上正一咒鬼经》所节录的各种鬼名单的例子就是最有力的证明。

与佛教的鬼来源，特别是饿鬼的观念相比，我们可以认为，一般来说，佛教的鬼源自道德败坏的人。一个人之所以成为鬼就是因为道德欠缺——例如贪心、妒忌、爱搬弄、吝啬、谄媚或欺诈等——而受惩罚。道教继承了早期中国的观念，认为只有那些不自然或不合时宜地死去——例如不公、意外、疾病或是战争——的人才会回来阳间缠扰活人。那些缠扰人的鬼可能会做邪事，也可能不会。可以肯定的一点是，它们并没有仅仅因为自己在世的时候有道德缺陷而成为恶鬼。它们若有任何的邪恶行为,都源自对它们所承受的冤枉进行报复的渴望。虽然佛道都坚持在世界上伸张正义,道教的鬼的行为反映它们在阳间承受的不公平;佛教的鬼的行为则反映出它本身所造成的恶行或不义行为。在这里,我们可以看到佛教和道教之间一个很重大的区别,不是透过它们所提倡的教义,而只需要看看它们对鬼来源的不同观点。

佛教和道教对鬼起源的理解不同,也是区分它们所采取不同传教策略的一个重要因素。佛教利用地狱中受苦的鬼的这个观念来鼓励人们依从正道,过正直的生活,以免堕入这种悲惨境地。另一方面,道教运用报复的鬼的这个观念来说服人们在驱除鬼时服从道士的带领。在劝说的过程中,两者都不得不对现存流行的鬼观念做出一些妥协。正是借着容许鬼存在的在地观念——无论是透过将各种灵体和恶魔翻译为"鬼",或是透过与在地的宗教信仰发生对话——佛教才得以将前佛教时期的中国鬼吸收到它的系统中,这个系统才因此可以被视为"中国的佛教"。另一方面,佛教和道教的重叠之处即在于向在地的鬼观念妥协,这一重叠将成为佛教与道教共享的立场,也为后世"民间信仰"的发展奠定了基础。

第七章

比较研究视野下的中国鬼现象

" 一个鬼故事只有在叙述者设法说服她的听众停止怀疑时才能成功,即便只是暂时的……一个恰当构建的故事,将提供对现实世界信仰体系的一瞥,因为它会遵守类似于真实世界的规则。[1] "

1　Johnston, Sarah Iles. 1999. *Restless Dead: Encounter between the Living and the Dead in Ancient Greece.* Berkeley: University of California Press, p. 4.

在本研究开始时，我们简要提到了在不同的古代社会中有关人死后存在的观念，虽然有些差异，但大多数社会对这类存在都有类似的想象，为了方便起见，我们使用"鬼"这个词来指代这个存在。

正如第一章所讨论的，我们将鬼视为一种文化建构，但它们也协助构建它们所属的文化景观。鬼虽然是一种想象的存在，但如果没有它们，世界就不完整。有关生命的一些最重要的信息和最深刻的反思，是通过鬼的作用来完成的。无论是文学文本还是宗教文献，对鬼的性质和行为的描述都有助于我们追踪和识别这些信息和反思。这些反思可以理解为对伦理或道德价值观或正义公平的评论。它们还可以表达个人的具体不满，或对世俗事务的评论，且都避不开对生命的热爱或对死亡的反省这样的主题。尽管这些反思通常都可以在许多文化中找到并适用于这些文化，但它们的具体背景决定了它们是如何形成的。因此，每种文化都会根据自己的喜好构建自己的鬼类型。通过研究这些并相互比较，我们可以更深入地挖掘文化心理，对每种文化独特性的某些方面有所了解，并通过对不同文化的共同价值观的确认，在人类共同的背景下进一步理解这种独特性。

前几章追溯了早期中国鬼文化的发展，包括鬼的概念、鬼人关系、鬼在日常生活和文学中的作用，当然还有鬼作为信仰体系的一部分，无论这个信仰系统是道教、佛教，或所谓民间或普遍的信仰。在文字记载方面，鬼早在甲骨文中就受到关注。鬼在当时被认为是给人们带来痛苦和疾病的恶灵。这种恶鬼形象，无论是寻求正义的复仇之灵，还是一心要给人带来痛苦的顽皮鬼，还是寻找安息之所心怀不满的游魂，都在随后的文献中不断出现，形成了一条传达鬼观念的主要线索。正如研究材料所示，虽然人们普遍认为鬼是恶毒的，但大多数时候，鬼带来的麻烦是可以通过某种方式解决的。也就是说，作为邪灵，鬼确实可以引起恐惧，但当鬼来袭时，人们并没有绝望或放弃。驱鬼的方法或仪式行为就是人们为了解决鬼引起的问题而采取的手段。当然，这并不是说人不怕鬼。睡虎地《日书》中的驱鬼文书或《汉书·艺文志》中记载的驱鬼文献等驱鬼手册的存在，以及王充等学者的著作，都证明了驱鬼是当时社会的普遍现象。可以说，人们学会了怎么与鬼相处，因为鬼的出现被一般人视为生活中的事实。

我们同时还需记住，关于鬼的讨论，大多是在宗教信仰和活动本身就是日常生活的一部分这样的社会背景下进行的。关于鬼的记载并不是一个孤立的现象，而是整个宗教环境的一部分。相信各种神灵的存在可以影响人类的生活，以及信仰祖灵的祝福或诅咒，都是宗教、文化和思想环境的一部分，在这个环境下鬼观念得以依存。

当人们认为鬼是导致活人会面临的某些问题的根源时，他们往往会试图找出鬼出现的原因，并采取必要的措施来改善这种情况。如上所述，这些措施可能包括各种安抚鬼的祭祀仪式，或驱逐鬼的驱鬼举措。如果能辨认出来鬼的类型，鬼出现的原因通常属于"纠错"的范畴；也就是说，生者认为死者对自己的存在状况或死因不满意，并对它们的冤屈要求一定的补偿。这反映了生者的伦理关切，也许是出于群体意识，即人们不应该带着遗憾死去或遭受不公正待遇。另一方面，根据研究材料，我们也注意到，并非所有鬼都被认为是恶意的。尤其是在文学文献中，作为创造戏剧效果的叙事的一部分，鬼就像活人一样，可以被描述为具有复杂的情感，并且可能有出格但并不总是恶意的行为。我们称之为鬼的"人性化"倾向。当然，有人可能会怀疑，这种对鬼的文学表现，能在多大程度上体现故事的作者或读者的宗教信仰。总的来说，我们可以区分两种类型的鬼叙事：一种是包含在宗教文本中的，而另一种是包含在文学文本中的。这两种文本中的鬼可以发挥不同的作用，体现出对人鬼关系的不同理解。两者都可以向我们揭示产生它们的文化和宗教环境的某些观点。对鬼的描写，如果我们大胆假设的话，可以理解为对生人与死者之间关系的一种评论。

无论关于鬼的叙事存在于哪一种文化和宗教环境里，我们都应该认识到，受过教育的精英阶层往往会声称他们不相信鬼的存在。但这并不意味着他们不尊重或无法容忍一般民众的信仰。事实上，大多数时候，正是知识分子在社会中发挥了重要作用，保存了关于鬼的传统、记忆和传说。正是知识分子，或者至少是有一定文化水平的人，编写了驱鬼的文书、护墓的法咒以及鬼故事，更不用说史书、道教文献和佛教典籍中关于鬼的无数记载。毕竟，人们对鬼的信仰程度各有不同，因为没有人有绝对的信心宣称鬼不存在，甚至孔子也没有办法。那么，我们就有一些关键问题得提出，包括以下这些：谁提倡或支持鬼的观念？谁在鬼这件事上有权威？这对信仰体系的文化和性质有何影响？简而言之，我们需要考虑关于鬼的文献来源与其目标受众之间的权力关系问题。

如果我们遵从文献所揭示的信息，说创造这些文献的人就是鬼观念的推动者，应不会太离谱，因为这些文献之所以被写出来是有目的的，无论这个目的是否被明示出来。这些文献的作者还创造了对鬼有权威力的环境和人物：驱鬼仪式、仪式的执行者和咒语的咏诵者。这并不是说知识分子写的鬼只是文学创作，与老百姓的心理和现实无关。与"民间信仰"的问题一样，我们对普通人所思所为的了解，大多基于文人创作出来的材料。但我们可以带有某些程度的肯定认为，根据读出"无心证据"的原则，我们认为关于鬼的文字表述可以反映出社会上普通人信仰的要旨。[1]这是因为,一个关于鬼的故事或叙述,如果不与当时普遍接受的那些观点——关于鬼是什么、鬼应该是什么模样,以及鬼会如何行为——有一定程度的重叠,那它就不可能让观众信服。萨拉·I.约翰斯顿(Sarah I. Johnston)关于希腊鬼的论述也证实了这一点:

> 一个鬼故事只有在叙述者设法说服她的听众停止怀疑时才能成功,即便只是暂时的……一个恰当构建的故事,将提供对现实世界信仰体系的一瞥,因为它会遵守类似于真实世界的规则。[2]

我们是否可以合理地依赖现有证据来构建鬼观念演变的历史,特别是鬼与人的关系?这个问题必须取决于对研究资料来源的仔细评估。以古希腊的鬼为例。约翰斯顿认为,荷马史诗中的希腊人并没有召唤鬼回到人间来报仇或帮助生者的想法。死者或鬼既无能为力又被动,它们永远不能被召唤回到这个世界,除非是它们自愿出现在生者面前的特殊情况,比如帕特洛克罗斯(Patroclus)的鬼出现在阿喀琉斯(Achilles)面前。这种情况是否可以解释为只是因为荷马诗歌中没有直接提到,但当时社会上仍然有召鬼的行为,这还需要通过更详细的研究才能确定。正如约翰斯顿所言,如果荷马知道当时有召鬼之术,却故意在他的诗中如此彻底地压制这种知识,此一结论很难令人信服。根据约翰斯顿的看法,承认荷马根本没有召唤鬼的知识更合理。一直要到公元前5世纪的文学作品中,召唤鬼才成为一种普遍现象。[3]另一位学者认为,荷马诗歌中的鬼是被动的,而在公元前5世纪,随着古希腊文化的快速发展,鬼才变得更加"真实";亦即,它们开始积极参与生人事务,无论是出于

---

[1] Poo, Mu-chou. *In Search of Personal Welfare*, chapter 1.
[2] Johnston. *Restless Dead*, p. 4.
[3] Johnston. *Restless Dead*, pp. 30–35.

善或恶的目的。[1] 这样的解释指出了古希腊鬼观念发展的一个趋势，也就是从一个较模糊不定暗影般存在的描写，发展到一个更加生动和个性化的形象，这足以与中国的情况相比，尤其在志怪中一批形象更加"人性化"的鬼逐渐被塑造出来以后。

然而就总体而言，所有这些鬼故事对于我们理解人性究竟有何启示？要回答这个问题，我们需要查看多种案例。我们认为，人们如何解释鬼出现的原因，可能正是人鬼关系的核心问题。找到解释，人们才可以接着采取各种措施来对付鬼。因此，确定每种文化中对鬼之所以会出现的解释至关重要。正是鬼观念与社会的相互作用关系，以及围绕这种关系而发展起来的文化建构，才能揭示这个文化的特殊特征、气质、道德推力和对阴间的想象。归根结底，本研究旨在比较的，正是鬼观念在各个文化和社会中的作用。

我们在第一章中提到了古代美索不达米亚人的死者灵魂或鬼概念，即伊坦姆（eṭemmu）。也曾提到一个说法，即伊坦姆在人死时会被释放，而所有的伊坦姆都将进入死者的地下世界。因此我们可以推测，去了那里的鬼就再也回不来这个世界了。根据著名的诗作《伊什塔尔下冥界》(*Descent of Ishtar to the Netherworld*)：

> 去到冥界，不归之地，
> 伊什塔尔，罪恶之女，已下定决心。
> 的确，罪恶之女下定了她的决心。
> 去到阴暗的房子，冥界的座位，
> 去到进入之人无法离开的房子，
> 去到旅程不可归的道路，
> 去到进入之人都会失去光明的房子，

---

[1] Finucane. *Ghosts: Appearances of the Dead in Cultural Transformation*, pp. 4–5.

>在那里他们以尘土为生，以泥土为食。
>
>他们见不着光，只能蜗居在黑暗中，
>
>他们像飞鸟一样，穿上翅膀当衣裳，
>
>而灰尘已经聚集在门户和门拴上。[1]

这个冥界的描述确实很惨淡。然而，我们或许应该将这段文字更多地看作是对荒凉的冥界的文学性和戏剧性表达，而不是对冥界性质或死者宿命的严肃讨论。[2] 正如其他文本所揭示的那样，鬼实际上经常回到阳间并为生者带来麻烦。[3] 以下为一段法咒：

>降临在我身上的鬼，不断骚扰我，
>
>而且从白天到黑夜不离开我，
>
>可能是陌生者的鬼，
>
>可能是被遗忘的鬼，
>
>可能是无名的鬼，
>
>可能是无人供奉的鬼，
>
>可能是没人呼唤其名的人的鬼，
>
>可能是被武器杀死的人的鬼，
>
>可能是因罪欺神而死的人的鬼
>
>或因罪叛王，
>
>将它安置，由其家人的鬼来照顾，
>
>愿它接受这些并让我自由！[4]

---

1 Foster, Benjamin R.1996. *Before the Muses.* Bethesda, MD: CDL Press, p. 403.

2 Jacobsen, Th.1976. *The Treasure of Darkness: A History of Mesopotamian Religion*. New Haven, CT: Yale University Press, p. 52, 67.

3 Bottéro, Jean. 1983. "Les morts et l'au-delà dans rituel senaccadien contre l'action des 'revenants,'" *Zeitschrift für Assyriologie* 73: 153–203.

4 Foster. *Before the Muses.* p. 858.

这个咒语向我们暗示了一般人能想象出来的鬼出现的原因。似乎那些没有被铭记、没有得到适当的食物或祈祷的鬼会给生者带来麻烦,而那些死于战场、没有得到安葬,或因为犯罪被处决的人也容易出现在生者面前。[1] 这个咒语的基本原理是通过将鬼交由其家人照顾来改善情况,也就是提供它适当的葬礼和供品。这种对鬼显灵原因的理解,似乎与包括中国在内的许多其他地方的例子一致。美索不达米亚案例的有趣之处在于,一些咒语以第二人称来称呼鬼:

哦,死去的人啊,你为什么一直出现在我面前,
这些他们的城市已经变成废墟的人们,
这些他们自己不过是些骨头的人们?
我不去库达(Cutha)[即地狱之王讷尔嘎尔(Nergal)的宗教中心城市——引者注],在那里鬼聚集,
即便被女王阿巴图(Abatu)和埃雷什基嘎尔(Ereshkigal)召唤,
被宁格什蒂南娜(Ningeshtinanna),众神的文书员召唤,
她的手写笔是青金石和红玉髓![2]

因此,死人的鬼是不受欢迎的。然而,家族成员的鬼可能并不让他们害怕,甚至可以被召唤来帮助他们仍在人间的后代:

哦,我家的鬼,坟墓里的祖先啊,
我的父亲,我的祖父,我的母亲,我的祖母,我的兄弟,我的姐妹

---

1 Bottéro. *Religion in Ancient Mesopotamia*. P. 110; Cooper. "Wind and Smoke: Giving up the Ghost of Enkidu, Comprehending Enkidu's Ghosts." In *Rethinking Ghosts in World Religions*.

2 Foster. *Before the Muses*. p. 859.

> 我的家人，亲朋好友，各个在阴间沉睡的人，
> 我已完成我的葬仪祭贡。
> 我献水给您们，我珍惜您们，
> 我给予您们荣耀，我给予您们荣誉。
> 今天站在太阳神和吉尔伽美什（Gilgamesh）面前，
> 裁定我案，做出我的判决！
> 交由命运，冥界的使者，
> 存在于我的身体、肉体和肌腱中的邪恶！[1]

这里有一个固有假设，即认为鬼不是无能为力和阴暗的存在，而是具有一定的力量和能力来参与活人的事务。相较于下面将要讨论的古埃及的《致死者的书信》，我们会看到与死去的家族成员交流的愿望其实一点也不稀奇。

因此，关于鬼在美索不达米亚宗教中的作用，我们可以挑出几点：鬼出现的原因表明了对生者与死者之间仪式性礼仪礼节的关注。也就是说，无论是否从家族的角度来看，妥善照顾死者都被视为共同的责任。因此，重要的是要为死者安排适当的葬礼，定期提供供品，鬼才能得到满足。鬼的出现主要是警告或提醒社会上的不公正现象——尤其是当鬼还在世时对它们所造成的不公正。总之，人们认为死者的鬼魂总是带着恶意出现，因为它们本不应该出现在生者面前。当它们真的出现时，这意味着生者与死者之间理想的平衡关系出现了问题。如上所述，有时它们也可能被召唤现身并帮助它们的家人，而这在其他人看来则可能是恶意的。然而，除此之外，鬼并没有广泛地参与到人类事务之中，也没有演变成具有复杂伦理价值的集体存在。不同于对神明的崇拜以及相信

---

[1] Cooper. "Wind and Smoke: Giving up the Ghost of Enkidu, Comprehending Enkidu's Ghosts." In *Rethinking Ghosts in World Religions*. p. 26.

人的命运绝对服从于神的意志,[1]把鬼的本质基本上想象成阴间暗影般的存在,或出现在生者面前时的恶意存有,这似乎限制了鬼的概念的"发展",不把它们当作美索不达米亚宗教文化中更活跃的参与者。它们的功能因此可以被认为是相当的边缘化,而且它们在美索不达米亚宗教中的地位很大程度上被众多神灵的各种特性所掩盖。当然,由于证据有限,我们对美索不达米亚鬼观念的理解只能是暂时的。[2]

与美索不达米亚人不同,古埃及的鬼概念看起来相当复杂。正如我们在第一章中稍微提及的,对埃及宗教的研究普遍承认死者存在三种不同的"灵魂":卡(读音"ka")、巴(读音"ba")和阿赫(读音"akh")。与美索不达米亚人不同的是,这些死者的灵魂不是来自任何神灵,而是构成人的元素的一部分。它们在人死时从身体中释放出来,每个都有自己的功能。例如,巴在人活着时保护人,并且可能代表坟墓中身体的灵魂或精神。[3]当一个人极度激动时,他的巴就会离开身体。例如在著名的辛努海(Sinuhe)故事中,当逃亡中的辛努海被允许觐见国王时,他非常激动:"我就像一个被黑暗抓住的人。我的巴离我而去,我的四肢颤抖,我的心不在我的身体里,我无法分辨生或死。"[4]有趣的是,这段对巴离开身体的描述非常符合中国人"魂"的概念,即当可怕的事情发生时,魂会被吓离人体。也就是说,当这个人还"在世"时,巴或魂就有可能会离开身体。当然,我们还一定需要注意的是,我们得将文学中对巴概念的夸大或隐喻,与实际的宗教信仰区分开来。但实际上人们习惯

---

1 关于将神祇视为统治者这一议题的解释,请见 Jacobsen. *The Treasure of Darkness*; Bottéro. *Religion in Ancient Mesopotamia*.

2 Bottéro. *Religion in Ancient Mesopotamia*. pp. 105–110.

3 关于巴概念的研究专著,请见 Žabkar, Louis V.1968. *A Study of the Ba Concept in Ancient Egyptian Texts*. Chicago: University of Chicago Press.

4 Lichtheim, Miriam. 1973. *Ancient Egyptian Literature*, vol. 1. Berkeley: University of California Press, p. 231.

使用宗教概念中的内容作为隐喻和文学表达的材料。[1] 至于卡，因为在墓葬里的供品室中有卡的雕像，所以似乎可以理解为就是死者本人，并能对其所有的行为、举止、能力和成就负责。此外，卡还负责坟墓中死者的生计问题，因为它可以接受供品室中的供品。此外，卡这个词在词源上与"生命维持"和"生命力"的意涵有关。在扬·阿斯曼（Jan Assmann）对人死后各种元素概念的研究中，他仔细区分了巴和卡："巴属于死者的身体领域，负责死者的动作和采取任何形式的能力，而卡属于死者的社会领域，负责死者的地位、荣誉和尊严。"[2] 尽管阿斯曼没有将巴和卡称为"鬼"，但这种区分对于理解古埃及人死后存在的概念依然可以具有普遍意义。然而，我们依旧很好奇古埃及人实际上能在巴和卡之间做出多少有意义的区分。例如，在《普塔霍特普的箴言》（*Instruction of Ptahhotep*）中，我们发现以下几个句子：

贵族，当他食物不足时，会按照他的卡的命令行事。
……
不要诽谤任何人，无论大小，卡憎恶这样。
……
如果你是一个有价值的人，并因神的恩典生下一个儿子……
他是你的儿子，你的卡生下了他。[3]

在这里有关卡的所有用法中，上下文已经清楚地表明，前两处的卡可以合理地理解为"思想"或"性格"，而第三个卡，即生下儿子的卡，既可以理解为"身体"也可以理解为"精神"。这里所有三个对卡的引用都出现在同一个文学文本中，并且在这个人还活着的情况下；因此，

---

[1] 关于宗教性文学种类的概念，请见 Campany. "'Buddhism Enters China' in Early Medieval China."

[2] Assmann. *Death and Salvation in Ancient Egypt*, p. 97.

[3] Lichtheim. *Ancient Egyptian Literature*, vol. 1. p. 65–66.

我们可能不应该以葬礼文本中出现的那种方式来理解它们。我们也很难区分厌恶不正当行为的卡和被极端危险吓跑的巴二者之间的差别。两者似乎都是对应不愉快或危险的外部情况而做出反应。在一篇非同寻常的文献《一个人和他的巴之间的争执》中，巴代表了一种有意识的思想，可以成体系地说明道德判断和逻辑论证。[1] 在这里，我们几乎再一次地无法辨认这个巴和《普塔霍特普的箴言》中那个厌恶不当行为的卡有何区别。

正如第一章所提到，阿赫是死者的另一种灵魂，也被认为是最接近鬼的概念。据我们所知，尽管将这样一个虚幻的词翻译成现代用语有相当的困难，但可以将阿赫理解为"发光的灵体"或"幻化而来的祖灵"。[2] 作为先祖中一员的阿赫，可以身处远方，加入祖灵的行列，甚至与神灵对话。因此，阿赫可以离开坟墓出来旅行，而巴和卡则留在坟墓内或附近。另一方面，有人认为在古埃及，灵魂、鬼、恶魔和神不属于不同的类别，而都是不同脉络下各有化现的非物质存在。[3] 因此，巴有时可以指代神的灵体，例如"万物之主，活生生的巴 [即创世神拉－阿图姆（Re-Atum）]"。[4] 这有点类似于中国的情况，即"鬼"一词也可以代指神的灵体。

总的来说，埃及人对死者的灵体／灵魂的表达并不带有任何固有的邪恶意义或意图；它们仅仅代表了一个人死后的状态。巴、卡和阿赫在人的一些不同的层面各自发挥了作用，并且一直被视为丧葬仪式的正常组成部分。因此，它们的出现既不是为了解决任何具体的不满，也不是为了要纠正任何错误。古埃及人似乎并没有对不满的死者现身并袭击生者表示太多担忧，只是在古王国墓葬铭文中提醒生者要供奉水和祈祷给

1　Goedicke, Hans. 1970. *The Report about the Dispute of a Man with His Ba: Papyrus Berlin 3024*. Baltimore, MD: Johns Hopkins University Press; Lichtheim, Miriam. 1976. *Ancient Egyptian Literature*, vol. 2. Berkeley: University of California Press, p. 163–169.

2　Assmann. *Death and Salvation in Ancient Egypt*. p. 88.

3　Eyre. "Belief and the Dead in Pharaonic Egypt." In *Rethinking Ghosts in World Religions*.

4　Lichtheim. *Ancient Egyptian Literature*, vol. 2. p. 215.

死者，以及死者会诅咒那些前来亵渎它们坟墓之人："对于任何进入这座坟墓的不洁并对其作恶之人，将有大神审判他们。"[1] "凡入此墓未净身者，我必擒其颈如鸟，令生者得以见证，而敬畏其精通礼仪、完美优秀且禀赋纯良之阿赫。我将在大神之庭上与他一起受审。"[2] 这种威胁基本上是一种保护坟墓免受生者打扰的措施，而不是主动试图伤害生者。

鬼或巴、卡、阿赫在古埃及宗教中的作用不是让人们注意到一个人在生前或死后遭受的任何不公正。有了奥西里斯（Osiris）的死后审判系统，理论上确保了每个人在冥界都能得到一个正当地位，因为每个人都被期许能通过审判，成为"优秀的灵体（3ḥikr）"或"所言为真之人（m^{ᶜᶜ}hrw）"，也就是一个没有说谎的人。

有人可能会争辩说，正是由于对死后审判这种相当乐观的信念，古埃及的鬼——在《亡灵书》（Book of the Dead）的帮助下——在唤起对个人或社会遭受不公正待遇的群体意识方面，或是以任何特殊的超自然力量来评论世俗事务，或解决宗教信仰相关的问题等方面，都没有发挥重要作用。但这并不是说对死亡的恐惧不是普通人真正关心的问题。[3] 在整个埃及历史的葬礼场景中描绘众多哀号哭泣的妇女已经清楚地表明，死亡和失去家族成员在任何文化中都带来一样的伤痛。然而，所有这些似乎并没有削弱所有人对幸福来世的强烈信念。在古埃及文学的悠长历史中，只有在其最后一个阶段——特别是通俗语（Demotic）的文学——塞特纳·哈姆瓦塞特（Setne Khaemwaset）的故事中，我们才在复杂的情节中遇到了以鬼作为主角的丰富描述。[4] 尽管这个故事到底受到多少希腊的影响依然是个疑问，但它出自古埃及这点不能否认。此外，塞特纳故事的文学风格，更倾向于奇幻的魔法世界，就像《古夫王和魔术师》

---

1 Lichtheim. *Ancient Egyptian Literature*, vol. 1, p. 6.
2 Sturdwick, Nigel C.2005. *Texts from the Pyramid Age*. Atlanta, GA: Society of Biblical Literature, p. 264, 287.
3 Zandee. *Death as an Enemy*.
4 Lichtheim. *Ancient Egyptian Literature*, vol. 3, pp.127ff.

(*King Cheops and the Magicians*) 或《发生海难的水手》(*Shipwrecked Sailor*) 的故事一样,[1] 而不是强调鬼的作用以及它与生者的关系。这个故事提醒我们，古埃及人对鬼和亡魂的想象可能与其他文化没有太大的区别，只是强大的传统信仰体系可能为这种想象的发展提供了一些替代方案。

因此，与中国的鬼似乎可以根据自己的意愿自由行动不同，古埃及鬼的功能更多地受到他们的宗教系统的限制。它们确实以独特的方式代表了个体，但它们看起来似乎没有任何个性，因为它们似乎无法摆脱自己存在的束缚，而对生者的世界产生影响。它们的角色被紧紧固定在想象出来的死后世界之中。换句话说，埃及的鬼不像中国的鬼那样自由，后者可以在世界各地漫游，为所欲为地留下踪迹或捣乱。埃及的鬼和神明的关系毫不模糊，不像中国鬼的行为不可预测。因此，中国的主要宗教体系，无论是佛教、道教还是本土的地方宗教仪式，都热衷于控制鬼，而埃及并非如此。

有了神界强大的规训，古埃及人似乎没有必要去控制那些不守规矩的鬼魂了。通过判决的死者将留在"美丽的西方"，即受福庇死者的疆域。至于那些无法通过审判的人，他们的心脏会由怪物阿米特（Amit）所吞噬，这头怪物会在天平旁，等待死者的心脏与玛阿特（Maat，即正义真理）相称重。失去了心脏，死者将再次死去，并从世界上消失；因此，他们再也不可能给生者带来任何麻烦。所以在埃及的冥界，即奥西里斯之国度，没有像美索不达米亚或希腊的鬼那样受苦的灵魂——它们的命运悲惨，不是因为生前的罪孽或不法勾当，而是由于各自对于死亡本质以及阳间的文化理解有所差异。

然而，有趣的是，在生者与死者之间的关系方面，古埃及人确实对他们已故的亲属有一定的期望，正如一种名为《致死者的书信》(*Letters*

---

1 Lichtheim. *Ancient Egyptian Literature*, vol. 1, pp. 211–222.

to the Dead）的文本类型所表明的那样。[1] 早在古王国时期就有证据表明，生者可以写信给死去的亲属并寻求他们的帮助，这显然假设了死者拥有某些可以帮到生者的力量。[2] 不管如何，这些信件似乎基本上都是单向通信，因为我们几乎找不到任何证据来说明信件的接收者，也就是鬼，是否对生人的请求做出反应。

中国鬼在其概念得到完全发展的形式中，除了是一种非物质性的存在，与活人同样具有自我意识。这说明中国人对死后存在的想象非常接近活人的模式，而古埃及人对巴和卡存在状态的想象却相当不同寻常，因为它们并不能完全代表死者。一些埃及学家持有这样的观点，认为当巴与死者团聚时，死者就可以成为阿赫，即所谓的祖灵。[3] 有趣而也许具有重要意义的是，死者可以在诸如墓碑铭文上发现的葬礼文本中将自己标识为阿赫："我是一个准备齐全的阿赫。"但是死者不会说"我是巴（或卡）"，因为巴和卡总是被认为与死者彼此对立："愿你的巴上到天堂"，"愿你与你的卡重逢"，或"愿你的卡跟随你"。[4] 也就是说，尽管古埃及巴和卡的概念代表了死者个人性格的某些元素，但它们并不被认为代表死者的"自我"、"我"或"自我意识"。巴和卡是与死者自我分离的某些东西。因此，当古埃及人对死者说"愿你的巴去到天堂"或"愿你的卡跟随你"时，找出这个所谓的"你"究竟为谁是至关重要的。因为死者能自称"我是一个准备齐全的阿赫"，所以这个"**我／你**"是阿赫吗？当一个人在奥西里斯面前通过审判，进入美丽的西方，这个人的存在状态是什么？在《棺木文》（咒语 1031）中，死者说："因为我是

---

[1] Gardiner, A. H., and K. Sethe. 1928. *Egyptian Letters to the Dead, Mainly from the Old and Middle Kingdoms*. London: Egypt Exploration Society; Wente, Edward. 1990. *Letters from Ancient Egypt*. Atlanta, GA: Scholar Press, pp. 210–219; Troche, Julia. 2018. "Letters to the Dead." *UCLA Encyclopedia of Egyptology* (September).

[2] Assmann. *Death and Salvation in Ancient Egypt*, pp. 158–163.

[3] Assmann. *Death and Salvation in Ancient Egypt*, pp. 87–102; Taylor, J. B.2010. *Ancient Egyptian Book of the Dead*. London: British Museum, pp. 16–25.

[4] 参考资料请见 Assmann. *Death and Salvation in Ancient Egypt*, pp. 87–102.

经过了守卫的阿赫"——意思是死者作为阿赫进入了奥西里斯的国度,但死者的巴和卡是否也陪伴他们一起进入新世界?或是它们留在了坟墓里?既然这个"我"应该在芦苇地(the Field of Rushes)——也就是奥西里斯的国度——进行各种宗教活动,就像它们在人间生活时所做的那样,那么是否意味着巴、卡和阿赫都会在这个"我"之中再次团结起来?用阿斯曼的话来说,"我"是"一个有组织的个人中心",[1]它必须可以连接和重聚巴、卡、心脏和尸体,使死者能够进入完美的永生状态。简而言之,正如《亡灵书》等埃及丧葬文本所揭示的,第一人称独立代词"我"是死者的主观声音,但我们无法将这个"我"认作卡、巴或阿赫(除非死者与它们合而为一)。我们或许最好将这个"我"看作是死者如同活人一般用自己的声音代表自己,而古埃及人可能并没有进一步区分这个活人与阴间"我"的差异。例如,在墓志中死者经常用第一人称描述他们生前的事迹:"我来自我的城市,我下到来世;我为玛阿特的主人执行了玛阿特(正义公平);我以他所爱的东西来满足他。"[2]

生者确实很难想象死者的存在状态,因为用来描述这种状态的语言必然是生者的状态。古埃及人以非常有想象力和巧妙的方式提出了巴、卡和阿赫的概念来描述可能难以描述的事物,并为人类社会的后代留下了一些关于死后世界的神秘而且也许真正永恒的表述。

最后我们需要承认,在古埃及的信仰体系中关于死后存在的概念仍有很多不清楚的地方。在文本中可以找到许多不同的关于这些灵魂的下落的说法,但它们往往相互矛盾,所以需要大量的时间来梳理每种表达方式的脉络。对于现代观察者来说,有关巴、卡和阿赫概念的材料十分丰富,这可能既是一种祝福,也可以是一种尴尬,因为这可能让希望这些研究能提供一个清晰观点的愿景,显得太过乐观。

如第一章所述,在早期的希腊文本中死者的灵魂被称为 psychē、

---

[1] Assmann. *Death and Salvation in Ancient Egypt*, pp. 101–102.

[2] Sturdwick. *Texts from the Pyramid Age*, p. 301.

eidōlon 或 phasma。psychē 代表个人的个性，但仅在死亡时才表现出来。[1] 在人死之后，它会永久飞离身体。在公元前 7 世纪至公元前 5 世纪的古希腊瓶绘中，有许多灵魂/psychē 的例子，以一个带有翅膀的小人模样出现，在死者周围盘旋。[2] eidōlon 意为"形象"，传达出死者的鬼魂与生者看起来一模一样的观念。在荷马史诗《伊利亚特》(*Iliad*) 中，当帕特洛克罗斯的鬼出现在阿喀琉斯面前时，它被称为 eidōlon，他就像一个活人一样与阿喀琉斯交谈 (《伊利亚特》第 23 册第 101 节)。在悲剧作家埃斯库罗斯 (Aeschylus) 的剧作《波斯人》中，大流士 (Darius) 的鬼也被称为 eidōlon (埃斯库罗斯，《波斯人》，第 681 节)。

由于对希腊鬼的研究已经很多，有的从民俗研究的角度，有的从文学史的角度，这里我们将重点放在鬼在希腊宗教信仰中的作用，以及与古埃及、美索不达米亚和中国的比较。首先，毫无疑问地，古希腊人应该没有统一的关于鬼的确切性质、鬼能做什么，或者它们是否具有任何行动能力或能量的观点。引用不同的研究资料来源，来看不同的历史时间段，就会导致不同的观点。[3] 我们知道，死者的鬼魂一般安歇于哈迪斯 (Hades，即阴间) 的黑暗中，或珀耳塞福涅 (Persephone，冥王哈迪斯的妻子) 的屋室中，远离生人而且过着幽暗的生活。[4] 然而，我们也得知，某些死者的鬼魂会出于某种原因出现在生者面前：帕特洛克罗斯要求举行葬礼 (《伊利亚特》第 23 册第 101 节) 或梅丽莎 (Melissa) 的鬼魂出现在她的丈夫佩利安德 (Periander) 面前，要求穿合适的衣装 (希罗多德《历史》第 5 册第 92 节)。大多数文学作品中关于鬼的记述都以某种

---

1 经典研究可见 Rohde, Erwin. 1925. *Psyche: The Cult of Souls and Belief in Immortality among the Greeks*. New York: Harper & Row. 至于希腊罗马世界里鬼故事的编纂，请参见 Ogden. 2001. *Greek and Roman Necromancy*. P. 219ff; 2002. *Magic, Witchcraft, and Ghosts in the Greek and Roman World: A Sourcebook*. Oxford: Oxford University Press.

2 Vermeule. *Aspects of Death in Early Greek Art and Poetry*, pp. 7–11, 18–19 .

3 Finucane. *Ghosts: Appearances of the Dead in Cultural Transformation*. pp. 4–26.

4 Mikalson, Jon D.1983. *Athenian Popular Religion*. Chapel Hill: University of North Carolina Press, pp. 74–82.

方式讲述了鬼需要为它们所遭受的冤灾报仇。这与鬼寻求正义的普遍主题是相一致的。

例如，在古希腊悲剧《欧墨尼得斯》(*Eumenides*) 中，克吕泰涅斯特拉 (Clytemnestra) 的鬼 (eidōlon) 就她在阴间的痛苦发表了一篇颇吸引人的演讲 (埃斯库罗斯，《欧墨尼得斯》第 94 节)。这种对鬼概念的文学运用，堪比中国六朝鬼故事中的鬼。在这样的故事中鬼作为主角承载着作者刻意想要传达的信息，观众和读者想必也知道鬼的行为就是作者意图的体现。可以肯定的是，作者和预期中的观众都接受了这样一个想法，即一个人的鬼魂可以携带一些信息，并回到阳间来办事情。我们很难想象在一个充满智识的环境里，人们不相信鬼的存在，但却接受鬼故事的真实性。在其中当然有娱乐和文学创作的成分；也就是说，这些鬼被设计成可以精巧且富有哲理地说话，或者执行某些非凡行为，而这些显然都是作者为了戏剧效果和情节需要而创造的。然而，鬼的存在及其具有某种能力的基本观念，毫无疑问就是这些文本背后的普遍假设。诚然，这些对鬼的文学表现应该与宗教或葬礼文本中对鬼的那些描述分开理解。驱鬼用的咒语，举例而言，不会对个别鬼故事进行任何一般性的解释或阐述，而是起到抵御鬼攻击的实际功能。[1] 于是我们就有了文学中的鬼和宗教中的鬼。文学中的鬼是作者的主角和喉舌；而宗教中的鬼大多是日常生活中需要治理的威胁物。它们向社会所有成员发出一条出于自身群体利益的信息：好好照顾死者。

一个值得考虑的问题是，古代人们是否可能没有将死者的灵体与其他种类的生命甚至无生命的东西区分开来。19 世纪人类学家所提出的万物有灵论或许在一定程度上还是值得我们考虑的。至少，人类和非人类的灵体在术语上可以互换使用，这就表明了古人所关心的主要是这些灵体的性质或力量，而不是这些力量的起源为何。正如费尔顿所说："之

---

1 Ogden. *Magic, Witchcraft, and Ghosts in the Greek and Roman World*, pp.162–164. 关于鬼攻击的陈述，请见第一与第二节。

所以缺乏具体的分类，主要是归因于古人对超自然的认知。神与其他类型的超自然存在之间通常没有功能上的区别，而现代民间传说专门归因于鬼的许多现象，在古代都被认为是来自与神的交流。"[1] 代蒙（daimon，希腊语，即次等神灵或精灵，通常是抽象概念的化身，其性质介于神与人之间的一种存在）的概念逐渐转变为恶魔（demon）就是一个很好的例子。[2] 费尔顿的观察特别适用于中国的证据，因为"鬼"这个词同样适用于天神、其他非人类以及人鬼的灵体。[3]

总而言之，鬼在古希腊社会中的作用可以说是双重的：作为一种文学形象，鬼主要是情节的一部分，用以创造一条叙事线来纠正它们所遭受的冤屈，或者补充一些生人还未达成的事务。鬼在这里被赋予了人的性格和情感，可以像正常人一样说话和行动。读者可以欣赏它们所携带的某些信息，因为它们有可能反映出了人们的现况。然而，在那些与驱鬼有关的文本中，鬼只是不带有任何积极情绪且不受欢迎的邪恶存在，或者它们是由死灵术召唤的非主观灵体。[4] 然而，它们也可以被理解为起到宣泄社群焦虑的作用：例如，它们能解释某些不幸灾难的根源，或促进正确的社会规范和正义。在希腊宗教文化的脉络下，阴间（或哈迪斯）并不是生者认真关注的地方。除了又黑又多风，还有一条大河，古希腊人并没有投注太多的想象力去创造地狱的地形物貌。正如加兰（Garland）所说："希腊人对哈迪斯所知甚少，就像他们留给我们的一样少。"[5] 由于古希腊没有太多祖先崇拜，因此祖先的鬼及其对人类事务的参与远不如在中国文化脉络中来的重要。[6] 这一观察与以下观点一致，即在

---

[1] Felton. *Haunted Greece and Rome*, P. xii.

[2] Wan, Sze-kar. 2017. "Colonizing the Supernatural: How Daimōn Became Demonized in Late Antiquity." In *Old Society, New Belief*.

[3] 请见本书第二章。

[4] 例如，奥德修斯（Odysseus）向泰瑞西斯（Tiresias）的鬼魂咨询（荷马史诗《奥德赛》11.90–151）。请见 Ogden. *Magic, Witchcraft, and Ghosts in the Greek and Roman World*, pp.179–182.

[5] Garland, Robert. 1985. *The Greek Way of Death*. Ithaca, NY: Cornell University Press, p. 51.

[6] Bremmer. *The Early Greek Concept of the Soul*, p. 202.

日常的宗教生活方面，雅典人对他们今生的行为既不期待在来世得到奖赏，也不期望受到惩罚，因为在大量墓志铭中，几乎没有什么证据表明这种想法可能真的存在。[1] 因此，古希腊鬼的概念，似乎并没有像古埃及人对死者的审判的想法，在塑造道德意识方面发挥重要作用，也不像中国人精心想象和准备的那样，以鬼的想象帮助形塑基于阳间而创造出来的阴间。

古罗马人和他们的鬼之间的关系也相对不那么复杂。丧葬仪式确立了生者与死者之间的第一次互动。通常在将尸体移至墓地后，会向死者献祭一份贡品。当骨灰或遗体安葬，守丧第八天后，亲友们聚在一起举行第二次筵席，以祭祀死灵"麻内"（manes）。这标志着生者与死者的正式分离。在此之后，死者加入神灵的集体行列，也就是"麻内"。[2] 死者牺牲仪式（即焚烧被牺牲者）的原则，与祭祀神灵的仪式并无太大区别。罗马人有在从 2 月 13 日开始的先祖节（Parentalia，一个纪念家族祖先荣耀的节庆，连续九日，属于民间节日）访视坟墓并提供食物和葡萄酒来祭祀祖先的习俗。古罗马人也有公共假期来纪念祖先和家庭守护神。这些行为的目的是与死者保持良好的关系，因为古罗马人普遍认为死者是污染的一种来源，因此墓葬位于生者居住的城市之外。[3]

古罗马人相信世界上有无数邪恶的超自然存在，其中也包括鬼；因此，各种驱邪方法或驱鬼仪式颇为盛行。[4] 不过，虽然人鬼有可能变成回来打扰人的灵体，但生者与死者之间的关系似乎并没有随着及时供养和保持人鬼安全距离而得到更多的发展。由于日常的宗教活动和对神供养以祈求健康、成功和幸福已经为古罗马人民提供了充裕的保护，[5] 因此鬼

1　Mikalson. *Athenian Popular Religion*, p. 82.

2　Rüpke. *A Companion to Roman Religion*, p. 271.

3　Rüpke. *A Companion to Roman Religion*, pp. 115–116.

4　Dickie. Mathew W. 2001. *Magic and Magicians in the Greco-Roman World*. London: Routledge.

5　Belayche, Nicole. 2007. "Religious Actors in Daily Life: Practices and Related Beliefs." In *A Companion to Roman Religion*, ed. JörgRüpke, 275–291. Oxford: Blackwell.

只占了个相当有限的角色，结果就是它们形成了一种家庭神灵阶层——麻内或是拉尔（lares，一种保护神）——并且与更高阶的神祇一样被供奉。[1] 以家族守护神的身份，麻内的作用无非是保护和延长后嗣的寿命，守护他们的行为以确保他们的好运。偶尔，麻内会被要求伤害它们亲属的敌人，或者托梦给予指示意见。[2] 因此，古罗马的鬼似乎只有工具功能，而没有承担传递某些特殊信息、道德教化或其他功能的角色。

总之，在这章中对古代中国、美索不达米亚、埃及、希腊和罗马鬼的角色的粗略比较，并不打算变成一份对全人类社会中鬼现象的全面研究，因为只有各个领域的专家才能有效做到这一点。尝试做出概括总是一件冒险的事，而使用的总体性词汇，例如"古中国人"或"古埃及人"，必然会阻碍对文化中各种不同传统脉络的更细致理解。不管如何，这种比较使我们有机会在每个社会中定位出鬼的作用的差异和相似之处，以此来更好地了解诸多宗教体系的个体特征并最终能稍稍强化我们对每种文化的理解。

重要的是我们要认识到，古人与我们这些拥有丰富文化资产的现代人不同，我们能够以冷静的方式看待早期历史中的鬼现象，但我们的研究主题对象们生活在一个所有文化沉淀都还没有积累起来，而且——我们或许可以说——他们能掌握的信息和材料较少，他们与自然以及和自然关系之间展现出的各种力量有更密切的关系，因此他们不可能以轻松随便的态度看待鬼的现象；或是看待死亡。因此，我们需要尝试从各个角度来评估这些可用的研究资料，以便能获得一个更全面的图像。然而，由于人与鬼的这种关系在理论上存在无穷尽的层次，由此产生的概念和图像也很有可能是无限的。由此一来，对这种关系的任何单一视角的理解都无法掌握其中的复杂性。

1　King, Charles W. 2009. "The Roman Manes: The Dead as Gods." In *Rethinking Ghosts in World Religions*.

2　King. "The Roman Manes: The Dead as Gods." In *Rethinking Ghosts in World Religions*, pp.111–112.

因此，我们的任务必须是尽力了解我们的研究主题所处的文化背景。也就是说，我们不仅关注包含着人们对鬼的观念的各种信息来源，也得关注鬼观念发展的文化环境。只有透过这样，我们才能对鬼的现象及其对特定社会历史和文化的意义建立起有机的理解。

我们在本书研究过的所有中国文献的启示告诉我们，中国古代有一个鬼的世界，它在广被接受的文化话语体系或宏大叙事（Grand Narrative）中并不明显。这个阴暗的鬼世界一直是中国过往的一部分，尽管尚没有足够的努力将这个世界与历代学者和作家为我们所构建起来的历史文化成就联系起来。若要准确地评估这个阴间世界对阳间世界的贡献程度，将是一项艰巨的任务。然而，但凡翻开现今任何一本关于中国文化的书，我们却几乎找不到任何关于鬼的记述。最有可能找到此类记述的地方就是作为一种文学体裁的鬼故事，或是讨论宗教的著作——更具体地说，是关于"民间信仰"的著作——而即使在那里，鬼也不占据太多篇幅。

不过事实上，这个阴间世界的痕迹并没有被完全隐藏在地下，反而可以说其通过各种媒介在历史上不断浮现，这给了我们写出这本书的机会。关于古代中国鬼观念的一个特殊观察维度，是人们在与鬼打交道、在思考人与鬼的本质及其关系的愿意程度，以及鬼在文学表达中的表现程度。我们已经讨论了鬼的概念是如何部分地协助人们构建对阴间的概念，关于鬼的想象力如何成为塑造人们道德和社会责任的一股力量，以及关于鬼的叙述如何给文学的发展带来转折，而且丰富了文学想象力和审美意识。文化的这个阴暗面，就像个人意识的阴暗面一样，可以用难以察觉的方式塑造外在表现，这些表现要么是"文化成就"，要么是"个人成就"。这就是为什么即使在今天，"你心中有鬼"这句中文表达仍然是一种生动的方式，来说明那种不可说或不能说的，但真实的、潜藏的意图，可能正是冠冕堂皇的外表后面的核心。因此，我们在这里所研究的早期中国的鬼世界，可以隐喻地理解为中国历史与文化核心中的

"鬼"。这里，孔子名言——"鬼神之为德，其盛矣乎。视之而弗见；听之而弗闻；体物而不可遗"——可以看作是对中国文化中鬼的重要性的某种预言。

正如直到今天我们仍然在日常生活中频繁使用"鬼"这个词，汉语是在本研究涉及的所有古代文化中唯一的幸存文化。尽管中国社会在科技发展的方面正在迅速现代化，但中文持续使用"鬼"这个词作为一种有效的表达方式来说明一些奇怪的、奇妙的、荒谬的、不可思议的、险恶的、恐怖的甚至是滑稽的东西，表明了中国文化中的鬼有着丰富的历史，以及现代中国与过去的中国仍存在深刻的联系。我们对这段历史早期部分的研究或许可以作为整个故事的序幕。

参考文献

古籍

《三国志》，陈寿著，北京：中华书局，1970年。

《大正新修大藏经》，高楠顺次郎、渡辺海旭、小野玄妙合编，东京：大正一切经刊行会，1924—1935年；台北：新文丰出版公司，1983年重印。网址：http://tripitaka.cbeta.org/T

《上清修身要事经》，收录于《道藏》第32册，文物出版社、上海书店、天津古籍出版社，1988年。

《广弘明集》，道宣编，上海古籍出版社，1991年。

《女青鬼律》，收录于《道藏》第18册。

《无上三元镇宅灵箓》，收录于《道藏》第11册。

《艺文类聚》，欧阳询等合编，上海古籍出版社，1982年。

《太上正一咒鬼经》，收录于《道藏》第28册

《太上洞渊神咒经》，收录于《道藏》第6册。

《太平御览》，李昉等合编，北京：中华书局，1960年。

《历代名画记》，张彦远著，北京：人民美术出版社，2004年。

《毛诗正义》，收录于阮元校刻《十三经注疏》，台北：艺文印书馆，

1976 年。

《风俗通义校注》，应劭著，王利器校注，台北：明文书局，1988 年。

《左传正义》，收录于阮元校刻《十三经注疏》，台北：艺文印书馆，1976 年。

《东观汉记校注》，刘珍等撰，吴树平校注，北京：中华书局，2008 年。

《史记》，司马迁著，北京：中华书局，1962 年。

《仪礼注疏》，收录于阮元校刻《十三经注疏》，台北：艺文印书馆，1976 年。

《乐府诗集》，郭茂倩编，北京：中华书局，1979 年。

《汉书》，班固著，北京：中华书局，1962 年。

《礼记注疏》，收录于阮元校刻《十三经注疏》，台北：艺文印书馆，1976 年。

《弘明集》，僧祐编，上海古籍出版社，1991 年。

《老子校释》，朱谦之撰，北京：中华书局，2000 年。

《列仙传》，刘向著，上海古籍出版社，1987 年。

《夷坚志》，洪迈著，上海古籍出版社，1991 年。

《吕氏春秋集释》，许维遹著，北京：中国书店，1985 年。

《后汉书》，范晔著，北京：中华书局，1965 年。

《庄子集释》，郭庆藩撰，北京：中华书局，1961 年。

《论语注疏》，收录于阮元校刻《十三经注疏》，台北：艺文印书馆，1976 年。

《论衡集解》，王充著，刘盼遂集解，台北：世界书局，1990 年。

《赤松子中诫经》，收录于《道藏》第 3 册。

《还冤志》，颜之推著，上海古籍出版社，1987。

《肘后备急方》，葛洪著，北京：商务印书馆，1955 年。

《陆先生道门科略》，收录于《道藏》第 24 册。

《陈书》，姚思廉著，北京：中华书局，1971 年。

《抱朴子内外篇》，葛洪著，"万有文库"，上海：商务印书馆，1937 年。

《抱朴子内篇校释》，葛洪著，王明校释，北京：中华书局，1980 年。

《尚书正义》，收录于阮元校刻《十三经注疏》，台北：艺文印书馆，1976 年。

《国语》，"四部备要"，台北：中华书局，1971 年。

《昌言》，仲长统著，北京：中华书局，2012 年。

《周礼注疏》，收录于阮元校刻《十三经注疏》，台北：艺文印书馆，1976 年。

《周易正义》，收录于阮元校刻《十三经注疏》，台北：艺文印书馆，1976 年。

《法苑珠林》，道世编，北京：华夏出版社，1999 年。

《孟子注疏》，收录于阮元校刻《十三经注疏》，台北：艺文印书馆，1976 年。

《春秋繁露》，董仲舒著，台北：中华书局，1984 年。

《荀子集解》，王先谦著，台北：世界书局，1971 年。

《要修科仪戒律钞》，收录于《道藏》第 6 册。

《战国策集注汇考》，诸祖耿编撰，南京：江苏古籍出版社，1985 年。

《神仙传》，葛洪著，文渊阁四库全书本，台北：商务印书馆，1986 年。

《盐铁论校注》，桓宽著，王利器校注，北京：中华书局，1992 年。

《晋书》，房玄龄著，北京：中华书局，1974 年。

《真诰》，陶弘景著，收录于《道藏》第 20 册。

《晏子春秋集释》，吴则虞撰，北京：中华书局，2010 年。

《高僧传》，慧皎编，收录于《大正新修大藏经》第 50 册，No.2059。

《聊斋志异》，蒲松龄著，杭州：浙江文艺出版社，2004 年。

《淮南子集释》，何宁撰，北京：中华书局，1995 年。

《隋书》，魏征著，北京：中华书局，1982 年。

《搜神记》，干宝著，汪绍楹校注，台北：里仁书局，1982年。

《韩非子集解》，王先慎撰，北京：中华书局，1954年。

《嵇康集》，收录于《鲁迅全集》第二册，台北：唐山出版社，1986年。

《道藏》，北京：文物出版社，1988年。

《登真隐诀》，陶弘景著，收录于《道藏》第6册。

《管子校注》，黎翔凤撰，梁运华整理，北京：中华书局，2004年。

《墨子间诂》，孙诒让著，台北：中华书局，1971年。

《潜夫论笺校正》，王符著，汪继培笺，彭铎校正，北京：中华书局，1997年。

近人著作

卞仓涉：《东汉建初四年"序宁简"考释》，收录于邢义田、刘增贵合编《古代庶民社会》，台北："中央"研究院，2013年，第361—390页。

小南一郎：《六朝隋唐小說史の展開と佛教信仰》，收录于福永光司编《中國中世の宗教と文化》，京都：神文科学研究社，1982年，第415—500页。

马书田：《中国鬼神》，北京：团结出版社，2007年。

王子今：《两汉的越巫》，载《南都学坛》第25卷第1期，2005年，第1—5页。

王国良：《魏晋南北朝志怪小说研究》，台北：文史哲出版社，1984年。

王国良：《列异传研究》，收录于《六朝志怪小说考论》，台北：文史哲出版社，1988年，第54—57页。

王明：《太平经合校》，北京：中华书局，1960年。

王景琳：《中国鬼神文化溯源》，北京：农村读物出版社，1992年。

王瑶:《玄学与清谈》,收录于《中古文学思想》,台北:长安出版社,1986年,第44—79页。

方述鑫:《殷墟卜辞中所见的"尸"》,载《考古与文物》2000年第5期,第21—24页、第27页。

甘肃省文物考古研究所:《天水放马滩秦简》,北京:中华书局,2009年。

叶庆炳:《魏晋南北朝的鬼小说与小说鬼》,收录于《古典小说论评》,台北:幼狮文化,1985年,第100—119页。

吉冈义丰:《道教と佛教》(合三册),东京:国书刊行会,1959—1970年。

曲六乙、钱茀:《中国傩文化通论》,台北:学生书局,2003年。

刘乐贤:《睡虎地秦简日书研究》,台北:文津出版社,1994年。

刘仲宇:《物魅、人鬼与神衹:中国原始崇拜体系形成的历史钩沉》,载《宗教哲学》第3期,1997年,第16—35页。

刘昭瑞:《考古发现与早期道教研究》,北京:文物出版社,2007年。

刘增贵:《天堂与地狱:汉代的泰山信仰》,载《大陆杂志》第94卷第5期,1997年,第193—205页。

江苏文物管理委员会:《江苏高邮邵家沟汉代遗址的清理》,载《考古》第10期,1960年。

池田末利:《中国古代宗教史研究》,东京:东海大学出版会,1981年。

纪南城凤凰山一六八号墓发掘整理组:《湖北江陵凤凰山一六八号汉墓发掘简报》,载《文物》1975年第9期,第1—8页。

严可均:《全上古三代秦汉三国六朝文》第六册,台北:世界书局,1982年。

杜正胜:《古代物怪之研究:一种心态史和文化史的探索》,载《大陆杂志》第104卷(2001年)第1期,第1—14页;第2期,第1—15页;第3期,第1—10页。

李学勤：《放马滩简中的志怪故事》，载《文物》1990年第4期，第43—44页。

李剑国：《唐前志怪小说史》，天津：南开大学出版社，1984年。

李剑国：《唐五代志怪传奇叙录》，天津：南开大学出版社，1993年。

李剑国：《宋代志怪传奇叙录》，天津：南开大学出版社，1997年。

李剑国：《唐前志怪小说辑释》，上海古籍出版社，2011年。

李济：《跪坐、蹲踞与箕踞：殷墟石刻研究之一》，载《历史语言研究所集刊》第24本，1953年，第283—301页。

杨国枢，余安邦：《从历史心理学的观点探讨清季狐精故事中的人狐关系》，收录于《本土心理学研究》，台北："中央"研究院民族学研究所，1992年。

吴宏一：《六朝鬼神怪异小说与时代背景的关系》，载《中国古典文学研究丛刊·小说之部（一）》，台北：巨流图书公司，1977年，第55—89页。

吴康编著：《中国鬼神精怪》，长沙：湖南文艺出版社，1992年。

吴维中：《试论志怪演化的宗教背景》，载《兰州大学学报（社会科学版）》1989年第4期，第94—99页。

吴维中：《志怪与魏晋南北朝宗教》，载《兰州大学学报（社会科学版）》1990年第2期，第111—116页。

余嘉锡：《世说新语笺疏》，上海古籍出版社，1993年。

沈兼士：《鬼字原始意义之试探》，收录于《沈兼士学术论文集》，北京：中华书局，1986年。

张政烺：《哀成叔鼎释文》，载《古文字研究》第5辑，北京：中华书局，1981年，第27—33页。

张勋燎、白彬：《中国道教考古》（全6册），北京：线装书局，2006年。

夏德安著，陈松长译：《战国时代兵死者的祷辞》，载《简帛研究译丛》1998年第2辑，第30—42页。

陈松长：《香港中文大学文物馆藏简牍》，香港中文大学出版社，2001年。

林富士：《东汉晚期的疾疫与宗教》，载《历史语言研究所集刊》第66本第3分，1995年，第695—745页。

林富士：《汉代的巫者》，台北：稻乡出版社，1999年。

林富士：《释魅：以先秦至东汉时期的文献资料为主的考察》，收录于蒲慕州编《鬼魅神魔：中国通俗文化侧写》，台北：麦田出版社，2005年，第109—34页。

林富士：《试论太平经的组织与性质》，收录于《中国中古时期的宗教与医疗》，台北：联经出版社，2008年，第87—125页。

林富士：《试论太平经的疾病观念》，收录于《中国中古时期的宗教与医疗》，台北：联经出版社，2008年，第163—201页。

国光红：《鬼和鬼脸儿——释鬼、甶、巫、亚》，载《山东师范大学学报（社会科学版）》1993年第1期，第85—88页。

罗漫：《桃、桃花与中国文化》，载《中国社会科学》1989年第4期，第145—156页。

和志武、钱安靖、蔡家麒合编：《中国原始宗教资料丛编》，上海人民出版社，1993年。

金荣华：《从六朝志怪小说看当时传统的神鬼世界》，载《华学季刊》第5卷第3期，1984年，第1—20页。

周凤五：《九店楚简告武夷重探》，载《历史语言研究所集刊》第72本第4分，2001年，第943—945页。

周法高主编：《金文诂林》，香港中文大学出版社，1968年。

胡孚琛主编：《中华道教大辞典》，北京：中国社会科学出版社，1995年。

姜守诚：《放马滩秦简〈志怪故事〉中的宗教信仰》，载《世界宗教研究》2013 年第 5 期，第 160—175 页。

胡新生：《周代祭祀中的立尸礼及其宗教意义》，载《世界宗教研究》1990 年第 4 期，第 14—25 页。

南阳市博物馆：《南阳发现东汉许阿瞿墓志画像石》，载《文物》1974 年第 8 期，第 73—75 页。

俞正燮：《癸巳类稿》，上海：商务印书馆，1957 年。

饶宗颐、曾宪通：《楚帛书》，香港：中华书局，1985 年。

姚孝遂主编：《殷墟甲骨刻辞类纂》，北京：中华书局，1989 年。

顾炎武：《原抄本日知录》，台北：明伦出版社，1970 年。

顾颉刚：《秦汉的方士与儒生》，上海人民出版社，1957 年。

钱茀：《商宄探微》，载《民族艺术》1994 年第 2 期，第 51—68 页。

徐华龙：《中国鬼文化》，上海文艺出版社，1991 年。

郭沫若：《卜辞通纂》，收录于《郭沫若全集》，北京：科学出版社，1983 年。

唐长孺：《清谈与清议》，收录于《魏晋南北朝史论丛》，北京：三联书店，1955 年，第 289—297 页。

酒井忠夫：《太山信仰の研究》，《史潮》第七卷二号，1937 年，第 70—118 页。

黄永武主编：《敦煌宝藏》（合 140 册），台北：新文丰出版公司，1981—1986 年。

黄展岳：《中国古代的人牲人殉》，北京：文物出版社，1990 年。

黄儒宣：《日书图像研究》，上海：中西书局，2013 年。

梅家玲：《六朝志怪人鬼姻缘故事中的两性关系：以"性别"问题为中心的考察》，收录于洪淑苓等编《古典文学与性别研究》，台北：里仁书局，1997 年，第 95—127 页。

曹道衡：《风俗通义和魏晋六朝小说》，收录于《中古文学史论文集续编》，台北：文津出版社，1994 年，第 35—47 页。

逯钦立：《先秦汉魏晋南北朝诗》，台北：木铎出版社，1983年。

葛英会：《说祭祀立尸卜辞》，载《殷都学刊》2000年第1期，第4—8页。

鲁迅：《古小说钩沉》，台北：唐山出版社，1986年重印。

鲁迅：《中国小说史略》，长春：吉林人民出版社，2013年。

邬文玲：《读放马滩秦简〈志怪故事〉札记》，载《国学学刊》2015年第4期，第13—17页。

湖北省文物考古研究所：《江陵九店东周墓》，北京：科学出版社，1995年。

湖北省文物考古研究所、北京大学中文系：《九店楚简》，北京：中华书局，2000年。

湖北省博物馆：《曾侯乙墓》（全2册），北京：文物出版社，1989年。

湖南省博物馆、中国科学院考古研究所：《长沙马王堆二、三号汉墓发掘简报》，《文物》1974年第7期，第39—48页。

湖南省博物馆、中国科学院考古研究所：《长沙马王堆一号汉墓》（全二册），北京：科学出版社，1973年。

蒲慕州：《巫蛊之祸的政治意义》，载《历史语言研究所集刊》第57本第3分，1987年，第511—538页。

蒲慕州：《墓葬与生死》，台北：联经出版事业股份有限公司，1993年；第2版，北京：中华书局，2008年。

蒲慕州：《汉唐的巫蛊与集体心态》，台北：联经出版事业股份有限公司，待出。

裘锡圭：《湖北江陵凤凰山十号汉墓出土简牍考释》，载《文物》1974年第7期，第49—63页。

赖芳伶：《试论六朝志怪的几个主题》，《幼狮学刊》第17卷第1期，1982年，第94—108页。

睡虎地秦墓竹简整理小组：《睡虎地秦墓竹简》，北京：文物出版社，1990年。

颜慧琪：《六朝志怪小说异类姻缘故事研究》，台北：文津出版社，1994年。

镰田茂雄：《道藏内佛教思想资料集成》，东京大学东洋文化研究所，1986年。

Allen, J. P. 2005. *The Ancient Egyptian Pyramid Texts*. Atlanta, GA: Society of Biblical Literature.

Alster, Bendt, ed. 1980. *Death in Mesopotamia*. Copenhagen Studies in Assyriology 8. Copenhagen: Akademisk Forlag.

Assmann, Jan. 2005. *Death and Salvation in Ancient Egypt*. Ithaca, NY: Cornell University Press.

Baker, Ian S. 2003. "'Do Ghosts Exist?' A Summary of Parapsychological Research into Apparitional Experiences." In *Early Modern Ghosts*, ed. John Newton, 109–123. Durham, NC: Centre for Seventeenth-Century Studies.

Barvieri-Low, A. J. 2021. *Ancient Egypt and Early China: State, Society, and Culture.* Seattle: University of Washington Press.

Barbieri-Low, A. J., and Robin D. S.Yates. 2015. *Law, State, and Society in Early Imperial China: A Study with Critical Edition and Translation of the Legal Texts from Zhangjiashan Tomb No. 247*. Leiden: Brill.

Belayche, Nicole. 2007. "Religious Actors in Daily Life: Practices and Related Beliefs." In *A Companion to Roman Religion*, ed. JörgRüpke, 275–291. Oxford: Blackwell.

Bell, Catherine. 2004. "'The Chinese believe in spirits': Belief and Believing in the Study of Religion." In *Radical Interpretation in Religion*, ed. Nancy K. Frankenberry,100–116. Cambridge: Cambridge University Press.

Berger, Peter L.1967. *The Sacred Canopy*. New York: Doubleday.

Bodde, Derk. 1975. *Festivals in Classical China*. Princeton, NJ: Princeton University Press.

Bokenkamp, Stephen. 1997. *Early Daoist Scriptures*. Berkeley: University of California Press.

Bottéro, Jean. 1983. "Les morts et l'au-delà dans rituel senaccadien contre l'action des 'revenants,'" *Zeitschrift für Assyriologie* 73: 153–203.

Bottéro, Jean. 2001. *Religion in Ancient Mesopotamia*. Chicago: University of Chicago Press.

Braarvig, Jens. 2009. "The Buddhist Hell: An Early Instance of the Idea?" *Numen* 56.2–3: 254–281.

Brashier, K. E.1996. "Han Thanatology and the Division of 'Souls.'" *Early China* 21: 125–158.

Bremmer, Jan N. 1983. *The Early Greek Concept of the Soul*. Princeton, NJ: Princeton University Press.

Bremmer, Jan N. 2002. *The Rise and Fall of the Afterlife*. London: Routledge.

Bujard, Marianne. 2009. "State and Local Cults in Han Religion." In *Early Chinese Religion, Part One: Shang through Han (1250 BC–220 AD)*, ed. John Lagerwey and Marc Kalinowski, 777–811. Leiden: Brill.

Cai Liang. 2013. *Witchcraft and the Rise of the Confucian State*. Albany: State University of New York Press.

Campany, Robert F.1990. "Return-from-Death Narratives in Early Medieval China." *Journal of Chinese Religion* 18: 91–125.

Campany, Robert F. 1991. "Ghosts Matter: The Culture of Ghosts in Six Dynasties Zhiguai."*Chinese Literature: Essays, Articles, Reviews* 13: 15–34.

Campany, Robert F. 1995. *Strange Writing: Anomaly Accounts in Early Medieval China*. Albany: State University of New York Press.

Campany, Robert F. 2012. *Signs from the Unseen Realm: Buddhist Miracle Tales from Early Medieval China*. Honolulu: University of Hawai'i Press.

Campany, Robert F. 2017. "'Buddhism Enters China' in Early Medieval China." In *Old Society, New Belief: Religious Transformation of China and Rome, ca. 1st –6th Centuries*, ed. Mu-chouPoo, Harold Drake, Lisa Raphals, 13–34. New York: Oxford University Press.

Cedzich, Ursula-Angelika. 1993. "Ghosts and Demons, Law and Order: Grave Quelling Texts and Early Taoist Liturgy." *Taoist Resources* 4.2: 23–35.

Ch'en, Kenneth K. S. 1973. *Buddhism in China*. Princeton, NJ: Princeton University Press.

Chan, Leo T. K.1998. *The Discourse on Foxes and Ghosts: Ji Yun and Eighteenth-Century Literati Storytelling*. Honolulu: University of Hawai'i Press.

Chan, Stephen Chingkiu. 1987. "The Return of the Ghostwomen: A Critical Reading of Three Sung Hua-pen stories." *Asian Culture Quarterly* 15.3: 47–72.

Chang, Kwang-chih. 1980. *Shang Civilization*. New Haven, CT: Yale University Press.

Chavannes, E. 1910. *Le T'ai Chan*. Paris: Leroux.

Cohen, Alvin P. 1982. *Tales of Vengeful Souls*. Taipei: Ricci Institute.

Connerton, Paul. 1989. *How Societies Remember*. Cambridge: Cambridge University Press.

Cooper, Jerrold S.1992. "The Fate of Mankind: Death and Afterlife in Ancient Mesopotamia." In *Death and Afterlife: Perspectives of World Religions*, ed. Hiroshi Obayashi, 19–34. New York: Greenwood Press.

Cooper, Jerrold S. 2009. "Wind and Smoke: Giving up the Ghost of Enkidu, Comprehending Enkidu's Ghosts." In *Rethinking Ghosts in World Religions*, ed. Mu-chou Poo, 23–32. Leiden: Brill.

Davies, Jon. 1999. *Death, Burial and Rebirth in the Religions of Antiquity*. London: Routledge.

Davis, Edward L.2001. *Society and the Supernatural in Song China*. Honolulu: University of Hawai'i Press.

DeWoskin, Kenneth J.1977. "The Six Dynasties *Chih-kuai* and the Birth of Fiction." In *Chinese Narrative: Critical and Theoretical Essays*, ed. Andrew Plaks, 21–35. Princeton, NJ: Princeton University Press.

DeWoskin, Kenneth. 1983. *Doctors, Diviners and Magicians of Ancient China: Biographies of Fang-shih*. New York: Columbia University Press.

Dickie. Mathew W. 2001. *Magic and Magicians in the Greco-Roman World*. London: Routledge.

Douglas, Mary. 1966. *Purity and Danger: An Analysis of the Concepts of Pollution and Taboo.* London: Routledge.

Dudbridge, Glen. 1995. *Religious Experience and Lay Society in T'ang China: A Reading of Tai Fu's Kuang-i chi.* Cambridge: Cambridge University Press.

Eno, Robert. 2009. "Shang State Religion and the Pantheon of the Oracle Texts." In *Early Chinese Religion, Part One: Shang through Han (1250 BC– 220 AD)*, ed. John Lagerwey and Marc Kalinowski, 39–102. Leiden: Brill.

Eyre, Christopher J. 2009. "Belief and the Dead in Pharaonic Egypt." In *Rethinking Ghosts in World Religions*, ed. Mu-chou Poo, 33–46. Leiden: Brill.

Felton, D.1999. *Haunted Greece and Rome: Ghost Stories from Classical Antiquity.* Austin: University of Texas Press.

Feuchtwang, Stephan. 2001. *Popular Religion in China: The Imperial Metaphor.* Richmond, UK: Curzon Press.

Finucane, R. C. 1996. *Ghosts: Appearances of the Dead in Cultural Transformation.* Amherst, NY: Prometheus Books.

Forke, Alfred. 1962. *Lun Heng.* 2 vols. New York: Paragon Book Gallery.

Foster, Benjamin R. 1996. *Before the Muses.* Bethesda, MD: CDL Press.

Gardiner, A. H., and K.Sethe. 1928. *Egyptian Letters to the Dead, Mainly from the Old and Middle Kingdoms.* London: Egypt Exploration Society.

Garland, Robert. 1985. *The Greek Way of Death.* Ithaca, NY: Cornell University Press.

Geertz, Clifford. 1973. *The Interpretation of Cultures.* New York: Basic Books.

Goedicke, Hans. 1970. *The Report about the Dispute of a Man with His Ba: Papyrus Berlin 3024.* Baltimore, MD: Johns Hopkins University Press.

Halbwachs, Maurice. 1992. *On Collective Memory.* Chicago: University of Chicago Press.

Harper, Donald. 1985. "A Chinese Demonography of the Third Century B.C." *Harvard Journal of Asiatic Studies* 45: 459–498.

Harper, Donald. 1994. "Resurrection in Warring States Popular Religion." *Taoist Resources* 5.2: 13–28.

Harper, Donald. 1996. "Spellbinding." In *Religion of China in Practice*, ed. Donald

S. Lopez, Jr., 241–250. Princeton, NJ: Princeton University Press.
Harper, Donald. 1998. *Early Chinese Medical Literature: The Mawangdui Medical Manuscripts*. London: Kegan Paul.
Harper, Donald. 2004. "Contracts with the Spirit World in Han Common Religion: The Xuning Prayer and Sacrifice Documents of A.D. 79." *Cahiers d'Extrême-Asie* 14: 227–267.
Harper, Donald, and Marc Kalinowski, eds. 2017. *Books of Fate and Popular Culture in Early China: The Daybook Manuscripts of the Warring States, Qin, and Han*. Leiden: Brill.
Harrell, C. Stevan. 1974. "When a Ghost Becomes a God." In *Religion and Ritual in Chinese Society*, ed. Arthur P. Wolf, 193–206. Stanford, CA: Stanford University Press.
Hawkes, David. 1959. *Chu tzu: The Songs of the South, an Ancient Chinese Anthology*. Oxford: Clarendon Press.
Holcombe, Charles. 1994. *In the Shadow of the Han*. Honolulu: University of Hawai'i Press.
Holzman, Donald. 1956. "Les sept sages de la forêt des bambous et la société de leurtemps." *T'oung Pao* 44.4–5: 317–346.
Holzman, Donald. 1957. *La vie et la pensée de Hi Kang (223–262 Ap. J.-C.)*. Leiden: Brill.
Holzman, Donald. 1976. *Poetry and Politics: The Life and Works of Juan Chi, A.D. 210–263*. Cambridge: Cambridge University Press.
Huang, Po-chi. 2009. "The Cult of Vetāla and Tantric Fantasy." In *Rethinking Ghosts in World Religions*, ed. Mu-chou Poo, 211–236. Leiden: Brill.
Jacobsen, Th. 1976. *The Treasure of Darkness: A History of Mesopotamian Religion*. New Haven, CT: Yale University Press.
Johnston, Sarah Iles. 1999. *Restless Dead: Encounter between the Living and the Dead in Ancient Greece*. Berkeley: University of California Press.
Kalinowski, Mark. 1986. "Les traités de Shuihudi et l'hémérologie chinoise à la fin des Royaumes combattants." *T'oung Pao* 72:174–228.
Kang, Xiaofei. 2006. *The Cult of the Fox: Power, Gender, and Popular Religion in*

Late Imperial and Modern China. New York: Columbia University Press.

Kao, Karl S. Y., ed. 1985. *Classical Chinese Tales of the Supernatural and the Fantastic*. Bloomington: Indiana University Press.

Kees, Hermann. 1926. *Totenglauben und Jenseitsvorstellungen der Alten Ägypter*. Leipzig: J. C. Hinrichs.

Kieschnick, John. 1997. *The Eminent Monk*. Honolulu: University of Hawai'i Press.

Kieschnick, John. 2003. *The Impact of Buddhism on Chinese Material Culture*. Princeton, NJ: Princeton University Press.

King, Charles W. 2009. "The Roman Manes: The Dead as Gods." In *Rethinking Ghosts in World Religions*, ed. Mu-chou Poo, 95–114. Leiden: Brill.

Kinney, Anne B., ed. 1995. *Chinese Views of Childhood*. Honolulu: University of Hawai'i Press.

Kleeman, Terry F. 2016. *Celestial Masters: History and Ritual in Early Daoist Communities*. Cambridge, MA: Harvard University Asia Center.

Lagerwey, John, and Marc Kalinowski, eds. 2009. *Early Chinese Religion, Part One: Shang through Han (1250 BC–220 AD)*. Leiden: Brill.

Lagerwey, John. 1987. *Taoist Ritual in Chinese Society and History*. New York: Macmillan.

Lagerwey, John. 2010. *China, a Religious State*. Hong Kong: Hong Kong University Press.

Lai Chi-tim. 1998. "The Opposition of Celestial-Master Taoism to Popular Cults during the Six Dynasties," *Asia Major* 3rd Series, 11.1: 1–20.

Lai Guolong. 2015. *Excavating the Afterlife: The Archaeology of Early Chinese Religion*. Seattle: University of Washington Press.

Lee, Jen-der. 1993. "The Life of Women in the Six Dynasties." *Journal of Women and Gender Studies* 4: 47–80.

Legge, James. 1960. *The Chinese Classics*. 5 vols. Hong Kong: Hong Kong University Press.

Lichtheim, Miriam. 1973. *Ancient Egyptian Literature*, vol. 1. Berkeley: University of California Press.

Lichtheim, Miriam. 1976. *Ancient Egyptian Literature*, vol. 2. Berkeley: University of California Press.

Lichtheim, Miriam. 1980. *Ancient Egyptian Literature*, vol. 3. Berkeley: University of California Press.

Lin Fu-shih. 2009. "The Image and Status of Shamans in Ancient China." In *Early Chinese Religion, Part One: Shang through Han (1250 BC–220 AD)*, ed. John Lagerwey and Marc Kalinowski, 397–458. Leiden: Brill.

Loewe, Michael, and D.Twitchett, eds. 1986. *Cambridge History of China*, vol. 1: *The Ch'in and Han Empires, 221 B.C.–A.D. 220*. Cambridge: Cambridge University Press.

Loewe, Michael, ed. 1993. *Early Chinese Texts: A Bibliographical Guide*. Berkeley: University of California Press.

Loewe, Michael. 1974. *Crisis and Conflict in Han China*. London: George Allen & Unwin.

Loewe, Michael. 2012. "Confucian Values and Practices in Han China." *T'oung Pao* 98, Fasc. 1/3 (2012): 1–30.

Marsili, Filippo. 2018. *Heaven Is Empty: A Cross-Cultural Approach to "Religion" and Empire in Ancient China*. Albany: State University of New York Press.

Mikalson, Jon D.1983. *Athenian Popular Religion*. Chapel Hill: University of North Carolina Press.

Mollier, Christine. 2006. "Visions of Evil: Demonology and Orthodoxy in Early Daoism." In *Daoism in History, Essays in Honour of Liu Ts'un-yan*, ed. Benjamin Penny, 74–100. London: Routledge.

Mollier, Christine. 2008. *Buddhism and Taoism Face to Face*. Honolulu: University of Hawai'i Press.

Nylan, Michael. 1982. "Ying Shao's Feng SuT'ung Yi: An Exploration of Problems in Han Dynasty Political, Philosophical and Social Unity." PhD dissertation, Princeton University.

Nylan, Michael. 2001. *The Five "Confucian" Classics*. New Haven, CT: Yale University Press.

Ogden, Daniel. 2001. *Greek and Roman Necromancy*. Princeton, NJ: Princeton

University Press.

Ogden, Daniel. 2002. *Magic, Witchcraft, and Ghosts in the Greek and Roman World: A Sourcebook.* Oxford: Oxford University Press.

Pirazzoli-T'Serstevens, Michèle. 2009. "Death and the Dead: Practices and Images in the Qin and Han," in *Early Chinese Religion, Part One: Shang through Han (1250 BC–220 AD)*, ed. John Lagerwey and Marc Kalinowski, 949–1026. Leiden: Brill.

Poo, Mu-chou, ed. 2009a. *Rethinking Ghosts in World Religions.* Leiden: Brill.

Poo, Mu-chou, Harold Drake, and Lisa Raphals, eds. 2017. *Old Society, New Belief: Religious Transformation of China and Rome, ca. 1st –6th Centuries.* Oxford: Oxford University Press.

Poo, Mu-chou. 1993. "Popular Religion in Pre-Imperial China: Observations on the Almanacs of Shui-hu-ti." *T'oung Pao* 79: 225–248.

Poo, Mu-chou. 1995. "The Images of Immortals and Eminent Monks: Religious Mentality in Early Medieval China." *Numen* 42: 172–196.

Poo, Mu-chou. 1997. "The Completion of an Ideal World: The Human Ghost in Early Medieval China." *Asia Major* 10: 69–94.

Poo, Mu-chou. 1998. *In Search of Personal Welfare.* Albany: State University of New York Press.

Poo, Mu-chou. 2000. "Ghost Literature: Exorcistic Ritual Texts or Daily Entertainment?" *Asia Major* 3rd series, 13.1: 43–64.

Poo, Mu-chou. 2004. "The Concept of Ghost in Ancient Chinese Religion." In *Chinese Religion and Society*, vol. 1, ed. JohnLagerwey, 173–191. Hong Kong: Chinese University Press.

Poo, Mu-chou. 2005. *Enemies of Civilization: Attitudes toward Foreigners in Ancient Mesopotamia, Egypt, and China.* Albany: State University of New York Press.

Poo, Mu-chou. 2005. "A Taste of Happiness: Contextualizing Elixirs in Baopuzi." In *Of Tripod and Palate: Food, Politics, and Religion in Traditional China*, ed. Roel Sterckx, 123–139. New York: Palgrave.

Poo, Mu-chou. 2009. "The Culture of Ghost in the Six Dynasties." In *Rethinking*

Ghosts in World Religions, ed. Mu-chou Poo, 237–267. Leiden: Brill.

Poo, Mu-chou. 2011. "Preparation for the Afterlife in Ancient China." In *Mortality in Traditional Chinese Thought*, ed. Philip J.Ivanhoe and Amy Olberding, 13–36. Albany: State University of New York Press.

Poo, Mu-chou. 2014. "Religion and Religious Life of the Qin." In *Birth of an Empire: The State of Qin Revisited*, ed. Yuri Pines et al., 187–205. Berkeley: University of California Press.

Poo, Mu-chou. 2017. "The Taming of Ghosts in Early Chinese Buddhism." In *Old Society, New Belief: Religious Transformation of China and Rome, ca. 1st –6th Centuries*, ed. Mu-chou Poo, Harold Drake, and Lisa Raphals, 165–181. Oxford University Press.

Poo, Mu-chou. 2017. "Early Chinese Afterlife Beliefs and Funerary Practices." In *Routledge Companion to Death and Dying*, ed. ChristopherMoreman, 163–172. London: Routledge.

Poo, Mu-chou. 2018. *Daily Life in Ancient China*. Cambridge: Cambridge University Press.

Poo, Mu-chou. 2018. "Death and Happiness: Han China." In *Cultivating a Good Life in Early Chinese and Ancient Greek Philosophy: Perspectives and Reverberations*, ed. Kayrn Lai, Rick Benitez, and Hyun Jin Kim, 237–251. London: Bloomsbury.

Puett, Michael. 2009. "Combining the Ghosts and Spirits, Centering the Realm: Mortuary Ritual and Political Organization in the Ritual Compendia of Early China." In *Early Chinese Religion, Part One: Shang through Han (1250 BC–220 AD)*, ed. John Lagerwey and Marc Kalinowski. Leiden: Brill, 695–720.

Robinet, Isabel. 1997. *Taoism, Growth of a Religion*. Stanford, CA: Stanford University Press.

Rohde, Erwin. 1925. *Psyche: The Cult of Souls and Belief in Immortality among the Greeks*. New York: Harper & Row.

Rüpke, Jörg, ed. 2007. *A Companion to Roman Religion*. Oxford: Blackwell.

Russell, C.1994. "Revelation and Narrative in the ZhoushiMingtongji." *Early Medieval China*1: 34–59.

Schipper, Kristofer, and Franciscus Verellen, eds. 2004. *The Taoist Canon: A Historical Companion to the Daozang*. 3 vols. Chicago: University of Chicago Press.

Schipper, Kristofer. 1993. *The Taoist Body*. Berkeley: University of California Press.

Schmitt, Jean-Claude. 1998. *Ghosts in the Middle Ages: The Living and the Dead in Medieval Society*. Chicago: University of Chicago Press.

Shih, Vincent Y. C. 1983. *The Literary Mind and the Carving of Dragons*. Hong Kong: Chinese University Press.

Sivin, Nathan. 2000. *Science and Civilisation in China*, vol. 6, part 6: *Medicine*. Cambridge: Cambridge University Press.

Steele, John. 1917. *The I-Li or Book of Etiquette and Ceremonial*. 2 vols. London: Probsthain & Co.

Stein, Rolf A. 1979. "Religious Daoism and Popular Religion from the Second to Seventh Centuries." In *Facets of Taoism*, ed. H. Welch and A. Seidel, 53–81. New Haven, CT: Yale University Press.

Sterckx, Roel. 2011. *Food, Sacrifice, and Sagehood in Early China*. Cambridge: Cambridge University Press.

Strickmann, Michel. 2002. *Chinese Magical Medicine*. Stanford, CA: Stanford University Press.

Sturdwick, Nigel C. 2005. *Texts from the Pyramid Age*. Atlanta, GA: Society of Biblical Literature.

Taylor, J. B. 2010. *Ancient Egyptian Book of the Dead*. London: British Museum.

Teiser, Stephen F. 1985. "T'ang Buddhist Encyclopedias: An Introduction to Fa-yuan chu-lin and Chu-chingyao-chi." *T'ang Studies* 3: 109–128.

Teiser, Stephen F. 1988. *The Ghost Festival in Medieval China*. Princeton, NJ: Princeton University Press.

Tian, Xiaofei. 2010. "From the Eastern Jin through the early Tang (317–649)." In *The Cambridge History of Chinese Literature*, vol. 1, ed. Kang-I Sun Chang and Stephen Owen, 199–285. Cambridge: Cambridge University Press.

Todorov, Tzvetan. 1975. *The Fantastic: A Structural Approach to a Literary Genre*.

Ithaca, NY: Cornell University Press.

Troche, Julia. 2018. "Letters to the Dead." *UCLA Encyclopedia of Egyptology* (September).

Tsien, Tsuen-hsuin. 1962. *Written on Bamboo and Silk: The Beginnings of Chinese Books and Inscriptions*. Chicago: University of Chicago Press.

Vermeule, Emily. 1979. *Aspects of Death in Early Greek Art and Poetry*. Berkeley: University of California Press.

Von Glahn, Richard. 2004. *The Sinister Way: The Demonic and the Divine in Chinese Religious Culture*. Berkeley: University of California Press.

Wan, Sze-kar. 2009. "Where Have All the Ghosts Gone? Evolution of a Concept in Biblical Literature." In *Rethinking Ghosts in World Religions*, ed. Mu-chou Poo, 47–76. Leiden: Brill.

Wan, Sze-kar. 2017. "Colonizing the Supernatural: How Daimōn Became Demonized in Late Antiquity." In *Old Society, New Belief: Religious Transformation of China and Rome, ca. 1st –6th Centuries*, ed. Mu-chou Poo, Harold Drake, and Lisa Raphals. 147-164. Oxford University Press.

Ware, James R. 1966. *Alchemy, Medicine, Religion in the China of A.D. 320: The Nei P'ien of Ko Hung (Pao-p'u-tzu)*. Boston: MIT Press.

Watson, James L.1988. "The Structure of Chinese Funerary Rites: Elementary Forms, Ritual Sequence, and the Primacy of Performance." In *Death Ritual in Late Imperial and Modern China*, ed. James L.Watson and EvelynRawski, 3–19. Berkeley: University of California Press.

Wechsler, H. J.1985. *Offering of Jade and Silk: Ritual and Symbol in the Legitimation of the T'ang Dynasty*. New Haven, CT: Yale University Press.

Wente, Edward. 1990. *Letters from Ancient Egypt*. Atlanta, GA: Scholar Press.

Wolf, Arthur. 1974. "Gods, Ghosts, and Ancestors." In *Religion and Ritual in Chinese Society*, ed. Arthur Wolf, 193–206. Stanford, CA: Stanford University Press.

Yu, Anthony C.1987. "Rest, Rest, Perturbed Spirit! Ghosts in Traditional Chinese Prose Fiction." *Harvard Journal of Asiatic Studies* 47.2: 397–434.

Yu, Ying-shih. 1987. "O Soul Come Back! A Study in the Changing Conceptions of the Soul and Afterlife in Pre-Buddhist China." *Harvard Journal of Asiatic Studies* 47.2: 363–395.

Žabkar, Louis V. 1968. *A Study of the Ba Concept in Ancient Egyptian Texts*. Chicago: University of Chicago Press.

Zandee, Jan. 1960. *Death as an Enemy*. Leiden: Brill.

Zeitlin, Judith. 1993. *Historian of the Strange: Pu Songling and the Chinese Classical Tale*. Stanford, CA: Stanford University Press.

Zeitlin, Judith. 2007. *The Phantom Heroine: Ghosts and Gender in Seventeenth-Century Chinese Literature*. Honolulu: University of Hawai'i Press.

Zürcher, Erik. 1980. "Buddhist Influence on Early Taoism: A Survey of Scriptural Evidence." *T'oung Pao* 66: 84–147.

Zürcher, Erik. 2007. *The Buddhist Conquest of China*. Leiden: Brill.